却顾所来径

汉语史青年学者访谈录

汪维辉　真大成　主编

中西書局

图书在版编目(CIP)数据

却顾所来径:汉语史青年学者访谈录 / 汪维辉,真大成主编.—上海:中西书局, 2021.6

ISBN 978-7-5475-1818-2

Ⅰ.①却… Ⅱ.①汪… ②真… Ⅲ.①汉语史-文集 Ⅳ.①H1-09

中国版本图书馆 CIP 数据核字(2021)第 059897 号

QUEGUSUOLAIJING:HANYUSHI QINGNIAN XUEZHE FANGTAN LU

却顾所来径:汉语史青年学者访谈录

汪维辉 真大成 主编

责任编辑 汪惠民
装帧设计 王轶颀
责任印制 朱人杰

出版发行 上海世纪出版(集团)有限公司
上海中西书局(www.zxpress.com.cn)
地　　址 上海市陕西北路 457 号(邮编 200040)
印　　刷 上海展强印刷有限公司
开　　本 889×1194 毫米 1/32
印　　张 10
字　　数 232 000
版　　次 2021 年 6 月第 1 版 2021 年 6 月第 1 次印刷
书　　号 ISBN 978-7-5475-1818-2/H·111
定　　价 68.00 元

本书如有质量问题,请与承印厂联系。电话:021-66366565

目录

董秀芳

把握汉语的整体特点非常关键

董秀芳

女，1972年生，河北沧州人。2001年于四川大学中文系，获博士学位。现为北京大学中文系教授、博导，北京大学中国语言学研究中心研究员，国际中国语言学学会（IACL）理事（2018—2020）。主要致力于词汇、句法和语篇的共时与历时研究。

曾获教育部高等学校科学研究优秀成果奖、胡绳青年学术奖、中国社会科学院青年语言学家奖、北京市哲学社会科学优秀成果奖、国家级教学成果一等奖（集体项目）等多种奖项。2013年入选教育部新世纪优秀人才支持计划。入选2016年度教育部青年长江学者。入选2019年度教育部长江学者特聘教授。

1. 请介绍一下您求学、研究的经历和治学领域。

我 1990 年从沧州师范学校被保送至河北师范大学中文系。1994 年保送入四川大学中文系现代汉语专业攻读硕士学位，导师为张一舟教授。1997 年硕士毕业后留校任教，并于当年 9 月在四川大学的汉语史专业开始读博士，导师为朱庆之教授，2001 年 6 月获博士学位。2001 年 10 月至 2003 年 9 月，在北京大学中文系博士后流动站作研究，合作导师为王洪君教授。出站后留在北京大学中文系任教至今。与汉语史相关的主要研究领域是汉语的词汇、句法和语义的历时演变。

2. 目前正在从事什么研究？将来有何科研规划？

目前主要关注汉语词汇双音化的具体方式，考察不同的双音化方式与形成的双音词的功能之间的关系，也关心双音词与同义的单音词之间的功能差异。2018 年发表在《语言暨语言学》(*Language and Linguistics*)上的《汉语动词双音化过程中的形式选择和功能表现》，就是这方面工作的一个初步成果。

目前仍然既关心汉语的历时研究，也关心汉语的共时研究，但是精力放在历时研究上的时候更多一些。即使是做共时的研究，也总会结合历时的发展来进行分析。希望未来的研究，能在个案研究的基础上，更多地发掘汉语在全局上的特点。

我觉得把握汉语的整体特点非常关键，只有看清了汉语的整体面貌，才能在分析汉语的具体问题时不至于迷惘。对于任何一个具体的语言现象，往往都可以提出多种不同的分析方案，这些分析方案有时候看上去各有各的道理。如何判断哪个分析更好呢？一个重要的考量就是看哪个分析更符合所分析语言的整体面貌和格局，这就好比是看一块小的拼图在嵌入之后是否与整体风格协调一致。如果某一种分析看似也能说明某个个案，但如果与所描写语言的其他方面存在矛盾和冲突的话，这种分析就不可取。因此，把握汉语的全局特征可以在一定程度上为一些具体问题的解决提供正确的思考方向。

我的《主观性表达在汉语中的凸显性及其表现特征》一文（《语言科学》2016 年第 4 期，又收入《汉语言学新视界》2018 年总第 3 期）就是探索汉语整体特点的一个尝试，指出了在汉语的词法和句法中，表达主观性都是一个很突出的方面。我以后还会继续思考这方面的问题。

3. 在您求学和研究过程中，对您成长影响较大的著作和学者有哪些（哪几位）？

在做汉语史的相关研究时，除了语法化、词汇化、历史句法学等方面的理论著作，对我影响比较大的是《马氏文通》这本书。我觉得这部著作内容非常宏富，里面涉及对古代汉语众多语言现象的精微观察和分析，非常值得仔细研读。

在我成长的过程中，很多老师都曾给过我关怀和帮助。这里我只提一件小事来讲师长的影响。我的师爷、已故四川大学教授张永言先生，学问非常好，而且是一个极认真的人。在我读博士期间，导师朱庆之老师从川大调到了北大，朱老师要我照顾一下张先生。为了完成朱老师的嘱托，我第一次是硬着头皮去的张先生家，没想到与张先生的交流十分愉快，从那以后，我就经常去张先生家坐坐。最初的动机是跟张先生聊聊，让退了休、身体不好、不大能出门走动的张先生不感到太寂寞，但最后受益的是我。我们聊的无非是学问的话题，从中我感受到了张先生的博学与严谨。后来，我把我的博士论文的初稿拿给张先生看，张先生博闻强记，对古书非常熟悉，他指出了我论文中一些文献方面的错误。博士论文完成之后，我在后记中感谢张先生审读我的论文，订正了我在文献方面的错误。当我把论文打印本第一时间送给张先生后，张先生注意到了我致谢中的话，就打电话对我说："你在后记中写了感谢我对你论文的审读，但我并没有全看，现在我必须完整地看一遍。"就因为我致谢中的这样一句话，张先生就要从头到尾再读一遍我的论文！这是多么较真的人啊！可能在有些人看来，甚至可以说迂腐了吧。张先生想的是，既然我说他审读了我的论文，那么论文中有错误的话，他也应该承担责任。可能别人不会这么想，但是张先生就是这样一丝不苟。张先生说到做到，真的把我的论文又看了一遍，而且在看的过程中，一发现引例中的问题，就立刻打电话给我。就这样，因为一句致谢的话，我又得到了张先生的多条指正意见。这件事给了我很大的震动，让我感受到了张先生的极度严谨。

我在离开川大之后，又在博士论文的修改过程中补充了一些文献用例，很遗憾这些例子没有张先生的把关了，出现的所有错误都由我自己负责。2017 年 5 月，张永言先生永远离开了。祈祷张永言先生在天堂安好。我把这件事写在这里，作为对张永言先生的致敬和怀念。也许，怀念师长最好的方式就是传承他的治学精神吧，张先生对学问的认真态度和对学术声誉的极度珍视是我终身学习的榜样。他对我这样的后学的指点，我会永远铭记在心；我也会尽己所能，努力帮助初入门的年轻同道。

4. 如何发现并确定一个体量合适、有持续性的题目作为中长期研究对象？博士论文以外又如何拓展研究领域？

能提出好的问题，这是研究者的一个素养。要想提出好的问题，就需要有对学科的深入理解和对目前研究状况的全面把握。所谓好问题，是相对而言的。理论上讲，任何问题都可以问，但是问题的价值的确有大有小。好的问题很多时候不是一下子就能想到的。在发现好的问题之前，总是会有一些不是那么好的问题进入我们的头脑。因此，想到某一个问题之后，我们要评估一下，这个问题是不是一个很有价值的问题，意义大不大。

我认为，好的问题应该具备几个要素：（1）这个问题所涉及的现象是比较普遍和常见的。这一点在一定程度上决定了问题的研究价值和影响。（2）对这个问题的现有研究是不充分的。这一点决定了研究这个问题的必要性。（3）掌握了解决问题的合适的理论和方法。这一点决定了研究这个问题的可行性。

我在写博士论文时提出的问题是：汉语的双音词是怎么来的？我的博士论文《词汇化：汉语双音词的衍生和发展》从汉语史的角度回答了这个问题。从实质上看，汉语双音复合词的产生是一个从非词形式到词的词汇化过程。词汇化现象在汉语历史的不同阶段都有表现，在世界语言中也普遍存在。汉语词汇的双音化不仅改变了汉语词汇的整体面貌，使汉语的词库从以单音词为主体演变为以双音词为主体，也影响到了汉语的句法，是汉语史上一个非常重要的变化，因此有比较大的研究意义。之前的研究大多是对双音词的专书性或断代性的研究，我的研究选择了专题性的视角，运用当代语言学的一些理论，结合了句法和语义的分析，找出了汉语词汇化的类型及制约条件，揭示出了汉语复合词的历史来源。

在决定研究这个题目之前，我也想过其他的论文题目，但后来自己都否定掉了。其实，作家写作也是这样，一开始涌入头脑的也往往是一些平庸或陈旧的词句，必须把这些否定掉，才能想出好的词句并落在笔端。因此，我的建议是，在选择论文题目时，如果想到了一个可以研究的问题，不要着急去写，可以继续思考，看能不能想到更好的题目。在考虑权衡过几个问题之后，再选择其中一个最好的问题去展开研究。

博士论文完成之后，有条件的话，可以考虑进博士后流动站做研究。在博士后流动站，时间比较充裕，基本就是专职做科研（有些地方要求承担一些教学任务），有整块的时间思考一个新的研究领域或拓展原有的领域，这对于学术发展来讲是非常有利的。我自己在博士后研究期间，关注的是现代汉语的词法问题，通过参与制定计算机用分词词表，我更真切地了解了现代汉语的词汇面貌，探索了现代汉语的词法模式和词法特点。博士后期间的研究成果形成了我的第二本书《汉语的词库与词法》。现在，词法研究也是我的一个主要的研究领域。因此，我非常感谢博士后在站期间的研究经历。当然，出于就业的现实考虑，博士毕业之后如果能够找到好的工作岗位，可以选择去工作，在工作中也可以寻找新的感兴趣的领域，拓展自己的研究。

5. 对于汉语史研究而言，材料和理论都很重要，但硕博士研究生在有限的学习期限内对熟悉材料和掌握理论常常觉得顾此失彼，您对此有何建议？

理论和材料当然是不可偏废。理论是建构在具体的材料之上的，没有材料，理论就成了空中楼阁；材料也需要理论的眼光才能得到正确的解读，没有理论的支撑，根本看不出材料中蕴含的价值，甚至会对有用的材料视而不见。

为了让对理论的学习和对材料的熟悉齐头并进，我建议，在阅读理论著作时，不仅要关注结论，还要关注论证所用到的语言材料。这样，我们在了解语言学经典理论的同时，也记住了语言学研究中的一个个经典的例子。每一个经典例子的背后代表的都是一类语言现象。读经典文献时不能求快，一定要慢，力求读完一篇经典文献后，就了解了一批语言事实，记住了一个研究结论，掌握了其中的研究思路和论证方式。这样，读了一篇就会有一篇的收获。经常有学生跟我说，我读了文献，也看懂了，但没什么想法。这种状态，我认为就是读得不够深。如果读得够深的话，总会产生一些想法。如果读的是外文文献，其中讲的是别的语言中的例子，我们就可以联想汉语中有无类似的事实；如果读的是研究现代汉语的论著，看到其中的例子，就可以想一想古汉语中的对应说法是什么。如此读理论文献，我们也就始终没有脱离语言材料。

当然，对于汉语史研究来讲，整篇的语料阅读是非常必要的，只有通读了不同时代的历史文献，才能对汉语不同时期的语言面貌形成具体的感知。在做这种语料研读的时候，脑子里可以联想读过的语言学理论观点，随时加以检验；也可以联想现代汉语的相应说法，看两者之间有什么样的差异。这样，读的时候，也需要慢一点，要随时停下来想一想。我个人认为，读得慢但有收获，比读得快囫囵吞枣要好得多。有时候，慢就是快。

为了不枯燥，语言学理论文献的阅读和语料阅读可以交叉进行。关键是静下心，细细揣摩。即使读得慢，只要持之以恒，在三年或四年的时间内，还是足以了解汉语史的主要理论发现和主要的语料特点，并打下一个好的研究基础。

6. 对初涉汉语史学习和研究的硕博士研究生来说，您觉得哪些学术训练是必要的？在学术训练的过程中，应该具备哪些基本素质？

我觉得研究生都需要掌握批判性思维的方法［可参看《超越感觉：批判性思考指南》(*Beyond Feelings: A Guide to Critical Thinking*）一书］和清晰的文字表达能力，要能够合乎逻辑地思考问题并清楚地表述自己的想法。对于汉语史研究来讲，要有阅读古书的能力和普通语言学的理论知识。这些都是最基本的。

学术训练中要培养认真、严谨、实事求是的学风，还需要有坚韧的品格。学术道路不是平坦的，探求真知是艰难的，必须勇于面对探求无果的挫折而不灰心，不害怕推翻自己已有的想法从头再来；也需要保持一颗好奇心和认知的热情，坚信语言现象中一定有规律，虽然这个规律可能隐藏得很深，而且往往由于有多种因素的共同作用而呈现为一种复杂的面貌，但规律一定存在，我们的使命就是千方百计把语言中的规律找出来。

7. 在读硕博士研究生如果以学术研究为志业，必然面临发表论文的问题，在论文选题、撰写、投稿及提高命中率方面，可否介绍一下经验？

写论文应该求质量而不是求数量，这个观念最好在进入学术领域之初就树立起来。发数篇没有影响的论文，不如发一篇有新见引起学界关注的论文。

最初写论文，都离不开模仿，从格式到表述甚至选题方向，都需要借鉴已发表的论文。先评判一下别人的论文，找出自己认为的那些写得最好的论文，就把那样的论文当模板，比照那样的论文来写，要让自己的论文朝心目中最好的论文看齐。

好论文都是修改出来的，要相信，只要论文写得足够好，就会被采用。如果投稿不能被采用，不应该过于沮丧或者抱怨，要根据审稿意见认真修改，改后再投。在有了基本的学术论文撰写能力之后，就要有更高的追求，要逐渐摆脱模仿，朝着开拓自己的领域、建立自己的研究特色的方向努力。

8. 请问您进入汉语史专业的初衷是什么？一路走来，您对汉语史专业的认识有没有什么变化？

进入汉语史专业，不是我自主的选择。我硕士毕业后留在川大工作，当时川大的语言学中只有汉语史专业有博士点，老师们劝我从现代汉语转到汉语史，认为如果能把古代汉语和现代汉语打通也是不错的。我当时也没有把握，不知自己能否学好，但现在庆幸自己当时接受了挑战，从而拓宽了研究视野。

通过个人的研究体会，我认为汉语史的知识对于汉语语言学研究者来讲是非常有必要的。了解了汉语的历时发展，能帮助我们更好地认识现代汉语中的一些语言现象，并可以对汉语的整体格局有更好的把握。

9. 回顾求学和科研道路，您是不是也走过一些弯路？有无经验教训？是否可以结合具体经历分享一下？

我当学生的时候，最初不太注意与老师的沟通，喜欢自己一个人瞎琢磨。现在想来，如果能把自己的一些思路和观点跟老师充分沟通一下，可能就能少走不少弯路。

比如，在读硕士的时候，我注意到"的"字结构是有歧义的，于是就想：这些歧义是受什么控制的呢？于是就自己琢磨，写了一篇文章讨论这个问题。写完之后过了一段时间，才看到了朱德熙先生的论文，原来朱先生早把这个问题解决了，我完全做了无用功！（不过，有一点好处，我对照了自己独立思考得出的结论和朱先生的结论，基本是一致的，这让我对研究语言学也有了自信。）如果在下手写文章之前，跟老师说说想法，老师肯定会告诉我朱德熙先生的研究结论。正是由于我不跟老师沟通，也没有充分调查文献，因此浪费了时间和精力。现在我鼓励研究生多跟导师做沟通，因为在做研究之初，对学术领域的了解毕竟是不全面的，对学科的整体把握比较欠缺，如果能多跟导师谈谈在学术上的想法，肯定能提高效率，少走弯路。

10. 您是如何平衡自己的科研和日常生活的？您如

何看待网络上传说的高校青年教师“007”（零点上班，零点休息，一周工作七天）的生活模式？您平常都会怎么放松身心呢？

虽然科研和日常生活好像是两回事，但仔细想想，我觉得，我们的科研实践对我们的日常生活是有一定积极影响的。

在科研中培养起的思维方式，能让我们在日常生活中保持理性，特别是对于女性来说，在科研工作中培养的客观严谨可以让我们不至于太情绪化。我们在研究中总要处理复杂的事实，并且深知弄清真相的不易，这一点能让我们在日常生活中更加理解事物多样类型的存在，不至于太狭隘，太自以为是，从而也能够更加宽容地对待与自己风格不同的人，能够更好地接受不同的处理事情的方式。因此，我们不会简单化一刀切地处理问题，对别人的评价也可以做到比较全面，不是非黑即白。还有一个方面，科研的过程就是不断地探索和修正的过程，这个过程让我们具有更多的反思能力，能不断地检视自身存在的问题，从而有更多改变自己提高自己的自觉意识。因此，从这个角度讲，科研工作也在一定程度上塑造我们，帮助我们变成更好的自己。

科研对于高校教师来讲，就是我们日常生活的一部分，但这一部分不是只有苦与累，也有很正向积极的作用，在潜移默化中促使我们更好地理解世界、理解生活。我是随着年龄的增长才慢慢产生了这样的感悟。

大学老师的工作压力的确比较大，青年教师有青年教师的压力，资深学者也有资深学者的压力。越是资深，责任就越大，要承担的各种学术服务就越多。因此可以说，不管处于哪个阶段都不容易。

为了搞好教学和科研，不可避免地要牺牲一些娱乐。但是，锻炼身体的时间不能省。一定要有好的身体，才能有精力承担繁重的科研工作。在这个方面，我只有惨痛的教训。我是家里最小的孩子，从小身体比较弱，爱生病，身体素质差。工作以后，一直都没有注意锻炼和保养身体，因此身体越来越糟糕，小毛病逐渐变成大毛病，治病的过程既漫长又往往不能彻底解决问题，既受了不少痛苦，大伤元气，又不得不耽误很多时间。现在，我十分后悔没有早一点想办法锻炼身体。我经常提醒我的学生，要从年轻的时候就注意健康问题，一定要把身体锻炼得棒棒的。

至于放松身心，每个人可能有不同的方式。我觉得有一个倾诉的对象是很重要的。我的倾诉对象就是我先生，各种感受我都跟他讲，工作上的各种事，我也都告诉他，通过跟先生的“喋喋不休”，我释放了不少自己的压力。我很感谢我的先生一直都耐心倾听，包容我、理解我并支持我。另外，我越来越觉得以一种感恩的心态生活会对调节身心有很大帮助，多想想我们身上的幸运（其实每个人都有很多地方是幸运的），减少抱怨，尽量去帮助别人，自己的幸福感就会增加。

11. 您对汉语史研究有何展望和期待？

汉语有丰富的历史文献，因此，研究汉语史比研究其他一些语言的历史要幸运得多。在汉语史研究中，我们有望在丰富的材料的基础上总结语言演变的规律，为历史语言学作出贡献，这是我们非常有希望取得突破的领域。

在我国传统的小学著作中，包含着很多精华，这些优秀的传统需要我们积极地继承和发扬，要结合当代语言学理论发掘和阐释这些小学著作中的价值，吸取其合理内核，以增进我们对汉语的认识。比如，在传统的训诂著作中就包含着很多对词汇语义和语义演变的论述，非常有必要用新的理论眼光加以整理和利用。我的《古代汉语词汇中的语义参项及其历时变化》(《汉语史学报》第19辑，2018）就在这个方面做了一点初步的工作。总之，汉语史的研究是大有可为的。祝愿所有的汉语史研究者在未来取得更大成绩！

主要论著目录

（一）著作

董秀芳 2002《词汇化：汉语双音词的衍生和发展》，四川民族出版社；修订本，商务印书馆，2011 年。

董秀芳 2004《汉语的词库与词法》，北京大学出版社；第二版，北京大学出版社，2016 年。

董秀芳 2017《汉语词汇化和语法化的现象与规律》（论文集），学林出版社。

（二）编著

朱庆之 董秀芳 2020《佛典与中古汉语代词研究》，中西书局。

（三）教材

董秀芳 张和友主编 2017《语言学引论》，北京师范大学出版社。

（四）论文

董秀芳 1995《词义的相背引申》，《汉语学习》第 3 期。

董秀芳 1996《“推出”何以受青睐》，《语文建设》第 7 期。

董秀芳 1997《跨层结构的形成与语言系统的调整》，《河北师范大学学报（哲学社会科学版）》第 3 期。

董秀芳 1998《述补带宾句式中的韵律制约》，《语言研究》第 1 期；又转载于人大复印资料《语言文字学》1998 年第 9 期。

董秀芳 1998《重新分析与“所”字功能的发展》,《古汉语研究》第3期。

董秀芳 1998《古汉语中介宾位置上的零形回指及其演变》,《当代语言学》第4期。

董秀芳 1999《从谓词到体词的转化谈汉语词典标注词性的必要性》,《辞书研究》第1期。

董秀芳 1999《古汉语中的后置词“所”——兼论古汉语中表方位的后置词系统》,《四川大学学报(哲学社会科学版)》第2期。

董秀芳 1999《“狼藉”考辨》,《文史知识》第5期。

董秀芳 2000《动词性并列式复合词的历时发展特点与词化程度的等级》,《河北师范大学学报(哲学社会科学版)》第1期。

董秀芳 2000《论“时”字的语法化》,《钦州师范高等专科学校学报》第1期。

董秀芳 2000《汉语语言学研究手段亟待更新——从语料库语言学的兴起与发展谈理论与事实的结合》,《中外文化与文论》第7辑,四川教育出版社。

董秀芳 2001《古汉语中偏指代词“相”的使用规则》,《四川大学学报(哲学社会科学版)》第2期;又摘登于《高等学校文科学报文摘》2001年第3期。

董秀芳 2002《古汉语中的“自”和“己”——现代汉语“自己”的特殊性的来源》,《古汉语研究》第1期;又转载于人大复印资料《语言文字学》2002年第6期。

董秀芳 2002《论句法结构的词汇化》,《语言研究》第3期。

董秀芳 2002《“都”的指向目标及相关问题》,《中国语文》第6期。

董秀芳 2002《信息分布原则、韵律与语序变动、体标记“了”的产生》,《汉语史研究集刊》第5辑,巴蜀书社。

董秀芳 2002《主谓式复合词成词的条件限制》,《西南民族学院学报（哲学社会科学版）》第 12 期。

董秀芳 2003《无标记焦点和有标记焦点的确定原则》,《汉语学习》第 1 期。

董秀芳 2003《“不”与所修饰的中心词的粘合现象》,《当代语言学》第 1 期；又转载于人大复印资料《语言文字学》2003 年第 8 期。

董秀芳 2003《“都”与其他成分的语序及相关问题》,《世界汉语教学》第 1 期。

董秀芳 2003《动宾式结构成词的语义条件》，钱军主编《语言学：中国与世界同步》，外语教学与研究出版社。

董秀芳 2003《音步模式与句法结构的关系》,《语言学论丛》第 27 辑，商务印书馆。

董秀芳 2003《“X 说”的词汇化》,《语言科学》第 2 期。

孙茂松 王洪君 董秀芳 2003《〈信息处理用现代汉语分词词表〉规范》，孙茂松、陈群秀主编《语言计算与基于内容的文本处理》，清华大学出版社。

董秀芳 2003《论“X 着”的词汇化》,《语言学论丛》第 28 辑，商务印书馆。

董秀芳 2003《“的”字短语做后置关系小句的用法——兼评法律文献中“的”字短语的使用》,《语言文字应用》第 4 期。

董秀芳 2003《北京话名词短语前阳平“一”的语法化倾向》，吴福祥、洪波主编《语法化与语法研究（一）》，商务印书馆。

董秀芳 2003《定语位置上的指代词、反身代词和零形式》,《语法研究和探索（十二）》，商务印书馆。

董秀芳 2004《现代汉语中的助动词“有没有”》,《语言教学与研究》第 2 期。

董秀芳 2004《“是”的进一步语法化：由虚词到词内成分》,《当代语言学》第 1 期。

董秀芳 2004《从话题结构到复句结构：以“者”和“所”的功能演变为例》，Takashima，K. & Jiang Shaoyu（eds.）.

Meaning and Form: Essays in Pre-Modern Chinese Grammar. Lincom Europa.

董秀芳 2004《从虚词到词缀的转化谈汉语虚语素的内部分类》,《汉语史研究集刊》第7辑，巴蜀书社。

董秀芳 2005《语义演变的规律性及语义演变中保留义素的选择》,《汉语史学报》第5辑，上海教育出版社；又收入吴福祥、王云路主编《汉语语义演变研究》，商务印书馆，2015年。

董秀芳 2005《现代汉语口语中的傀儡主语“他”》,《语言教学与研究》第5期。

董秀芳 2005《古汉语中宾语的表层隐现条件及其解释》,《语言学论丛》第31辑，商务印书馆。

董秀芳 2005《移情策略与言语交际中代词的非常规使用》,齐沪扬主编《现代汉语虚词研究与对外汉语教学》，复旦大学出版社。

董秀芳 2005《词语隐喻义的释义问题》,《辞书研究》第4期。

董秀芳 2005《汉语词缀的性质与汉语词法特点》,《汉语学习》第6期。

董秀芳 2006《宾语提前的话题结构的语义限制》,《汉语学报》第1期。

董秀芳 2006《古汉语中动名之间“于/於”的功能再认识》,《古汉语研究》第2期。

董秀芳 2006《汉语定中式复合词的内部构成及限制》,《现代中国语研究》(日本)第8期。

董秀芳 2006《〈语序和成分结构的操作理论〉(Hawkins, John A. 1994. *A Performance Theory of Order and Constituency*)导读》，北京大学出版社。

董秀芳 2006《词汇化与语法化的联系与区别：以汉语史中的一些词汇化为例》,《21世纪的中国语言学(二)》，商务印书馆。

董秀芳 2007《词汇化与话语标记的形成》,《世界汉语教学》第1期；又收入吴福祥主编《汉语主观性与主观化研究》，商务印书馆，2011年。

董秀芳 2007《从词汇化的角度看粘合式动补结构的性质》，《语言科学》第1期；又转载于人大复印资料《语言文字学》2007年第6期。

董秀芳 2007《动词直接作定语的历时考察》，《燕赵学术》（秋之卷），四川辞书出版社。

董秀芳 2007《书面语中的话语标记"只见"》，《南开语言学刊》第10期，商务印书馆。

董秀芳 2008《汉语动转名的无标记性与汉语语法化模式的关联》，《历史语言学研究》第1辑，商务印书馆；又收入《北大中文学刊》，北京大学出版社，2009年。

董秀芳 2008《现代汉语中存在的一种语序变异——以"大学没有毕业"与"没有大学毕业"为例》，《汉语学习》第3期。

董秀芳 2008《汉语偏正短语的历时变化》，《中国语言学集刊》第2卷第2期，中华书局。

董秀芳 2008《实际语篇中直接引语与间接引语的混用现象》，《语言科学》第4期。

董秀芳 2008《反问句环境对于语义变化的影响》，《东方语言学》第4辑，上海教育出版社；又收入潘悟云、吴安其、吴福祥主编《语言的演变与变异》，中西书局，2013年。

董秀芳 2009《有关同族词研究的一点思考》，《澳门语言学刊》总第33期。

董秀芳 2009《〈词汇语义学〉（D. A. Cruse著 *Lexical Semantics*）导读》，世界图书出版公司。

董秀芳 2009《汉语中问原因的疑问词句法位置的历时变化》，《历史语言学研究》第2辑，商务印书馆。

董秀芳 2009《现实化：汉语介词语法化后句法特征的渐变》，吴福祥、崔希亮主编《语法化与语法研究（四）》，商务印书馆。

董秀芳 2009《汉语的句法演变与词汇化》，《中国语文》第

5 期；又收入《北大中文学刊》，北京大学出版社，2010 年。

董秀芳 2009《整体与部分关系在汉语词汇系统中的表现及在汉语句法中的突显性》，《世界汉语教学》第 4 期；又转载于人大复印资料《语言文字学》2010 年第 2 期。

董秀芳 2009《句法构式与词汇化》，《科学发展：文化软实力与民族复兴》（上卷），北京师范大学出版社；又收入北京市语言学会编《历届语言学前沿论坛精选论文集》，北京语言大学出版社，2015 年。

董秀芳 2009《从状语标记“的$_1$”的使用规律看词汇特征与句法标记的关联》，《语言学论丛》第 40 辑，商务印书馆。

董秀芳 2010《汉语光杆名词指称特性的历时演变》，《语言研究》第 1 期。

董秀芳 2010《汉语中表示承诺的言语施为动词》，《汉语学习》第 2 期。

董秀芳 2010《来源于完整小句的话语标记“我告诉你”》，《语言科学》第 3 期；又收入王洪君、李娟编《现代汉语语篇的结构和范畴研究》，商务印书馆，2016 年。

董秀芳 2010《量与强调》，徐丹主编《量与复数的研究——中国境内语言的跨时空研究》，商务印书馆。

董秀芳 2010《共性和类型：词汇语义关系研究的方向——评〈词汇语义学〉》，《中国社会科学报》12 月 21 日第 8 版。

董秀芳 2011《语法化研究：争议与发展并存》，《中国社会科学报》8 月 2 日第 15 版。

董秀芳 2012《上古汉语议论语篇的结构与特点：兼论联系语篇结构分析虚词的功能》，《中国语文》第 4 期；又收入王洪君、李娟编《现代汉语语篇的结构和范畴研究》，商务印书馆，2016 年。

董秀芳 2012《〈语义关系与词库〉（M. L. Murphy 著 *Semantic Relations and Lexicon*）导读》，世界图书出版公司。

董秀芳 2012《“未 X”式副词的委婉用法及其由来》，《语言科学》第 5 期；又收入张谊生、宗守云主编《汉语副词研究论集》第1辑，上海三联书店，2013年。

董秀芳 2012《话题标记来源补议》,《古汉语研究》第3期；又收入吴福祥、邢向东主编《语法化与语法研究（六）》，商务印书馆，2013年。

董秀芳 2012《领属转喻与汉语的句法和语篇》,《汉语学习》第6期；又转载于人大复印资料《语言文字学》2013年第3期。

董秀芳 2013《从现代汉语个体量词的名性特征看其内部差异》,《世界汉语教学》第1期；又收入邵敬敏、黄宝珊主编《汉语语法研究的新拓展（六）》，上海教育出版社，2013年。

董秀芳 2013《趋向动词语法化为体标记：来自汉语历史和方言的证据》,《现代中国语研究》(日本）第15期。

董秀芳 2013《词汇与句法的关联：词义聚合与句法结构义聚合的平行性》,《语文研究》第4期；又转载于人大复印资料《语言文字学》2014年第3期。

董秀芳 2013《词汇双音化对动词论元结构的影响》,《汉语史学报》第13辑，上海教育出版社。

邱丽媛 董秀芳 2014《从等待义到时间指示功能的演变》,《汉语学报》第3期。

董秀芳 2014《代词的主客观分工》,《语言研究》第3期。

董秀芳 2014《内部结构为“程度副词+形容词”的副词的特点及其词汇化》,《汉语史研究集刊》第17辑，巴蜀书社。

董秀芳 2014《从存在义到不定指代义和多量义：“有X”类词语的词汇化》,《历史语言学研究》第8辑，商务印书馆。

董秀芳 2014《2+1式三音节复合词构成中的一些问题》,《汉语学习》第6期；又收入张伯江主编《现代汉语语法的功能、语用、认知研究（二）》，商务印书馆，2016年。

董秀芳 2015《上古汉语叙事语篇中由话题控制的省略模式》,《中国语文》第4期；又收入《汉语言学新视界》总第1期，学林出版社，2016年。

董秀芳 2016《从比较选择到建议：兼论成分隐含在语义

演变中的作用》,《云南民族大学学报（哲学社会科学版）》第3期。

董秀芳 2016《趋向词的主观化：情态义的获得》,《汉语历史语言学的传承与发展——张永言教授从教六十五周年纪念文集》，复旦大学出版社。

董秀芳 2016《主观性表达在汉语中的凸显性及其表现特征》,《语言科学》第4期；又收入《汉语言学新视界》总第3期，学林出版社，2018年。

董秀芳 2017《动词后虚化完结成分的使用特点及性质》,《中国语文》第3期；又转载于人大复印资料《语言文字学》2017年第10期；又收入《汉语言学新视界》总第4期，学林出版社，2019年。

董秀芳 2017《从动作的重复和持续到程度的增量和强调》,《汉语学习》第4期。

董秀芳 2018《汉语动词双音化过程中的形式选择和功能表现》(*Patterns and functions of verbal disyllabification*)，*Language and Linguistics*（《语言暨语言学》）Volume 19，Number 3.

董秀芳 2018《从指别到描述》,《语文研究》第3期。

董秀芳 2018《古代汉语词汇中的语义参项及其历时变化》,《汉语史学报》第19辑，上海教育出版社。

董秀芳 李虹瑾 2019《客观性状形容词与主观性状形容词》,《对外汉语研究》第19期，商务印书馆。

王明娟 董秀芳 2019《多维度的汉语词汇研究——董秀芳教授访谈录》,《河北民族师范学院学报》第3期。

董秀芳 郝琦 2019《从上古汉语一批代词形式的消失看汉语量化表达的变化》,《当代语言学》第4期；又转载于人大复印资料《语言文字学》2020年第1期。

董秀芳 高银美 2019《汉韩重叠词主观性的对比研究》,《中国研究》(韩国）第80卷。

董秀芳 2020《汉语语篇中的插叙标记及其演变》,《汉语学报》第1期。

Dong, Xiufang 2000 *The historical sources of Chinese compounds*. in Proceedings of the 12th North American Conference on Chinese Linguistics (Volume 1).

Sun, Maosong, Benjamin K Tsou, Wang, Hongjun and Dong Xiufang 2002 *The Principle and Practice of Constructing a Core Wordlist of Contemporary Chinese for Information Processing*.《第五届东亚术语论坛论文集》。

Dong, Xiufang 2012 *Lexicalization in the history of the Chinese language*. In Xing, Janet. (ed.) *Newest Trends in the Study of Grammaticalization and Lexicalization in Chinese*. De Gruyter Mouton.

Dong, Xiufang 2012 *Possessive metonymy in Chinese syntax and discourse*. In *Language Communication in a Multicultual Context*. North-Eastern Federal University (Russia).

Dong, Xiufang 2020 *From denotation to description: Noun-adjective and verb-adjective polysemy in Chinese*. In Xing, Janet Zhiqun (ed.) *A Typological Approach to Grammaticalization and Lexicalization*. De Gruyter Mouton.

（五）译文

董秀芳 1999《英语结构歧义的历史根源——对一些语法特点的考察》(Dallin D. Oaks),《汉语史研究集刊》第2辑，巴蜀书社。

董正存

从例（token）入手，尽量解决类（type）的问题

董正存

男，1977年生，河北昌黎人。1997年被保送至河北师范大学中文系，2001年考入南开大学文学院汉语言文字学专业攻读硕士学位，2004年硕士毕业任职于中国人民大学至今，其间，2006年9月于南开大学文学院汉语言文字学专业在职攻读博士学位，2010年6月获得博士学位。现为中国人民大学文学院副教授，博士生导师，中国人民大学杰出学者“青年学者”。

主要从事汉语历史语法和语义演变研究，曾先后主持国家社科、教育部人文社科项目，参与多项国家社科重大项目，发表学术论文30余篇，出版专著3部。

1. 请介绍一下您求学、研究的经历和治学领域。

我的中学读了四年，先是在乡中读了一年多，后来辍学在家。一年之后，偶然的一次机会看到昌黎县第二中学在电视上发布的面向农村优秀生源的招生广告，我又萌生了继续上学的想法。于是说服了家里人，拿到报名费，参加了昌黎县第二中学组织的测试。命运十分眷顾我，让我成功地拿到了五个名额中的一个。深知机会来之不易，我上学期间比较努力。在重新上了初二之后，1994 年参加中考，以优异的成绩顺利考入昌黎汇文中学（1993 年昌黎第二中学复名为“昌黎汇文中学”）高中部。

经过高中三年的刻苦学习，1997 年，我以会考全校排名第一的成绩从昌黎汇文中学保送进入河北师范大学中文系汉语言文学教育专业学习。2001 年考入南开大学文学院汉语言文字学专业，攻读硕士学位，导师为洪波教授。2004 年硕士毕业后，任教于中国人民大学对外语言文化学院，从事留学生的汉语教学工作，岗位类型为教学为主型。2006 年考入南开大学文学院汉语言文字学专业，攻读博士学位，导师为洪波教授，2010 年 6 月获得博士学位。2008 年 2 月，中国人民大学对外语言文化学院与文学院合并，我的工作单位变更为中国人民大学文学院，所在的教研室为对外汉语教学中心。2010 年 8 月，被中国人民大学文学院派驻中国人民大学国际学院（苏州研究院）(现中国人民大学苏州校区)，参与汉语国际教育专业硕士学位专业建设。2013 年 7 月回到北京，在文学院任教至今。同年，岗位类型由教学为主型转为教学科研型，曾先后在汉语言文字学、语言学及应用语言学两个专业指导过学术型硕士。目前在语言学及应用语言学方向指导硕士和博士。

自在人大工作以来，我一直在留学生的汉语教学一线，从未接触过中国本科生的专业教学，研究生的相关课程也是从近几年才开始讲授，“教”“研”基本上长期处于脱节的状态。为达成“教”“研”的统一与协调，我尽量从留学生的教学中获取研究选题，试图建立起留学生汉语教学与汉语史研究的衔接与平衡，这样的客观现实使得我的研究选题基本上不太可能在上古汉语或中古汉语，因而，我将研究范围限定在了近代汉语和现代汉语，立足于近现代的句法和语义现象，向上追溯和梳理它们由古至今的历时演变过程，概括和总结演变规律，挖掘和解释其中存在的演变机制与动因。

我的研究主要集中于汉语历史句法学和历史语义学两个领域。具体而言，主要侧重于汉语量化范畴的表达手段及其语义来源及发展、汉语语法化和汉语构式变化等方面。与同期所访谈的同仁师长在汉语史领域深耕厚植、开疆拓土有所不同，我一直游离于真正的汉语史研究，生活在汉语史和现代汉语的夹缝中，既不像真正意义上的汉语史研究学者，也不像真正意义上的现代汉语语法研究学者。收到浙江大学汉语史研究中心的访谈邀请之后，内心虽然十分惶恐和忐忑，但一想这也是让我这个“逃兵”审视过往、希冀未来的一次绝好机会，最终还是答应了下来。非常感谢浙江大学汉语史研究中心的信任、鼓励和提携，希望在以后的日子里能够有机会早日将所学、所教、所研达成统一，为汉语史研究贡献自己的绵薄之力。

2. 目前正在从事什么研究？将来有何科研规划？

我个人认为，将来的科研规划与目前从事的研究密切相关，目前的研究为将来的研究奠定学术基础，所以可以将这两个问题整合到一起来谈。

一直以来，我所从事的研究可以概括为两个方面：

一是汉语量范畴系统的更迭与变化，特别侧重于全量范畴的语义来源与发展演变，这也是在博士论文选题基础上的进一步深挖与拓展。由于时间和精力的限制，在进行博士论文写作时，只能对汉语全量范畴的部分语义来源和演变做举例性研究，未能做系统性研究。博士毕业以来，在坚持做全量范畴的语义来源研究的同时，也将其他量范畴纳入研究视野之中。由于汉语的量范畴十分复杂，对其语义来源及其发展演变进行研究恐怕也不可能在短时期内能够解决，未来还需要在此方面投入更多时间与精力。

二是与量有关的涉量构式的构式变化。通过对汉语涉量构式的多个个案考察发现，涉量构式的构式变化可以引发构式省缩和构式增扩两种后果。目前学界对于省缩现象关注较多，而对于增扩现象还未引起更多的关注，特别是增扩产生的机制与动因更是缺乏系统地解释与分析。通过沈家煊（2006）运用“糅合”、江蓝生（2008）运用“概念整合”以及刘丹青（2001）和张谊生（2011、2012、2013）运用“叠加”或“强化”等解决汉语的相关语言事实可以发现，这些都可以造成构式增扩。此外，南北方言的交流与融合也可能引发构式增扩。如我曾讨论过的现代汉语高程度义构式“最A不过”应该是南北方言叠床架屋的结果，“最A”是北方方言的，“A不过”是南方方言的。另外，类比化也可能引发构式增扩，如情态副词“少说”中的“说”就是受到“X说”词化模式的吸引直接添加到相关构式中去的。除了上述之外，汉语中是否还有其他能够引发构式增扩的机制或动因还需要进一步的深入考察与挖掘。即使将来通过考察发现汉语中只有上述机制或动因，那么这些机制或动因的层次关系到底如何、是平行关系还是具有上下位关系也是不能回避的一个重要问题。

整体上来看，我将来的研究还是会围绕着上述两个方面进行，在充分尊重汉语事实的基础上，在研究思路和方法上，力图将句法发展、语义演变与现代汉语方言进行整合，将三者同时落实到同一个选题中。

此外，如果时间和精力允许的话，我还会对手部动作动词的语义演变和发展变化进行系统性研究。由于缺乏新的研究思路和研究方法，这一领域我主动暂停了几年，目前，在研究思路和研究方法上已经有了一定程度上的改进和提升，这一领域或许已经到了需要具体落实的时候。

3. 在您求学和研究过程中，对您成长影响较大的著作和学者有哪些（哪几位）?

每个人的科研成长都离不开求学单位或教师团队特别是指导教师的培养。我的硕博均就读于南开大学文学院，整个知识结构和学术体系的培养和建立，与语言学教师团队各位授课老师密切相关。

在读硕博期间，刘叔新、马庆株、周荐、曾晓渝、袁明军、洪波、王延栋、王红旗等诸位老师先后传授课业。各位老师虽研究领域不同、理论基础各异，但都学识渊博，治学严谨，视野开阔，常常告诫我们语法解决不了的问题可以求助于词汇、语音或文字，汉语解决不了的问题可以求助于民族语言或外语，为我们树立语言各个子系统之间的内在联系以及语言类型学的观念奠定了扎实的基础。

在整个学术团队中，对我学术成长影响最大的，莫过于我的导师洪波教授。洪老师长期致力于上古汉语语法、语法化以及民族语言等领域的研究，具有强烈的理论意识和扎实的文献与语言功底，成就斐然，在指导学生时特别强调在理论意识和语言事实之间做到均衡。在读硕士期间，我非常有幸参与了洪老师主持的“古代汉语网络课程”这一项目，项目成果为《立体化古代汉语教程》这一教材。这本教程具有全新的编写理念，充分吸收新的有影响力的科研成果，通过纸版、光盘和网络三种媒介来实现古代汉语的立体化教学。参与这一项目，我不仅汉语史知识系统得以持续更新，对汉语史以及古代汉语教学的认识也更加深刻与全面，为以后从事汉语史研究奠定了较为扎实的语言学功底。

另外，我硕士入学的当年 10 月，国内首届“汉语语法化问题国际学术讨论会”在南开大学召开，虽然那时懵懂，听会并未完全能明白语法化到底为何物，但也算是比较早接触和听闻“语法化”这一新名词的一批学生。南开大学文学院一直以来都有实词虚化的研究传统和学科优势，洪老师对于汉语的实词虚化现象以及国外的语法化理论都特别熟悉，专门为研究生开设“语法化理论”“汉语语法化研究”等课程，为我们系统了解语法化理论以及操作程序与方法奠定了比较坚固的基础。到了研究生二年级时，洪老师邀请到了语法化知名研究专家柯理思教授来南开进行了为期一个月的系列学术讲座。这次讲座开拓了我的学术视野，让我充分意识到了语法化理论的解释力，以及如何较好地将语法化理论与冀鲁官话的方言事实进行有机结合。

对我学术成长影响比较大的著作是吕叔湘的《现代汉语八百词》、朱德熙的《语法讲义》、太田辰夫的《中国语历史文法》、Traugott & Dasher 的 *Regularity in Semantic Change* 和 Heine & Kuteva 的 *World Lexicon of Grammaticalization* 等。后两种外文文献为我日后从事历史语义学的研究提供了理论框架，帮助我建立起语义范畴之间对应规律体系，让我挖掘汉语语义范畴之间的系统对应规律更加有的放矢、有所凭依。

4. 如何发现并确定一个体量合适、有持续性的题目作为中长期研究对象？博士论文以外又如何拓展研究领域？

坦白讲，对于正在攻读硕博士学位的研究生而言，发现一个体量合适、有持续性的题目并非易事，这既需要具有发现问题的能力，也需要对所研对象的整体研究情况有全面的了解。

发现问题的能力是可以不断培养和提高的。从事学术研究的工作者，必须具有鲜明的问题意识。问题意识既可以通过阅读大量丰富的语言事实提高，也可以通过定期阅读优质的期刊论文和研究专著提高。我个人觉得，似乎可以先从微观问题入手，并对该问题进行分析解决；发现问题的本质之后，可以经由头脑风暴或发散性思维，尽量找到类似的相关语言事实，将这些语言事实聚合在一起，形成中观层面的问题，概括一类语言事实中存在的规律；在中观层面问题的基础上，可以将这类问题进一步提升为更宏观一点的问题。概而言之，可以从例（token）入手，尽量解决类（type）的问题，坚持以小见大、由具体到抽象、由归纳到演绎的研究思路。在语言事实阅读的过程中，不断发现并积累本质相同的不同语言事实，在研究的过程中不断试错，不断总结经验教训，可以进一步提升分析问题、解决问题的能力。

除了个人需要努力培养问题意识之外，还需要向导师、任课老师以及学界同好请教，进行交流。所选课题是否得当、是否合理，老师们比学生个人看得更精准、更透彻。我在选择博士学位论文题目时，当时曾一度想做“手部动作到口部动作的转移”这一选题，但是最终受到了洪老师的反对。虽然他也觉得这是一个好题目，切入角度也算不错，但是这个选题深度不够，业内人士一看便知。更为重要的是，这个选题很难有持续性。所以，在选题方面，除了自己努力之外，还要多向老师们请教。

当然，等导师分配题目我是反对的，读研就是要形成自己独立自主发现问题、分析问题、解决问题的意识和能力。至于博士学位论文以外的领域拓展，恐怕还是要结合博士学位论文的选题做深度和广度上的开拓，另外在研究的理论基础、研究方法、研究思路等多个方面也可以进一步全方位地丰富和完善。

5. 对于汉语史研究而言，材料和理论都很重要，但硕博士研究生在有限的学习期限内对熟悉材料和掌握理论常常觉得顾此失彼，您对此有何建议？

材料和理论不可偏废，缺不一可。缺乏材料验证的理论是空洞的，缺乏理论支撑的材料是难以挖掘的，最高境界应该是化理论为无形，但材料或语言事实的选取、梳理与挖掘又无时无刻不反映着理论。

个人浅见，硕博士阶段还应该多注重对语言材料的收集、积累与挖掘，因为材料工作需要付出的时间和精力远比理论要多。当然，语言材料所涉及的所有工作都与理论基础与研究取向有关，试着运用自己已初步了解的理论框架体系对语言材料进行处理，并通过材料来发现自己在理论理解时的短板，可以进一步深化和完善对该理论框架体系的理解，做到材料与理论相互促进、相互提升。

6. 对初涉汉语史学习和研究的硕博士研究生来说，您觉得哪些学术训练是必要的？在学术训练的过程中，应该具备哪些基本素质？

对于研究生的学术训练应该从基本知识、研究技能、创新能力、学术规范等几个方面进行。

专业基本知识应该宽广深厚。目前硕士研究生在入学时所掌握的本科阶段所学的语言学基本知识远不能达到从事学术研究的基本要求。要做到宽广深厚，恐怕需要：（1）应该养成进阶式的阅读习惯（阶段一求理解；阶段二能联想；阶段三要批判）；（2）要坚持读原著；（3）精读与泛读相结合；（4）建立全方位、立体化、多渠道的知识获取途径。

研究技能包括研究思维的训练、研究方法的掌握、研究过程的明晰、语言表达等几个方面。研究思维的训练应重在：（1）培养问题意识（首先判断问题是否是问题；其次判断问题的真伪好坏；最后判断是否有研究价值和学术贡献）；（2）纵向深挖研究问题（建立问题的层级体系，训练纵向思考能力）；（3）横向多维解读研究问题（多视角、多维度、立体化、层次化地解读，训练横向知识扩展与思考能力）。研究方法的掌握，需要熟悉语言学的各种研究与分析方法，并尽量注意多方法的交叉与综合运用，从研究问题出发，形成各种研究方法的交互分析。研究过程通常包括明确研究目的与研究意义、进行文献研究述评、在述评基础上进一步提炼研究问题、厘清研究思路、落实结构框架、撰写研究文本、形成学术观点等部分。语言表达方面要特别注意叙述性语言和论证性语言的区别。叙述性语言一般只说明是什么样，但不提供作者判定的标准、依据或理由，而论证性语言则需要作者提供判定依据，既要说清“为（wéi）何”，更要阐释“为（wèi）何‘为何’”。从我指导学生及评阅论文的情况来看，硕博生倾向于叙多论少，应该在叙述性语言的基础上，突出与加强语言的论证性。

研究生培养的终极目标应该是创新能力。创新能力应该包括具有选择重要学术问题的能力，以及对以往问题具有新的洞察力和领悟力。

学术规范应贯穿于整个研究过程，包括引证、注释、参考文献、学术伦理等方面，另外，摘要和结论的撰写也需要规范。

在学术训练的过程中，我个人觉得意志品质的训练尤为重要。读研特别是读博对意志力是一种挑战和塑造，如果意志力不够坚定，做事不能够坚持和持续，往往会半途而废，最终也会以失败而告终。这里可以分享一下我的个人经历。

在参加硕士研究生入学考试时，命运曾经跟我开了一个很大的玩笑。在顺利考完前三门科目之后，第二天下午进行的第四门科目所考内容应该为古代汉语，可拿到的却是古代汉语的试卷袋，而信息标签和试卷名称却是现代汉语。面对这一突发状况，我顿时头脑一片空白，完全懵掉了。在木讷地举手向监考老师汇报之后，监考老师建议我离开考场去考点办公室寻求解决办法。一路飞奔到考点办公室，考点负责人正电话联系南开大学研究生院，电话几经占线，经过了半个多小时的沟通，终于有了肯定性的回应：南开大学研究生院同意我先作答现代汉语试卷，受影响的考试时间顺延。再次回到考场的我填写答题卡时手是抖的，当时觉得很受影响、很倒霉，站起身来想弃考，但突然一个念头提醒我得看一下试卷内容。当看到试卷内容的时候，我发现命题思路与我的备考思路不谋而合，当即说服自己要控制情绪，拼命让自己平静下来继续答题，就这样很顺利地完成了现代汉语的考试。考试结束刚要离开时，万没想到考点负责人通知我：为避免泄题事件的发生，我需要被带至河北省考试院进行隔离。在河北省考试院的一晚是无眠的一晚，更是身体和精神备受折磨的一晚。我特别担心第二天所要考试的试卷仍是现代汉语试卷，毕竟它本来就该是最后一门要考的科目。如果真是那样的话，就会造成我没有参加古代汉语的考试而参加了两次现代汉语的考试，意味着考试还没结束我就知道了我考研失败的结果。辗转无眠的寒冷冬夜真是难以熬到黎明。清晨六点，天还黑着，考试院的老师各个考点运送答题卡，我也跟随他们奔波去了各个考点，最后到达我所在考点的时候天已经大亮。两顿粒米未进的我，空腹喝了两袋雀巢咖啡，强撑着精神走进了考场。等试卷下发我发现是古代汉语试卷的时候，心里的一块石头落地了，但是在开考半个小时后，我的心脏狂跳，频率增强，跳得我心慌（好久以后才知道是空腹喝咖啡的原因造成的），扰乱得我几乎无法答题，我硬撑着把能够答完的题全部答完之后就交卷离开了考场。之后在漫天飞舞的大雪里，我毫无意识地狂走了一个多小时，欲哭无泪感、挫败感、失落感……百感交集。直到 BP 机响起，同学的呼叫才把我拉回了现实。

事情至今过去了好多年，我都记忆犹新，印象深刻，特别感谢自己当年的坚持，感谢自己比较坚韧的意志品质。如果没有当初的坚持，没有命运的历练，就没有现在的我。所以，我个人比较强调对学生意志品质的锤炼。

7. 在读硕博士研究生如果以学术研究为志业，必然面临发表论文的问题，在论文选题、撰写、投稿及提高命中率方面，可否介绍一下经验？

我个人比较反对将论文发表作为硕博士研究生能否正常顺利毕业的硬性规定，特别是对硕士研究生毕业需要发表论文这一要求更是不能苟同。学术研究是一种独立的创造性的思维活动，在缺乏创作欲望、创作动机以及创作实力的情况下提过高的要求，反而会伤害学术热情和学术信念。

相较于投稿和提高命中率，我个人更侧重于论文选题和论文撰写，似乎在选题和写作阶段并未考虑过投给哪家杂志命中率更高这种问题，只是单纯地想把这个自己有创作欲望的选题在力所能及的情况下尽量解决得尽善尽美。

在选题时，我通常坚持不碰研究热点、不碰研究难点的原则，在不断积累自己学术兴奋点、有创作热情的选题的基础上，逐渐形成自己的研究领域和研究风格。在论文撰写时，我比较坚持“读者友好”的原则，尽量将文章在逻辑和思路上环环相扣，引导读者跟随我的论证思路，得出与我相同的观点，这样会更让读者信服，产生共情心理。在论文写作完成准备投稿时，我也会将论文选题的价值与意义、论文的完成质量与期刊的办刊风格、期刊层次作一个比对，选择最合适的一家杂志进行投稿。

关于提高命中率，我没什么经验。我有一投即中的期刊和稿子，也有屡投不中的期刊和稿子。相比而言，纠结于命中率这种自我不能掌控的事情，不如投入更多的时间和精力把文章高质量地完成好，这才是我们自己能够掌控的事情，更是应该做的事情。要做一篇好论文，需要满足观点明确、论据充足、论证详尽、结构合理、逻辑通畅、语言简洁、引证规范等必要因素，需要不断投入时间和精力进行打磨和润色。

8. 请问您进入汉语史专业的初衷是什么？一路走来，您对汉语史专业的认识有没有什么变化？

进入汉语史的初衷可能更多的是出于热爱。我从小就对语言感兴趣，对语言现象比较敏感，语文成绩也一直比较好。中学时，语文老师讲的教学语法，我基本上一听就懂，也可以分析得头头是道，这恐怕也是高中母校保送我去读中文系的原因之一，学校是希望我大学毕业后回母校做一名语文教师。和大多数人有所不同，在准备考研时，我没费什么精力和周折去挑选报考专业，而是直接依照自己的兴趣选择了语言学。

鉴于我个人的研究体会，我认为汉语史的专业知识对于汉语语言学学者至关重要，更能帮助我们认清汉语的发展由来以及本质面貌，更能为共时与历时相结合的研究视角拓宽研究路径，进一步帮助我们认清汉语全局，把握发展全貌。

9. 回顾求学和科研道路，您是不是也走过一些弯路？有无经验教训？是否可以结合具体经历分享一下？

整体上看，我的求学和科研道路还算顺利，当然也走过一些弯路。比如当初自己没有想清楚是否要读博，硕士毕业之后就直接参加了工作。等到工作之后才发现，博士学位是高校教师起码的标准配置，这才又决定去在职攻读博士学位。在职读博太难、太苦、太累了，工作单位有教学和科研考核的双重压力，求学单位有学业考核的压力。一般来说，不能因私影响公事，不能因为个人读取学位而影响正常的教学科研工作，这是起码的道德底线。这样，就会造成我真正分配给读书的时间非常有限，会比较功利地去为完成选题而读书，而不是为建构合理科学的知识结构系统性地去读书。如果有重新选择的机会，我想我会直接从硕士读到博士毕业，保证自己有足够的读书时间，确保自己知识体系的系统性和完备性。

另外，虽然从事语言学研究，但是自己真正掌握的语言非常有限，未能再多学习一门或两门外语。即使一直从事留学生的汉语教学工作，也未能充分利用留学生多语言或多语种的客观优势在语言研究方面进行更多的研究尝试。

10. 您是如何平衡自己的科研和日常生活的？如何看待网络上传说的高校青年教师“007”（零点上班，零点休息，一周工作七天）的生活模式？您平常都会怎么放松身心呢？

大学老师的工作大部分都是在家完成的，科研和生活很难剥离开，我个人基本上按不同的时间段来安排，我的科研时间更多是安排在下午和晚上。各行有各行的不易，甘苦自知。不管是996还是007，我个人觉得适合自己的就是最好的，别人的生活模式再好也不一定适合我，做一行爱一行，尽量不作横向比较。学术虽苦、虽累，但也很幸福、很享受。在自己可自由调配的时间里，自由徜徉在学术的海洋里，充分享受自由带来的精神愉悦是一件非常幸福的事。

长期久坐读书，劳心劳神，对身体健康也会有不同程度的损伤。中医上说，脾主思虑，脑力劳动者通常会脾虚，各位同仁及青年学子要特别注重身体的保养，保持健康的体魄。放松身心，我一般会通过运动，比如跑步、游泳、打羽毛球等来放松；也会通过养花种草、做饭等来调节。如果时间宽裕的话，我还会选择治愈系的旅行、摄影、看电影、唱K等来解决。总之，在学术和科研之外，生活也尽量要丰富多彩。在生活中遇到了学术，而不是在学术中才有了生活。有格调地学术，有情调地生活，生活中感性、高调绽放，学术中理性、低调内敛，这是我所追求的目标。与大家共勉。

11. 您对汉语史研究有何展望和期待?

汉语史的研究领域比较宽泛，其他领域我不太熟悉，不敢妄言，仅就语法史谈一点儿我个人的想法。

第一，随着出土文献的不断被发现，汉语语法史的研究者也要积极行动起来，广泛利用这些宝贵的出土文献资料，对相关语言现象或学术观点进行检视，或更正既有的观点与认识，或提出新的观点与认识，以推动相关问题的进一步发展。第二，在立足于汉语自身语言事实、总结汉语自身发展规律的基础上，进一步提出适合汉语自身的理论框架体系。第三，将汉语自身发展看成一个连续的纵向发展过程，尽量对某一语言现象做通时性、全盘性的研究，这样似乎更有利于从全局上发现汉语的整体演变规律。

相信随着广大青年学生的不断成长、日益成熟，汉语史的研究队伍会越来越壮大，研究成果也会越来越丰富。

参考文献

沈家煊 2006《“王冕死了父亲”的生成方式——兼说汉语“糅合”造句》,《中国语文》第 4 期。

沈家煊 2006《“糅合”和“截搭”》,《世界汉语教学》第 4 期。

江蓝生 2008《概念叠加与构式整合——肯定否定不对称的解释》,《中国语文》第 6 期。

刘丹青 2001《语法化中的更新、强化与叠加》,《语言研究》第 2 期。

张谊生 2011《预设否定叠加的方式与类别、动因与作用》,《语言科学》第 5 期。

张谊生 2012《试论叠加、强化的方式、类型与后果》,《中国语文》第 2 期。

张谊生 2013《介词叠加的方式与类别、作用与后果》,《语文研究》第 1 期。

主要论著目录

洪波 董正存 2004《“非 X 不可”格式的历史演化与语法化》,《中国语文》第 3 期。

董正存 2008《情态副词“反正”的用法及相关问题研究》,《语文研究》第 2 期。

董正存 2009《词义演变中手部动作到口部动作的转移》，《中国语文》第 2 期。

董正存 2011《“完结”义动词表周遍义的演变过程》，《语文研究》第 2 期。

董正存 2013《无条件构式的省缩及其句法-语用后果》，《中国语文》第 4 期。

董正存 2015《言说动词“操”的句法-语用表现及相关问题研究》，《语文研究》第 1 期。

董正存 2015《汉语中序列到量化的语义演变模式》，《中国语文》第 3 期。

董正存 2016《让步条件构式的省缩及副词“打死”的形成》，《语言教学与研究》第 1 期。

董正存 2016《结构省缩与情态依附——以让步条件结构式为例》，《世界汉语教学》第 4 期。

董正存 2017《汉语中约量到可能认识情态的语义演变——以“多半”为例》，《中国语文》第 1 期。

董正存 2018《现代汉语赞扬义“有”字口语格式的用法及意义获得》，《语文研究》第 1 期。

董正存 2018《从结构式增扩看高程度义结构式“最 / 再 A 不过”的产生》，《古汉语研究》第 4 期。

董正存 2020《从构式变化看情态副词“少说”的产生与发展》，《世界汉语教学》第 3 期。

董正存 2021《“见”的全称量化用法及其产生》，《中国语文》第 2 期。

谷峰

用有限的时间多读经典的作品

谷峰

男，1983年生，河北石家庄人。2001年考入南开大学中文系，2010年在南开大学获得博士学位并留校任教。现为南开大学文学院教授，博士生导师。

从事汉语语法史研究，曾经关注的研究课题包括：以句法学和语用学为指导的上古汉语副词研究，以异文比勘为主要方法的汉译佛经语法研究。围绕上述课题，在《中国语文》《语言科学》《语言学论丛》《语文研究》等刊物发表论文20余篇，获得中国语言学会首届“罗常培语言学奖”三等奖、天津市社科优秀成果奖（2次），入选南开大学“百名青年学科带头人”培养计划，2017—2018年以国家公派访问学者身份前往华盛顿大学（西雅图）语言学系进修一年。目前正准备研究汉语史上的否定和量化等议题。

1. 请介绍一下您求学、研究的经历和治学领域。

我于2001年进入南开大学中文系学习，经过本科、硕士、博士三个阶段，2010年博士毕业留校任教，目前主要从事汉语语法史研究，尤其对上古汉语语法有兴趣。对于研究经历，我打算从论文发表、研究课题、海外研修等三个方面分别介绍。

论文发表方面，本科三年级（2003年）时，我在香港的《中国语文研究》发表了第一篇习作，列举近代汉语“都”的一些用法。因为那时几乎没有受过正式的语言学训练，阅读范围有限，所以虽然“都”这个选题很重要，自己也费力良多，但是那篇习作基本没有谈到跟“都”有关的重要议题，尤其是形式语义学范围内的议题。在本科阶段发表的其他两篇习作，都是因为读别人的著作受启发、对某个知识点感兴趣，因而做些简单的调查分析，没有很深广的思考。在本科毕业那年，网络论坛上有个流行语“……的说”(例如“在泰达体育馆有一场《雪狼湖》的说”)，我突然想起书面语有“……云云”这样的表达，感觉二者或许有联系。后来洪波教授告诉我，林华勇老师（彼时还在中山大学念书）曾给第二届汉语方言语法国际研讨会提交过一份报告，从那份报告可见南方方言和民族语中有些助词跟“云云”意义类似，这些助词来自言说义动词。我认真读了林老师的文章，又查阅Heine和Kuteva（2002）*World Lexicon of Grammaticalization*中的相关词条，发现“言说”和“传闻”这两个意思在许多语言中都有联系，我猜想古汉语的助词“云”很可能是动词“云”虚化来的，朝这个方向钻研下去，应该会有新的发现。方向确定之后，接下来要调查和揣摩语料，描述演变的过程，当时要解决的主要问题是：（1）如果“云”是动词，它最初的位置在句中，究竟是怎样一步一步变成句末语气词？（2）语序类型对于这种演变有没有制约（因为最初发现不少中国境内的 OV 型语言存在这样的演变路径，但是古汉语的基本语序显然不是 OV）。在写作过程中，请教过许多专家，大都得到积极的反馈。洪老师提醒我注意重新分析发生的结构条件，有位香港专家向我解释过句法学的标补词（complementizer）概念，刘丹青老师给我提供上海话"伊讲"的例子以及他的一些推测。同时，我还找来一些描述语法化过程十分细致的论文作为学习的范本，例如杨永龙老师的《从稳紧义形容词到持续体助词》和梁银峰老师的《汉语事态助词"来"的产生时代及其来源》，尤其参考两位学者对临界状态的描述，最终写成《从言说义动词到语气词：说上古汉语"云"的语法化》。这篇论文从构想到投稿发表，前后约两年时间，近十年来，国内许多同行对于传信范畴（evidentiality）及其语法化演变有浓厚的兴趣，所以这篇论文得到许多关注。

从 2008 年到 2012 年，我的研究兴趣是古汉语副词，尤其是那些意思比较多的副词。在研究方法上，主要是利用方言、民族语和外国语的例子去填充古汉语副词演变路径上缺失或不清晰的环节，这个路数受了当时语义地图（semantic map）研究的启发，现今我认为在这个思路下写出的论文，优点是发现许多语言在词语演变上有共同的趋向，缺点是对于汉语的事实本身考虑不细致、挖掘不深入。2015 年有位老先生与我商榷，他指出我的一篇论文不重视旧注训诂。对于他的批评我完全接受，后来我自己也领悟到，异文和故训等资料对于还原古人遣词造句的意图有重要作用，在后来的研究中我开始重视搜集和运用这些资料。

研究课题方面，参加工作以来，我的研究兴趣主要是古汉语的语气副词，在2016年以博士论文申报国家社科基金后期资助项目，获得批准，目前修改后的书稿正在申请鉴定。此外，我还关注过汉译佛经的同经异译现象，如刚才所说，多数时候我的研究兴趣都是上古汉语的语法，只关注东汉以前的中土文献语料，至于说为什么有一段时间会研究佛经语法，我觉得是机缘。

2013年南开大学推荐杨琳教授负责的古代汉语课程申报国家级资源共享课，要求团队中的几位教师以董志翘、杨琳主编的《古代汉语》（武汉大学出版社，2012年）为底本，拟定计划、制作资源、摄制录像，我的任务是讲解《修行本起经》《生经》等几篇佛经。因为过去对这方面完全没有研究，所以我在备课过程中多次向社科院语言所的姜南老师请教，学到许多知识，根据她的建议搜集到一些资料，比如辛嶋静志的《道行般若经词典》、黄宝生的"梵汉佛经对勘丛书"（截至2013年已出版4种），因为从学生时代起我就对"都"有浓厚的兴趣，所以在查阅佛经异译和对勘资料之时，特别关注跟"都"有关的条目，又核对了原始资料，发现中古时期"都"的语义似乎不像国内几位前辈语言学者理解的那样。比如他们都认为"都不、都无"中"都"表示加强语气，但是对勘和异译资料显示相关例句中的"都"表示"全部"的意思。调查研究后，我写出《"都"在东汉有没有语气副词的用法？》一文。在写作过程中，我读过朱庆之、颜洽茂、胡敕瑞、万金川、熊娟等学者的著作，认真做了笔记，还找来几位学者著作中的提到的重要参考文献来看。后来我想，既然收获颇丰，自己不妨也尝试用佛经异译资料做些语法史研究，所以围绕这个选题，我把个人读书体会和调研结果进行整理，并申报教育部人文社科青年基金，后来获得批准，目前已经结项。但是因为我不懂梵文，对于相关的文献学知识也不熟悉，考虑到自己不能深入理解佛经翻译的原则和佛经流传的情况，所以没有继续从事这方面的研究。

海外研修方面，我曾经在2017年12月去华盛顿大学（西雅图）语言学系进修一年。外方担保人（faculty sponsor）是Edith Aldridge（李琦）教授，她是一位句法学家，先后在日本和美国学习语言学，在中国大陆学过汉语，又多次去中国台湾调查高山族语言。受求学经历及美日两国语言学家的影响，她通晓生成语法理论，研究兴趣涉及古汉语、日语、南岛语等亚洲语言。

根据她的建议，我在语言学系报读5门课程，本科水平的Syntax-1（Citko教授主讲），Syntax-2（博士生Woo主讲），Semantics-1（Ogihara教授主讲），研究生水平的Historical linguistics，Syntactic theory 1，讲员均为Aldridge教授。除了3月因家事请假回国，5月中旬去麦迪逊参加IACL年会外，我从不缺课，与美国同学同堂讨论、交作业、小组学习、参加考试。我记得刚开始听课时，老师和同学的语速都很快，我经常跟不上大家的节奏，一次课下来能听懂的东西很少。为了尽快赶上进度，我就笨鸟先飞，提前预习并事先试做习题，如果觉得在课堂上错过了什么重要的信息，就会在课后请美国同学复述他/她的发言内容以及老师的答复，班上的同学虽然不认识我，但是都会热情慷慨地帮助我，后来几位同学还邀请我参加小组学习（group study）。对于老师同学的善意，我会送给他们一张写着小篆的书签或明信片（同时另附一张纸，用莱比锡标注告诉他们我写的是什么意思）作为感谢，大家的帮助使得我有明显的进步，我有4门课程期末成绩95分以上（2门课程期中成绩满分）。除学习课程外，我还定期跟Aldridge教授及博士生黄嘉辉同学讨论，读了一些句法学的论文或章节。

一年的研修结束，我对美国语言学专业的教学有了直接体验，同时对句法学理论的基本概念、操作手法和重要议题有了初步了解。可以说这次研修对我的教学和研究都有很大的帮助——在教学方面，我对研究生“汉语语法史”课程做了些调整，加入 Syntax-1 的内容；在研究方面，我在 2019 年的论文《上古汉语“主 + 实 + 谓”中“实”的功能》中略微吸收了在美国学到的知识。

2. 目前正在从事什么研究？将来有何科研规划？

我于 2018 年 12 月回国，在跟 Aldridge 教授话别之际，我表示自己以后仍然希望学习句法理论，并尝试用这种理论去研究古汉语语法。

目前在做的工作是翻译 Aldridge 教授的 11 篇关于古汉语语法的论文。这些论文是在生成语法理论指导下分析古汉语语法现象，内容涉及疑问、焦点、量化、否定、格位等议题。于我而言，这项工作的价值在于学习新知识。逐字逐句翻译是一种督促，它使得我不能只是泛泛浏览，必须认真揣摩作者的思路，查阅参考文献中引用到的经典论著，学习论文体现出来的基础理论、基本方法。这项工作从 2019 年 11 月正式开始，目前译稿主体已经完成，题目暂定为《生成语法理论指导下的古汉语语法研究》。这项工作之后，我打算一边学习语义学，一边考虑古汉语否定和量化等相关议题，目前只是在搜集研究文献并揣摩语料。

说到未来的科研规划，我的初步想法是在科研业绩上不给自己定硬性目标（必须发表多少文章、争取多少课题经费），但是在学习上不能放松要求，包括：

（1）利用各种资源把国外研究生水平的句法学、语义学等课程学完，2020 年 9—10 月，恰逢 Ian Roberts 教授在线讲授句法学课程，我坚持听完了十次讲座，感觉自己对相关知识的理解比在西雅图时候更周全了一些，最初学习时候遇到的困惑、忽略的知识点也有一部分得以解决，这对我的教学研究工作很有好处。此外，“形式语言学研究”公众号最近接连推送 Andrew Carnie 教授的句法学课程，我觉得很有必要认真听一听，因为美国许多大学（包括我当时所在的华盛顿大学）都采用 Carnie 教授的教材第三版作为句法学课本，既然他是作者，想必他对相关内容的领悟有他人不可比拟的优势；对语义学而言，我计划重读 Kate Kearns 的 *Semantics*，就其中内容跟研究生定期研讨、练习，自学当时老师没讲到的内容，具体说就是 lambda 抽象和还原，Ogihara 教授略过了这部分内容，但是南京大学的罗琼鹏老师告诉我，这部分内容是语义学研究创新的源泉。基础知识学完之后，我打算继续读些更高级的教材以及专题论文。

（2）学习一两门英语以外的语言。目前我在学习德语。以前阅读语法化研究的英文文献，发现许多欧洲学者都喜欢举德语的例句，后来在美国听句法学课，老师分析移位现象时也曾经多次提到古英语和德语的 V2 现象，所以我感觉学些德语应该会有助于理解相关的知识。根据一些朋友的建议，我报读了网络课程，以《新求精德语强化教程》为素材零起点开始学习。目前因为各种事务繁冗，不能确保每天都拿出充足的时间，但是相信会坚持下去。

（3）学一种简单的编程语言。我有段时间喜欢在网络上搜集欧美语言学家的简历，看到许多学者掌握 R、Python、Haskell 等编程语言，后来黄嘉辉博士对我说，

Python 和 R 在美国语言学专业师生中普及率非常高，许多学校都开设相关的课程，例如华盛顿大学的社会语言学专家 A. B. Wassink 就讲授 R for Linguists。当时在美国进修的曹亚北同学（北京大学博士生）也讲过，他在密歇根语言学系旁听一门关于代词的选修课，老师要求用 Haskell 交作业，足见如果不掌握某种编程语言，连课业任务都无法完成。

3. 在您求学和研究过程中，对您成长影响较大的著作和学者有哪些（哪几位）？

我在本科阶段曾经认真地读过华裔语言学家王士元（William S.-Y. Wang）教授的论文集《语言的探索》（石锋等译，北京语言文化大学出版社，2000 年）。我认为王教授的论文有两个看点：一是用数理方法（比如计算机建模）研究语言，二是从宏观角度看待语言史。在高中和大学期间，我很喜欢数学课，也听说过“建模”这个词，虽说自己不了解这方面的内容，但是对掌握这门知识的人很是倾慕，所以那时特别关注王教授及其团队的研究，也曾经翻译过王士元教授和汪锋教授合著的一篇谈方言接触的英文论文。

研究生阶段主要是关注汉语虚词的演变，看得比较多的作品是俞敏的《〈经传释词〉札记》（湖南教育出版社，1987 年）、江蓝生《近代汉语探源》（商务印书馆，2000 年）、李明的博士论文《汉语助动词的历史演变研究》（北京大学，2002 年）及相关论文、Traugott 和 Dasher 的 *Regularity in Semantic Change*（剑桥大学出版社，2002 年）。俞敏教授熟练运用印欧语言、汉语方言来解说古文献中的虚词，内容和语言风格十分生动，把文献语言的词语讲活了，这本书价值很高，只是过去没有引起足够的重视，在我攻读博士期间，施向东教授就曾在课上提醒同学们多多关注俞敏教授这本著作。江蓝生老师的系列论文讨论近代汉语重要的虚词和语法格式，她善于运用类比的方法探求虚词的用法或发展轨迹，也重视利用方言语料（特别是官话方言）研究近代汉语语法，对于词语发展轨迹的描述十分细致，这几点对于近代汉语语法研究很重要。李明老师重视国外主流的语言学理论，对古汉语语料也有准确的分析，他的论文把两方面恰当结合起来，这种做法很值得学习。对于 Traugott 和 Dasher 这本书，从概念解析、理论高度和案例分析来看，它都是目前语义演变研究最好的著作。

参加工作的前几年，我关注的范围有所扩大，后来又时常承担一些审稿工作，需要对古汉语语法的整体面貌更加熟悉，所以阅读过以下著作：Pulleyblank（蒲立本）的 *Outline of Classical Chinese Grammar*（UBC 出版社，1995 年）、魏培泉的《汉魏六朝称代词研究》（“中研院”语言所，2004 年）及其关于古汉语语法的系列论文。蒲立本教授的母语虽然不是汉语，但是他对古汉语的认识很深入（比如对“也”和“矣”的分析），感觉也比较准确（例如认为“实”是有对比作用的复指代词），以往国内不少同行对于外国人的汉语研究成果，都是持审慎或者批判态度，但蒲立本教授著作中的许多内容读起来让人觉得踏实可靠。魏培泉先生的研究广泛涉及指代、时体、情态、趋向、使役、被动等范畴，他的许多研究是以某个范畴为中心议题，用多个历史时段的语料描述这个范畴的演变，我认为他的研究有三点可看之处：（1）以异质的眼光看待文献语料（认为上古的各种文献记录了不同的方言）；（2）研究者对不同时段、不同形态、不同文体的语料都能够娴熟驾驭；（3）以现代语言学的方法分析古汉语（例如用GB理论分析指代词）。

4. 如何发现并确定一个体量合适、有持续性的题目作为中长期研究对象？博士论文以外又如何拓展研究领域？

根据我理解，第一个问题应该是指博士论文选题。选题成功与否是由多种因素决定的，主要是学生个人兴趣和学术训练，同时，导师的眼光以及学科团队的传统也会有一定影响。对于这个问题我无法给出完整的答案，但是愿意分享一些个人的体验：

第一，不能怀有投机猎奇的心理去选题，通俗地讲，就是不能为了说上一句“我的研究填补空白”而选择偏难怪的题目，应该说目前很少有哪个题目完全是空白地带，即使有这样的题目，如果学术界对此毫无研究，那么这种题目或者难度很大，或者极有可能没有价值。不错的选题应该是前人有一定研究，但是没有最终答案或是争议较大，需要后来者继续发掘探究的问题。

第二，我赞同朱冠明教授的观点，就是选题应该与自己所受的训练契合。我相信多数研究生同学肯定都热爱阅读，经过一段时间的学习，也会具备一定的眼光，知道什么样的选题有价值，但是还应该明白这个选题属于哪个领域、需要什么样的训练。比如我曾听说有的同学以关系从句作为题目，这本身是一个形式语言学的题目，没有受过相关的训练的人恐怕连门都摸不到，如果连补足语（complement）和附加语（adjunct）之间的区分都不清楚，甚至从来没听说过，何谈后续的研究呢？所以这位同学非常苦闷，后来在几位师长的建议下，更改为其他题目，新的选题范围更加明确，更加侧重于客观描述，此后这位同学每天都有看得见、摸得着的收获。

第三，建议在读文献的同时，尝试写研究综述。许多同学在酝酿选题的时候，搜集了许多著作和论文，但是既担心读文献费力，又担心费力之后没有任何发现，这时候有的同学也许会逡巡徘徊，有的同学可能出于个人好恶只看自己感兴趣的内容，这都不是正确的做法。我的建议是写研究综述，综述的价值就在于：（1）综述很可能是博士论文第一章绪论中的重要内容；（2）写综述会督促我们认真读完每一种文献，客观平和地看待同行的成果，因为写综述类似于写史，不能抱有太多个人好恶；（3）综述反映学界研究的现状，做完综述之后，就会明白哪些问题有继续研究的空间，当然，前提是按照正确的思路写综述。以往许多综述都是简单按照时间轴记流水账，对于任何选题都按照“萌芽期”“发展期”“繁荣期”来分节，这是不可取的，好的综述应该根据研究主题给成果分组、给综述分节。有些期刊如《汉语学习》接受综述，如果机缘合适，好的综述完全可以发表。

5. 对于汉语史研究而言，材料和理论都很重要，但硕博士研究生在有限的学习期限内对熟悉材料和掌握理论常常觉得顾此失彼，您对此有何建议？

这确实是一个问题，对于大部分人来说，很难做到两方面同时兼顾，由于众所周知的原因，如今一个同学能够做好其中一点都已经十分难得。我的建议是：

（1）如果做不到理论娴熟、材料精通，我建议还在求学阶段的同学更加重视材料。根据许多同行的直观体验，一篇博士论文写完之后，作者最大的收获不是学到了多少理论，而是掌握了大量的一手资料，具体来说就是会分辨资料的真伪、明白资料的复杂性、懂得如何根据研究目标对资料进行取舍。会分辨资料真伪，在研究工作中才不会被轻易蒙蔽；知道资料的复杂面貌，就不会得出武断的结论；能够根据研究目标取舍资料，有助于提炼观点、总结规律。另外，好的理论是在大量资料基础上归纳出来的。例如我们在国外的教材和专著看到的许多理论都是简洁明晰、说服力强，但可能不知道这些理论的推导过程十分复杂，研究者需要剔除各种干扰因素，才能艰难地概括出一个论点。在这方面，我可以分享自己的一个体会：我在国外学习句法学课程，大约是 2018 年冬季学期期中考试之后学到了约束理论（binding theory），读教材正文的时候感觉十分振奋，很钦佩研究者的智慧，但是做题的时候就遇到些麻烦，发现规律和事实不完全匹配，后来黄嘉辉博士找来两篇新近发表的论文并建议一起阅读研讨，这两篇论文都刊发在 *Language*（美国语言学会旗舰刊物），作者分别是美国的 Benjamin Bruening 和荷兰的 Jan-Wouter Zwart，两位作者就 c-command 还是 precede-and-command 展开辩论，论辩的过程非常复杂，两位作者都没有最终说服对方，我觉得这时候就需要读者在几种方案之间比较，看看哪种方案能够覆盖更多的语料。所以重视资料永远是正确的。

（2）如沈家煊先生所说，对于国外的好理论要学到合格的程度。所谓合格，我的理解是完整地上一门课、读一种经典教材、读一些经典的文章（国外一门研究生水平的语言学课程，阅读量最少是 20 篇论文或章节），掌握基本概念和基本方法，了解理论的效力和局限。我这里强调经典，是因为几年前在参加一次学术会议时，听到同行多次提起某位国外名家的新书，我找到这本书来读，感觉是它的创造力和科学性比不上这位专家十几年前的作品。所以我认为研究生学习的时间有限，用有限的时间多读经典的作品，收获应该会比较大。

需要补充的是，由于各个学校的课程内容和水平都不一样，所以如果真的需要学习某种理论方法，可以借助暑期学校的方式来实现。目前国内有许多这样的暑期培训项目，比如中国语言学书院以及各种讲习班，国外这方面的资源可以通过 www.linguistlist.org 等网站来获取，美国语言会的暑期学校自不必说了。据我所知，俄罗斯、格鲁吉亚、塞尔维亚、黑山、捷克、波兰、荷兰、希腊等国家都举办过语言学暑期学校，邀请北美和西欧最优秀的语言学专家（其中不乏历史语言学家）讲课，国内外语专业的研究生同学早就开始参与这些培训课程，我认为汉语专业的同学也应该关注它们。

6. 对初涉汉语史学习和研究的硕博士研究生来说，您觉得哪些学术训练是必要的？在学术训练的过程中，应该具备哪些基本素质？

第一，汉语史专业的同学首先要具备阅读古文献的能力。除中国的古代文献之外，如果选题涉及域外文献或民族古文献，可能还需要掌握日语、韩语、越南语、满语、蒙语、藏语等现代语言。最近我读到北京大学付马博士的《丝绸之路上的西州回鹘王朝》一书（社会科学文献出版社，2019 年），荣新江教授在序中说付马博士懂英、德、日、法、土耳其等现代外语，他对上述各国所藏的回鹘文献及研究资料的搜集和处理拥有他人无可比拟的优势。就汉语史研究来说，目前越来越多的国内学者开始关注域外资料，国内外的学术合作也愈加频繁，这种情况下，掌握多门外语在将来有可能成为汉语史学者从业的必备素质。约半年前，“古代文学前沿与评论”公众号推送了张猛教授翻译的《日本中国学会报》第70集《学界展望》，这篇展望由八位日本学者执笔，分别点评近三年来日本汉语学界在汉语语言学各分支领域的研究成果，其中所列的论文和书籍令我惊叹——仅仅三年时间，日本国内就出版了许多跟我研究相关、但是我从未听说过的作品！可惜自己不懂日语，没有能力利用这些资料。我记得当时读完户内俊介教授执笔的部分之后，对于木村英树、大西克也、松江崇、木津祐子合写的一篇关于疑问词的论文很感兴趣，但因为不能读日文原文，还辗转找到户内教授的电邮，写信请他帮助核实那篇论文的内容。现在想想看，因为不能读原文，自己不知道错失了多少宝贵资料，所以语言的学习势在必行。

第二，同学们还应该了解文献的物质形态及其流传过程。如今的时代，人们可以很轻松地获取各种电子语料库，但是可能会忽视原始资料中的许多细节。万金川教授在一篇文章中指出，布达拉宫发现的《维摩诘经》写本中在正文之外还有双行小字夹注，这是CBETA资料库无法体现的内容。类似地，如果研究上古汉语的学者不看出土简帛，或是只看整理资料而不对照原始图版，那么所获得的知识和体验一定非常有限。这里也可以分享一个故事：我教过的一个本科生去伦敦读英国文学硕士，主攻莎士比亚研究，她说除了上文学理论课之外，老师还要求修两门实习课，分别是去图书馆和剧院，这是为了体验当时的印刷技术和表演效果。可见研究历史不能局限于文字书面资料。

第三，建议有兴趣、有余力的同学可以学一门编程语言，比如 R 或是 Python。前文提到，国外许多语言学专业的师生都会这些编程语言，国内甚至一些小学生也在学习相关的知识。在如今这个数字时代，编程知识不再是工程师才掌握的独门绝活，它们像外语和驾驶一样，已经成为现代人必备的生存技能。对于汉语史研究而言，学会编程的直接好处就是可以自己按照需要搜集和加工语料。如今的时代，大家研究的目标和路数各不相同，目前网络上的几种已经问世的资料库远远不能满足研究需求，有必要自己动手处理，如果运用得当，可以大幅度节省时间和人力。

第四，建议同学们学习哲学和逻辑学知识。可以参考赵敦华《西方哲学简史》(北京大学出版社，2012 年)和陈波《逻辑学是什么？》(北京大学出版社，2002 年)。且不必说哲学为其他文科研究提供方法论，基本的逻辑规律(同一律、矛盾律、排中律、充足理由律)、科学演绎的逻辑模式能够帮助我们在思考和写作中过滤掉许多毫无道理的观点和思路，现代语言学(特别是语义学这个分支)本身就和哲学、逻辑学密不可分。美国几位最著名的语义学家都有哲学和逻辑学的专业背景，如哈佛大学的 Gennaro Chierchia 留学美国之前就毕业于罗马大学哲学系，我读过他的一些论文，感觉他对语义学问题的钻研比只有语言学专业背景的学者更加深入，这也许不奇怪，他出身哲学系，哲学本身就是“刨根问底的思索”(借俞吾金先生语)。

7. 在读硕博士研究生如果以学术研究为志业，必然面临发表论文的问题，在论文选题、撰写、投稿及提高

命中率方面，可否介绍一下经验？

所谓投稿命中率，是由许多因素共同决定的，既包括选题、论证，也包括期刊的偏好以及整个学术生态，我不建议有些同学耗费许多时间去研究各种期刊（包括编委会）的口味偏好，以至于在选题上追赶热度，但是可以就撰写说一点心得，这里也包含个人的一个教训。

我在博士期间曾经写过一篇稿子，投给两家期刊，最后都未录用。我觉得要从自身找原因，于是把稿件发给北京大学的董秀芳教授，请她批评指正，董老师说稿件整体看上去不错，但是许多地方太简略了，对于语义演变的过渡环节要详细分析，让读者充分理解作者的思路（因为审稿人也是读者），后来我自己也意识到这个问题。此前我总是觉得既然许多刊物限制篇幅，文章写得过长，就会犯忌讳，恐怕会被退稿，实则不然。后来我听一位台湾同行说，国际上的许多学术刊物中文章的篇幅都很长，如果少于一定页数会被大家认为是不扎实。如今国内几种著名的语言学刊物也已经增容，我认为这是一种积极的改变，有利于作者充分展示其观点、证据和理路。从这一点来说，我建议同学们把文章写得细致一些，仅在汉语史专业内，我觉得日本的汉语学者在这方面做得很好，以前我读过张盛开、大西克也、松江崇、竹越孝等学者的论文，感觉论证十分充实，有时候对于我们想当然的、已成定局的观点或知识，人家也要仔细追究一番。

8. 请问您进入汉语史专业的初衷是什么？一路走来，您对汉语史专业的认识有没有什么变化？

如果问为什么选择语言学中的汉语史专业，我想也是由许多因素促成的。

首先，我比较喜欢数学，而语言学的某些领域跟数学有交流。我上大学那年，中文专业第一志愿率不足30%，我跟许多同学一样，都是因为报志愿时填写“服从分配”而被调剂到中文系。当时因为不了解这个专业的前景，又担心在纯人文学科环境中，自己会离数学越来越远，于是跟几个同学约定努力学习数学课，必要的时候申请转到经管类专业（这些专业对数学的要求较高）。在一年级第二学期，南开大学举行“文科数学竞赛”，为市大学生数学竞赛选拔参赛队员（那一年理工科课程改革，所学内容跟竞赛内容不一致，所以参赛就意味着吃亏），我跟本系其他两位同学通过选拔进入代表队。当时住在校区，每星期要去八里台校本部的数学学院上两次培训课，中午就在图书馆休息。有一天中午我偶然在书架上发现冯志伟先生写的《数理语言学》，这本书引起我浓厚的兴趣，没想到这两个专业有如此紧密的联系，从那以后开始特别留意语言学课程。最初的想法很简单，能够不时用到数学思维、数学方法的专业就值得继续钻研。

第二，选择语法史专业是因为所用到的语料恰好是我感兴趣的文学作品。我上中学时候喜欢读明清白话小说，大学以后有机会读到一些语法史的论文，发现作者们列举的许多例子正出自我喜欢的那些作品，如《水浒传》《狐狸缘全传》《三遂平妖传》等，我最初出于好奇阅读了许多近代汉语语法研究的论文，后来阅读范围不限于此，逐渐就对这个专业产生了兴趣。

美国句法学家 Andrew Carnie 在他的教材 *Syntax: A Generative Introduction* 中说，语言有数理的一面，也有人文的一面。我最早进入这个专业，是感兴趣它数理的一面，如今研究古汉语，可能更看重人文性的一面。

9. 回顾求学和科研道路，您是不是也走过一些弯路？有无什么经验教训？是否可以结合具体经历分享一下？

读研究生的时候，我对语法化理论很感兴趣，这种理论注重用跨语言的语料（cross-linguistic data）佐证假设，这些研究给人的感觉就是许多语言中的词语/格式都在沿着类似的路径发展演变，抓住了那些演变的普遍规律就能解决汉语史上的许多问题。受这种思路影响，我曾经花费许多时间翻阅各地的方言词典、各种民族语言的简志、国外的类型学著作以及参考语法，积攒了许多资料，企图像接龙一样拼贴出一个繁复的演变图。由于我把许多时间花费在读外文书、寻找跨语言证据上面，忽视了语文学的训练，所以我后来在开题之前发现自己做了许多工作，但是得到的都是非常浅显的内容，而我对许多语料还比较陌生，只能做到罗列事实、堆砌例句，无法进行细化的分析论证。后来虽然意识到这一点，但是短时间内难以有效改观，它的消极影响波及到参加工作以后。

后来有三个契机促使我逐渐改进。首先是本系前辈的教导，2010年留校试讲后，时任教研室主任王红旗教授跟我谈话，他说听了我的报告，感觉我的研究水平退步了。王老师跟我一起分析了几个重要的例句后，告诫我要多读古书、培养语感、夯实基础。其次是本科教学的需要。我从留校那一年起就一直承担中文系本科基础课“古代汉语”的教学任务，这门课的教学内容涵盖文字、词汇、音韵、训诂、校勘等知识，要求老师有宽广的知识覆盖面，而且大多数知识都属于传统语言文字学的领域，同时，在讲解古文选篇时要逐字逐句落实，虽然我一直追求用现代语言学的方法研究古代语法现象，但是为了教学的需要，也不得不要求自己复习过去不熟悉的知识。第三是同行的批评。几年前有老先生撰文批评我分析虚词时猜测的成分多，不能充分利用旧注训诂。其实这些问题在求学阶段就应该解决，我却在工作以后花了许多时间补课，现在想来，这算是一个深刻的教训。

10. 您是如何平衡自己的科研和日常生活的？您如何看待网络上传说的高校青年教师“007”(零点上班，零点休息，一周工作七天）的生活模式？您平常都会怎么放松身心呢？

我读本科的时候，社会上对于大学教师这个行业的一般认识是，虽然收入不是最高，但是有寒暑假，不需要坐班，有很多自由时间，如果图安稳、求心静、对收入要求不太高，教师职业是很好的选择。参加工作的最初几年，我们的工作状态确实如上面所说，感觉除了课前准备、课后答疑、批阅考卷之外，其他时间都安安静静，没有打扰，不知不觉就到了假期。

然而，最近五年的情况明显不同了，单位对于本科教学提出的要求愈来愈高，甚至要求“古代汉语”这种历史久、地位高、基础好的课程申报各种教学改革项目。一旦建设程序启动，就要花许多时间精力去填表格、写教案、做课件、录视频，多数工作都超出了正常教学的范围。在科研方面，由于各级部门加大项目清理力度，对成果的质量有更严格的要求，但是我们只能在完成教学、学业指导和单位派给的杂务之后才能开始自己的科研工作，这种情况下，大家几乎都有熬夜做科研的经历。所以，我觉得网上说的 007 工作制所言不虚。

就在 2019 年 2 月，鄙校的新闻媒体刊发了一篇题为《为坚持追梦，奋斗不息的南开人点赞》的新闻稿，文稿作者采访的范围遍及工友、学生、青年教师、教授、院士各色人等，大家的共同点就是坚守岗位、无法休息。在我看来，这种现象的出现有社会经济方面的原因，有必要对其进行反思，但不适合去颂扬。谈及原因，我能想到的就是资源紧缺、竞争加剧，争取资源的一方要努力证明其存在的价值，而提供资源的一方就会提出各种要求以决定如何分配有限的资源。去年我在网上读到一位美国华人科学家的日记，他说自己之前在新墨西哥大学工作，后来辞职去公司，当初选择大学是因为工资高、环境宽松，但是后来美国经济下滑，大学可自主支配的经费很少，于是催促大家申请联邦经费，但是既然经费由美国政府提供，那么就会有很多要求，大学教授比先前辛苦，但是回报和付出不匹配，所以掌握专门技术的教授就会去工商业界求职。我想这位科学家描述的情况在世界上具有普遍性。我说这种现象值得反思，意思是我们应该思考这样超负荷的工作是什么原因造成的。如果是一些不合理的工作安排挤占了正常的教学和科研时间，就应该学会取舍，必要的时候应该拒绝；如果是因为知识积累不够，导致苦熬而不见成效，那么就不该在错误的路上继续推进，应该通过学习来弥补不足。说这种现象不适合颂扬，是因为《劳动法》保障公民的休息权利，身体健康、生活幸福是非常合理的追求，不健康、不合理的工作模式不值得提倡，个别媒体不能以“奋斗”冠名并引导大家效仿。

在我的印象中，华盛顿大学语言学系的老师们也比较辛苦。我记得冬季学期的句法学和春季学期的历史语言学都在早上开课，Citko 教授和 Aldridge 教授每逢上课就带一个苹果，或是一个士力架，课间的时候离开教室去吃几口，可见他们至少上课那天没时间吃早饭。他们在学校的时候日程安排很满，中午都在学校用餐，假如一个学生有事情找老师，通常要提前预约，如果约不到十二点，那么就只能两点以后，因为老师在中午一点有其他工作要处理，比如看作业、回邮件、参加在线学术会议等。此外，有的老师要求同学们在上课前一天把预习中积攒的问题在 UW canvas 系统中留言，有的同学凌晨提问，老师四五点回答，这比我们说的零点上班轻松不了多少。他们的辛苦主要来自教学，美国大学的学费很高，世界级私立名校一年学费有 5 万～ 6 万美元，公立大学一年的学费略低，但也不会低于 3 万美元，多数同学不靠父母，凭打工挣学费、还贷款，他们支付了高额学费，自然就对教授的学术水平、工作态度有更高的要求，所以教授们必须全力以赴，非但有问必答，还要不断更新补充知识，否则就面临淘汰。

但在我印象里，教我课的几位教授精神状态都非常饱满，而且看他们的简历，每过一段时间就有很好的成果发表，似乎没有被工作压垮。我猜原因是多方面的，包括：注重营养和锻炼，精力充沛，生活条件优渥；博士学制长，课程要求严格，他们在学生时代就经过正规的训练和残酷的筛选，能够获得职位的人，肯定是热爱这个行业，又具备高超的技艺，不会写不出文章、看不懂文献；学校有完善的休假制度，每工作几年可以休息一段时间，一个教师需要完成的工作在合同中预先列明，一般没有临时抓差、紧急开会、周末加班的情况；学校经费有保障，行政人员和博士生助教都比较干练，许多博士生乐意且能够独立承担一门课的教学，这就在一定程度上减轻了教授们的负担。我想，如果我们也具备了上述内在和外在条件，所谓的“007”工作状态也会有所改善。

说到放松身心的方式，我在十年前曾经有收藏票证徽章的爱好，尤其喜欢收集日本邮票和晚清民国的债券，通过这些物件去了解世界和历史，许多藏品都能讲出背后的掌故。比如邮票中有一套日本俳圣松尾芭蕉的《奥之细道》邮票（40 枚），债券中有一张清末粤汉铁路债券，有盛宣怀的签字和关防，还有民国驻法公使的印章（因为 1910 年清朝向各国借款修路，随后爆发辛亥革命，清帝退位、民国成立，但是袁世凯承认清政府的债券，前朝的债务由民国政府继续偿还，盖章是凭证），中有几枚旧社会青帮的徽章，正面图案是帆船，背面刻着持章者的辈分和支系。多年前因为骨折卧床养伤，伤愈后家事、公事都比较多，没有继续坚持，不过最近想要重新拾起这个业余爱好。

主要论著目录

（一）译著

龙海平 谷峰 肖小平 2012《语法化的世界词库》（Bernd Heine 和 Tania Kuteva 著，*World Lexicon of Grammaticalization*），世界图书出版公司。

（二）论文

谷峰 2003《从〈汇编宋〉看总括副词“都”“皆”的历时兴替》，《中国语文研究》第 2 期。

谷峰 2005《“你说”变体的使用特征及其语法化》，《中国语文研究》第 2 期。

谷峰 2006《说近代汉语“一 VV……”格式的来源》，《中国语文研究》第 1 期。

谷峰 2007《从言说义动词到语气词——说上古汉语“云”的语法化》，《中国语文》第 3 期。

谷峰 2008《西方语法化理论概览》（上），《南开语言学刊》第 1 期。

谷峰 2008《西方语法化理论概览》（下），《南开语言学刊》第 2 期。

谷峰 2008《古汉语副词“方”的多义性及其语义演变》，《语言科学》第 6 期。

谷峰 2011《上古汉语“诚”“果”语气副词用法的形成与发展》，《中国语文》第 3 期。

谷峰 曾晓渝 2011《〈接触中的语言〉述评》，《南开语言学刊》第 2 期。

谷峰 2012《汉语语气副词的语用功能研究综述》,《汉语学习》第 4 期。

谷峰 2012《上古汉语语气副词“一（壹）”偏离预期功能的形成》,《语文研究》第 4 期。

谷峰 2014《汉语反预期标记研究述评》,《汉语学习》第 4 期。

谷峰 2015《上古汉语“其”的祈使语气用法及其形成》,《语言学论丛》第 51 辑（纪念专号），商务印书馆。

谷峰 2015《“聚集”义动词“都”的形成及其语法表现》,《南开语言学刊》第 1 期。

谷峰 2015《“都”在东汉有没有语气副词的用法?》,《中国语文》第 3 期。

谷峰 2016《上古汉语不确定语气副词的区分》,《中国语文》第 5 期；又收入张谊生主编《汉语副词研究论集》第 3 辑，上海三联书店，2017 年。

谷峰 2017《上古汉语语气副词的位序与分布》,《语言研究集刊》第 18 辑，上海辞书出版社。

谷峰 2017《上古汉语谦敬副词的性质、范围和分类》,《澳门语言学刊》第 49 期。

谷峰 2018《上古汉语“WH-+其+VP”中“其”的性质》,《澳门语言学刊》第 52 期。

谷峰 2018《“恶狗村”传说的起源与演变》,《寻根》第 3 期。

谷峰 2019《上古汉语“主+实+谓”中“实”的功能》,《中国语文》第 2 期。

谷峰 2019《佛陀“右胁出生”故事的宗教寓意是什么?》,《寻根》第 2 期。

谷峰 李璠希 2019《汉译佛经让步条件句中“假使”类连词功能再析》,《语言研究集刊》第 24 辑，上海辞书出版社。

Gu, Feng 2018 *Issues on the Adverb Qi* 其 *in Archaic Chinese*, In Barbara Meisterernst (ed.) *New perspectives on Aspect and Modality in Chinese Historical Linguistics*. Springer Nature.

（三）译文

谷峰 2006《基本词汇和语言演变》(汪锋、王士元著，*Basic Words and Language Evolution*)，《语言学论丛》第33辑，商务印书馆。

谷峰 2006《中古汉语发音方法类型的来源》(Laurent Sagart著，曾晓渝校，*Source of Middle Chinese Manner Types*)，《南开语言学刊》第2期。

谷峰 2011《语言接触与蓄意演变》(Sarah G. Thomason著，曾晓渝校，*Language Contact and Deliberate Change*)，《语言学译林》创刊号，世界图书出版公司。

顾满林

凡是走过的路，也许自有其意义

顾满林

男，1973年生，四川中江人。1997年考入四川大学（时为四川联合大学）攻读硕士学位，2000年获文学硕士学位并留校任教；2002—2006年于本校在职读博，获哲学博士学位。现任四川大学中国俗文化研究所（四川大学文学与新闻学院）教授。

主要从事汉文佛典语言研究，先后主持国家社科基金青年项目“汉语佛教外来词历时研究”（08CYY020）和国家社科基金一般项目“早期汉译佛经一词多译比较研究”（17BYY024），发表论文30余篇，出版《佛经语料与佛经用语散论》（中国社会科学出版社，2015年12月），与导师俞理明先生合著《东汉佛道文献词汇新质研究》（第二作者，商务印书馆，2013年11月）。2014年获四川省第十六次社会科学优秀成果一等奖（排名第二）。

1. 请介绍一下您求学、研究的经历和治学领域。

1988 年，我初中毕业考入四川省中江师范学校，1991 年毕业，在四川省中江县会龙乡（后为会龙镇）任教，教过两年村小、四年初中。任教期间，在职参加高等教育自学考试（每年 4 月底、10 月底各考一次），1992 年考完汉语言文学专科，获专科毕业证；到 1994 年汉语言文学本科课程都考了一遍，不料最后一次有一门“中国通史”只得了 59 分，需要下一年 10 月才有机会第二次考这门课；此时学习兴趣正浓，1995 年开始又报考了英语专业，顺利考完。就这样，相继获汉语言文学专科、本科和英语专科毕业证。

1997 年，我考入四川大学（时为四川联合大学）攻读硕士学位，专业汉语史（后调整为汉语言文字学），导师俞理明教授，2000 年毕业获文学硕士学位，留校任教；2002 年起在职于本校攻读博士学位，专业宗教学（中国佛教），导师陈兵教授，2006 年毕业获哲学博士学位。读硕士期间，俞老师建议我关注佛经中的外来词，硕士论文题目《东汉译经外来词初探》，写作期间全面阅读了东汉佛经，论文主要从词汇角度描写分析东汉佛经的音译词；读博士期间，学术兴趣仍在汉文佛典语言，博士论文题目《汉文佛典用语专题研究》，写作期间通读了僧祐《出三藏记集》以前的汉译佛经，就汉文佛典语料和用语特点做了一些探讨。此后，一直关注汉文佛典语言，主要从词汇史角度研究佛教外来词，致力于发掘佛教词语蕴含的语言和文化信息。

2. 目前正在从事什么研究？将来有何科研规划？

目前，我正在承担一项国家社科基金项目“早期汉译佛经一词多译比较研究”。梁启超《佛学研究十八篇》将佛经翻译分为三期，第一期东汉至西晋，第二期东晋南北朝，第三期唐宋，这大致是学界共识。为把研究工作做细做实，本课题研究范围限定为早期（第一期）汉译佛经中的一词多译现象，东晋十六国以降佛经中的一词多译现象，必要时也需涉及。

佛经中的一个源头词，译为汉语时往往不止一种词形。有的具有多个不同的音译形式，如释迦牟尼降生地 Kapila-vastu 有“迦维罗卫”等 65 个不同的音译形式，佛教建筑 stūpa 有“塔”“偷婆”“窣堵波”等近 30 个不同的音译形式，佛陀十大弟子之一 Śāriputra 有“舍利弗”等 24 个不同的音译形式。有的既有音译形式，又有意译形式，如 nirvāṇa 音译可作“泥洹”“泥曰”“涅槃”，意译可作“灭”“度”“灭度”“度灭”“灭定”“寂灭”“入灭”“入寂”“寂静”“安隐”，其中单音词和复音词兼具；有的虽只有意译形式但并不单一，如 añjali 在佛经中可译为“叉手”“拱手”“合手”“合掌”“合指掌”“合掌叉手”“合手爪指”“合十指”“合十指掌”“合十指爪”“合十爪掌”“合十爪指掌”“合十指爪掌”“合手十指掌”，元代开始简称“合十”，俗写作“合什”，清末民初出现的“双手合十”，又成为当今最常用的形式，其中旧词和新语、复合词和短语兼具。此类现象在汉文佛经中十分常见，数量极大。希望将来能穷尽搜集整理汉文佛典的音译词，在做好佛典音译词个案研究的基础上，理清汉语佛教外来词的来源和历史演变。

3. 在您求学和研究过程中，对您成长影响较大的著作和学者有哪些（哪几位）？

这个问题的回答分三部分，先说一本语言学教材，再说川大汉语史专业的师长，最后说印象最深的佛经文献语言研究论著。

（1）四川省高等教育自学考试“汉语言文学”本科阶段有一门必修课“语言学概论”，教材用的是叶蜚声、徐通锵所著《语言学纲要》，贯串全书的语言结构的总框架是瑞士语言学家德·索绪尔阐述的组合关系和聚合关系。当时我作为在职自修的初中教师，能学懂语言的功能、性质和语音、语法、词义、文字和书面语等各章内容，并对语言的发展、语言接触等有了初步的了解和兴趣。当时自考教材都是在四川自修大学邮购的，每科都有一本辅导资料，“语言学概论”辅导资料的编者宣称参考了历年自考真题和硕士研究生入学考试题，最后还有一篇较长的“致学员”，其中不乏语重心长鼓励学员的话，署名“王园”。在各门课的辅导资料中，这是最有温度的一本。1996年春，我参加毕业论文选题会，来到主考学校四川师范大学，打听到王园老师已不在川师；十年过后，读到川大谢谦老师的博客文章，才知道作者“王园”是从北大语言学专业获得硕士学位的王朝贵老师。我对语言和语言学最初的兴趣，多半来自教材《语言学纲要》和那本自考辅导资料。

（2）四川大学汉语史学科有很好的学术传统，我来川大读研（及在职读博）和工作期间，有机会聆听老一辈学者的讲座和授课。张永言先生讲的“句读和属读”等专题讲座让人记忆深刻，旁听过的课程有2000年秋季赵振铎先生给1999级硕士生讲授的“中国语言学史”、2003年春季项楚先生为2002级博士生讲授的“敦煌文献研究”、

2007年春季向熹先生为2006级博士生讲授的“汉语史”，这些讲座和课程，是我专业学习很重要的一部分。

硕士期间，给我们这届授课最多的是宋永培先生。宋老师用四个学期讲授了“《说文》词汇研究”“《诗经》词汇研究”“《左传》词汇研究”“《论语》词汇研究”，其中“《说文》词汇研究”主要传授他自己多年来系联《说文解字》词义系统的方法、经验和心得，后三门课——细读《诗经》《左传》《论语》白文，参考旧注，借助《说文》，逐篇逐句讲读，必要时前后勾连。课堂上不贪求进度，《诗经》只是《周南》接近读完，《左传》只研读了隐公部分，《论语》也只读到《八佾》。严格说来，宋老师的《说文》系联和词义系统，我可能并没有真正领会，后来自己主要关注的也不是上古汉语和《说文》学；但通过这两年课程的学习，我明白了《说文》的重要性，对《说文》形、义的系统性有了一定的认识，初步克服了对上古典籍白文的生疏感，也基本养成了勤于翻书、追索细节的习惯。宋老师给我的主要印象是专精、融通。

伍宗文老师的“音韵学”课，我听过两遍，第一遍是研一下学期（1998年春），第二遍是2005年秋季（因为伍老师临近退休遂提前安排该课以惠及学子）。当初来川大参加研究生复试时，碰巧在图书馆旁边的书店买到一本《汉语音韵学概要》，作者是当时西南民族学院的陈壬秋教授。我在入学报到之前，把这本教材通读了一遍，对音韵学有一个粗线条的了解，也记住了一些知识点。但是在修读硕士课程“音韵学”时，还是感觉比较吃力，有些内容勉强记住了但没有真正理解，有的虽然孤立地看能理解但不能彼此关联，而且常常过段时间好像又忘得差不多了。伍老师准备了完整的讲义，还有图表和经典文献组成的几十页参考资料，都统一成A4纸的版式，其中有一半都是他自己手写编排的，如《〈广韵〉反切上字表》《〈广韵〉反切下字表》等，内容精当、书法美观，很有示范价值。伍老师的课，也有学生讲读环节，如果课前不好好准备，就会出洋相；课间有学生提问，无论难易，他会耐心解答，遇到太不靠谱的提问，他也不会一味地客气。伍老师给我的主要印象是严谨、通达。

另一门印象深刻的课，是研二下学期董志翘老师讲授的“《史记》《汉书》校读”，这是为期一年两个学期的“语言学名著导读”课四个板块之一（另三个板块分别是经本植先生讲《说文解字》、郑红老师讲《尔雅》、俞理明老师讲《马氏文通》）。“《史》《汉》校读”课上，董老师介绍了他多年来研读《史记》《汉书》的成果，带来多篇校读方面的论文，用论文中的典型例子，指出中华书局点校本存在的诸多问题，展示两种史书校读在训诂学上的独特价值；与此同时，史书旧注中存在的一些问题，也多有抉发纠正。董老师精力充沛，授课充满活力，除了板书时间，全程跟学生有眼神交流，一堂课下来，几乎每个同学都感到老师一直盯着自己。这门课让我第一次有机会学着把两种经典一篇篇对照阅读，进一步较好地巩固了训诂学、文献学课上学到的知识。到我们研三时，董老师的《训诂类稿》由四川大学出版社出版；书送到桃林村 8 栋董老师公寓那天，同学葛佳才、王东和我一起，帮董老师把几十包书搬到三楼，书拆开后，董老师说：“书印得挺不错的，符合我的想象。”语气中带着喜悦。这是我们在川大第一次帮老师搬新出版的书，也是我第一次获得老师题赠著作；书中部分内容在“《史》《汉》校读”课上学习过，后来每次再读仍觉饶有兴味。董老师给我的主要印象是渊博、热情。

读硕士期间，导师俞理明老师给我们讲授“汉语史”“汉语史方法论”和《马氏文通》，其中“汉语史”和《马氏文通》都是需要下大力气的核心课程，“汉语史方法论”主要用来介绍比较典范的论著及其可借鉴的研究方法。研二的时候，俞老师主撰的《汉语称谓词典》初稿打印出来开始校对，约有 600 万字，当时几个硕士同学课余参加了此项工作。我们参照俞老师的手写稿，逐条通读打印稿，每个人校对了上百万字的书稿，领取到可观的校对酬金。更大的收获，一是对汉语历史上名目繁多的称谓用语有了一定程度的直观认识，了解到部分称谓用语的来源、理据和变化；二是不知不觉中记住不少历史文献和现当代文献的年代、作者和大致内容，因为有些文献在不同的词条下多次出现；三是熟悉了文稿校对的操作规范，相当于经历了一次技术培训；四是加起来两米多高的词典手稿，让我们实实在在感受到了做学问的艰辛和神圣。俞老师给我的主要印象是朴实、坚韧。

我们到川大读研时，朱庆之老师还在川大工作，一年之后他调到北京大学，我们没有听过朱老师的课，只听过他的讲座。研一下学期的一个星期六，周俊勋师兄带我到文科楼帮朱老师校对稿子，这就是后来出版的《荻原云来〈汉译对照梵和大辞典〉汉译词索引》。这是我第一次近距离见到朱老师，他念《汉译对照梵和大辞典》原稿上的汉译词，我看索引改正打印错误，其间他指出了我写“求”字的笔顺不对，右上角的点应该是最后一笔。中途休息时，朱老师简单询问了我们硕士生的学习情况，叮嘱我一定要重视外语，要学好用好外语。此后每次到图书馆，在三楼工具书厅看到《梵和大辞典》，感觉不再像往常那样陌生疏远了。在写毕业论文时，我从陈秀兰师姐手中借到该索引的又一版校稿，这才能真正有效地查阅《梵和大辞典》。朱老师给我的主要印象是洞见、开创。

在川大读研究生的第一年，有几次在文科楼三楼走廊看到董老师、朱老师、俞老师一起走过，后来同学们多次提起这一场景，赞叹不已。三位老师都来自江浙，正值壮年，他们伟岸的身材，让人印象深刻，他们的学问和治学精神，更是令人景仰。后来朱老师、董老师相继调离川大，我得到俞老师的指导自然更多。

硕士毕业之后留校工作并在职攻读博士学位，我的教学和研究有幸继续得到俞老师言传身教，尤其是俞老师指导和带领我完成了《东汉佛道文献词汇新质研究》。在搜集资料的过程中，认真学习了《太平经正读》，结合东汉佛经，对当时的新兴词汇成分有较全面的了解。在词条处理和书稿撰写过程中，深深体会到俞老师的学术眼光和动手能力：全书 4749 个条目，从释义、书证到分类形成书稿框架，每个环节都体现了俞老师独到的匠心，“名物篇”“行为篇”“性状篇”三分的格局，各篇下众多小类的划分和排列，以及 2 万多字的绪论（第一章）、4 万多字的分析（第五章），既扎实稳重，又饱含灵气。参与此项研究工作，俞老师带给我又一项意义深远的学术体验。我感觉自己既是参与者，又是旁观者；参与的是部分资料的搜集和初步整理，旁观的是这一条条原材料在老师手中如何成为体系中的一员、如何形成著作，而后又带着成就感参与到全书的打磨完善。读研期间参与校对《汉语称谓词典》，看到的是学术成品，相当于一边参观一边学习；此次参与东汉佛道文献词汇新质成分研究，经历的是从素材到成品的过程，我一边学习一边动手协助模仿。这两项学术训练，是我学术生涯最重要的基础。

（3）专门研究汉文佛典语言的著作，国内较早出版的有俞理明《佛经文献语言》、朱庆之《佛典与中古汉语词汇研究》、梁晓虹《佛教词语的构造与汉语词汇的发展》、颜洽茂《佛教语言阐释：中古佛经词汇研究》、李维琦《佛经释词》《佛经续释词》等。此外，陆续有更多学者出版这方面的著作，其中给我印象最深、启发最大的有日本学者辛嶋静志、中国台湾学者万金川、美国学者那体慧（Jan Nattier）。

辛嶋静志先生的学术成果很多，其中有不少是关于汉文佛经文献语言的论著，其中《正法华经词典》（1998年）、《妙法莲华经词典》（2001年）都是出版不久时俞理明老师转借给我阅读的，《〈长阿含经〉の原语の研究——音写语分析お中心として》（1994年）则是硕士同门谭代龙在北大读博期间于2003年帮我复印的（后于2015年有幸获作者题赠一本），后来出版的《道行般若经词典》（2010年）、《道行般若经校注》（2011年）则可第一时间直接从创价大学国际佛教学高等研究所网页（iriab.soka.ac.jp）下载阅读，2016年其论文集《佛典语言及传承》由中西书局出版。辛嶋先生的学术研究既宏大又细致。宏大在于，他的研究旨趣往往指向佛教史和佛教文献的重大问题，同时不断解决文献学、语文学上的具体问题，其研究基于汉文、梵文、巴利文、藏文及古印度、古中亚诸多语言文字的文本，成果用日语、英语、汉语、德语等多种工作语言发表，他先后求学、治学、讲学的足迹遍及各国各地，多年经营的“创价大学国际佛教学高等研究所”成为重要的学术活动、学术资源汇聚地。细致在于，他的几本词典处处体现出扎实绵密的功夫，《长阿含经》原语的研究一一考辨579条音译词跟梵语、巴利语、犍陀罗语、普拉克利特语的对应情况，《道行般若经校注》参校十种其他汉文版本、四种写本断简以及《八千颂般若》的梵本、英译本、藏译本、另外五个时期的汉译本，其单篇论文曾分别专门讨论“观世音/光世音”“阿弥陀”“秋路子/鹙鹭子”“阿会亘修”“刹”“乘（yāna）/ 智慧（jñāna）”等，无不探微索隐而又以小见大。辛嶋先生早有编撰《佛典汉语词典》的构思：“笔者构思编纂各种有代表性的佛典的专书词典，最终将它们归总在一起，编一部以汉语佛典为材料的《佛典汉语词典》。”为此，他投入了最大的热忱，《道行般若经校注》后记自述：“笔者集中了所有的精力和时间……一年中离开八王子的时间只有五天。一天又一天除去在研究室研究、写作的时间以外，笔者只有在大学研究室与家之间徒步十五分钟的一个往返。”精进如斯的辛嶋先生如今已往生净土，他的治学精神和学术成就，自会感召后学。

万金川先生《佛经语言学论集》收录了作者的8篇长论文，阐述他在佛经文献语言研究方面的理念和思路。《从“佛教混合汉语”的名目谈汉译佛典的语言研究》《汉译佛典研究的语言学转向》饱含作者独到的观察与思考，书中也有深入的个案研究，如开场套语“与大比丘众千二百五十人俱”的多语种文本对比，“经行”“随喜”“身分”“分卫”的来源和词义，敦煌石室《心经》音写抄本相关问题等。

那体慧（Jan Nattier）的英文专著 *A Guide to the Earliest Chinese Buddhist Translations—Texts from the Eastern Han and Three Kingdoms Periods*（《最早的汉译佛教文献指南——东汉三国所译佛经》），是作者在日本创价大学国际佛教学高等研究所任研究员期间的成果，作为创价大学“佛教文献暨哲学文库”之第十种（Bibliotheca Philologica et Philosophica Buddhica X），于2008年出版。该书从传记、译经内容、译文风格等几方面入手，依次考察确有译经保存至今的安世高、支娄迦谶、严佛调、支曜、康孟详等几个译人（团体），确考每个译人（团体）所译的每一部经文，辨析那些虽题其名而实非其所译的经文，并罗列确出其手而散佚不传的经文题目。作者把每位译者名下的译经分为真实文本（authentic texts）、有问题或经过改动的文本（problematic or revised texts）两大类，必要时真实文本还进一步区分为核心文本（core texts）、次级文本（second-tier texts）、外围文本（third-tier texts）。此外，作者认为以上译人（团体）所译的有些经文后来误题为他人所译，也加以考证，以期还原事实。

汪维辉先生指出，佛典语言研究的“三难”分别是“要懂佛学”“要通梵、藏诸语”“早期佛典的译人和译出年代是一笔糊涂账”。上述三位境外学者无疑是克服这些困难的模范，虽然他们的主要目标并不都是研究汉语史。

4. 如何发现并确定一个体量合适、有持续性的题目作为中长期研究对象？博士论文以外又如何拓展研究领域？

这个问题我自己并没有什么成熟的经验，虽然指导过的硕士生已毕业十届，他们大多数没有继续学业，只有五位读了博士，已经毕业的和在读的，博士阶段都各自在导师的指引下做了新的选题，跟他们的硕士论文没有直接关系。

我这些年从事的研究，总体上是硕士论文的延续和扩展。在硕士论文写作中，外来词的界定主要参照高名凯、刘正埮《现代汉语外来词研究》一书“前记”中的说明：“我们也没有把一般所谓的‘意译的外来词’搜集在内，因为我们认为这些数量浩繁的‘意译’的词并不是外来词。”这是说，汉语的外来词应该具备两个条件：词义上，它直接来自外族语言；语音上，它与相应源词的读音有对应关系；也就是音和义都直接与外族语关联的汉语词。后来考入川大宗教所在职攻读博士学位，专业方向中国佛教，当时的想法是多学一些佛教知识，以便更好地从事佛经文献语言研究。博士论文选题期间，曾研读过《摩诃僧祇律》，打算做一部专书语言研究，也考虑过佛教义理方面的选题（其他同学都是往这个方向发展），后来经导师陈兵老师同意，决定继续做外来词研究，材料范围是《出三藏记集》以前所有的佛经。我用一年多时间通读了这个时段的译经，主要搜集外来词，按每部经、每个译者（团体）做资料长编。到着手写论文时，发现只写外来词可能框架不好安排，跟自己的硕士论文不容易拉开距离；加之在阅读过程中新发现一些有意思的素材，一是《出三藏记集》对佛经用语的记载同今存佛经用语不相符，二是古人对外来词的认识和评判很有时代特色，三是外来词个案研究可以尝试，四是竺法护译经独具个性的语言表达令人难忘；所以，最终在佛经语料和用语特点这一思路之下，写了几个相对独立的小专题，汇成博士论文。论文评阅专家和答辩专家指出，这几个专题都可以分别扩充加深，我也觉得是这样，希望能在今后的研究中一一实现。2008 年立项的国家社科基金项目“汉语佛教外来词历时研究”是以硕士论文和博士论文第三个专题为基础的，结项成果由四个板块组成——早期佛经外来词的产生与沿用、佛教外来词的“讹略”和“正梵”、佛教外来词与“晋言”、佛教外来词个案研究，最后一个板块含“名词篇”“动词篇”“数词篇”，全文主体内容共分六章。2017 年立项的国家社科基金项目“早期汉译佛经一词多译比较研究”则兼顾音译词和意译词，目前在研。

关于选题，俞理明老师指导的前三届硕士葛佳才、谭代龙、周作明的学术经历值得关注。

葛佳才和我同为俞老师的第一届硕士，他的硕士论文《东汉译经副词研究》分类描写了东汉佛经中的时间副词、范围副词和语气、程度、情态副词，讨论了单音副词的发展、副词的复音化；他的博士论文《东汉副词系统初探》是浙江大学王云路、方一新两位老师指导的，研究范围扩大了，更加讲究系统性，更有理论色彩，同名专著2005年由岳麓书社出版。2009年，他获得国家社科基金项目“全方位、多层次比较下的东汉特殊语法研究”，主要从时代性、地域性、外来性、语体性、个人性等视角入手考察东汉特殊语法现象；2017年，他再获国家社科基金项目“基于语体差异的中古汉语语法研究”，以语体语法为理论基础，考察范围扩展到整个中古时期。可以看到，从硕士论文、博士论文到两个国家社科基金项目，稳扎稳打，前后关联，研究的广度、深度、理论在一步步拓展提升。

谭代龙是俞老师的第二届硕士，他的硕士论文《〈根本说一切有部毗奈耶破僧事〉词汇研究》描写分析唐代义净这一部译经中的佛教词语和中土词语的历史来源，博士论文是北京大学张联荣老师指导的，论文题目《义净译经身体运动概念场词汇研究》，材料范围扩大，问题更加集中。以学位论文为基础，专著《义净译经身体运动概念场词汇系统及其演变研究》2008年由语文出版社出版，《佛教汉语词汇系统的结构及形成》2013年由西南交通大学出版社出版。2010年，他获得国家社科基金项目“《南海寄归内法传》语言研究”，这是对义净一部专书做语言的综合研究，结题材料150余万字，鉴定等级“优秀”，部分成果2019年由北京大学出版社出版《南海寄归内法传解诂》，2019年由南京师范大学出版社出版《南海寄归内法传校笺》。2016年，他再获国家社科基金项目“汉语睡眠动词的演变历史与理论解释”，在博士论文概念场研究的基础上，做个案的通史研究，并注重理论阐发。从两篇学位论文到两个国家社科基金项目，四项研究有较强的内在联系，尤其是他的博士论文可以视为纽带，真正做到了承前启后，渐入佳境。

周作明是俞老师的第三届硕士，硕士毕业即考上博士，在俞老师指导下继续攻读。他的硕士论文《东晋南朝道教上清派经典词汇新词新义研究》、博士论文《东晋南朝道教上清派经典行为词新质研究》前后相续，材料范围一致，博士论文论题更加集中。2010 年他获得国家社科基金项目“《无上秘要》词汇研究”，2012 年、2017 年他分别获得全国高校古籍整理委员会项目“《无上秘要》校理”“《道德真经广圣义》校理”，2013 年《中古上清经行为词新质研究》、2015 年《东晋南北朝道经名物词新质研究》（第一作者）相继由中国社会科学出版社出版，2016 年点校本《无上秘要》（全三册）、2020 年《道德真经广圣义校理》相继由中华书局出版。从学位论文到研究项目、著作，周作明的研究牢牢扎根于中古道教经典，在道经语言研究这个相对较新的领域做出了不少贡献。

以上三位硕士同门，葛佳才、谭代龙二人通过在浙江大学、北京大学的博士学业取得了学术视野和学术能力质的飞跃，谭代龙、周作明在做好语言研究的同时，还在佛道经典文本校理和佛教史、道教史方面取得可观的成果，他们都值得我学习。

5. 对于汉语史研究而言，材料和理论都很重要，但硕博士研究生在有限的学习期限内对熟悉材料和掌握理论常常觉得顾此失彼，您对此有何建议？

的确，材料和理论是任何一项研究都不可偏废的。宽泛地说，一旦进入研究阶段，理论无处不在，所有的从业者都一定经受过相应的理论训练，掌握了某些理论。面对众多的语言材料，研究者在选择、搜集、判断、比较、整理、归类、分析、定性、综合时，都是在一定的理论指导下进行的。只不过，有时候明确意识到或主动采用某种理论，有时候理论暗含不显或未被察觉。

到底应该怎么看待“理论”？有几点需要注意：（1）语言学理论从何而来？（2）语言学理论为何能不断发展演进？（3）语言学理论众多，在具体的研究中该如何取舍，取舍的依据是什么？这些问题却都不是我自己能说清楚的。在此打算简单比较一下汉语、日语、英语表达这个概念的对应词。《现代汉语词典》（第7版）“理论”列有两个义项：“①名人们由实践概括出来的关于自然界和社会的知识的有系统的结论。”“②动辩论是非；争论；讲理。”第一个义项适用于眼下的话题，但是在学术研究中，理论不是结论，这应该是共识。《汉语大词典》“5.指系统的理性认识”例句引毛泽东《整顿党的作风》，“6.泛指某种观点”例句引鲁迅《坟·春末闲谈》。

看看日语词典《広辞苑》（据网络版）对“理论”的解释：“り-ろん【理論】①（theory）㋐科学において個々の事実や認識を統一的に説明し、予測することのできる普遍性をもつ体系的知識。㋑実践を無視した純粋な知識。この場合、一方では高尚な知識の意であるが、他方では無益だという意味のこともある。㋒ある問題についての特定の学者の見解・学説。②論争。〈日葡辞書〉”其中㋐㋑㋒三个义项标明与theory对应，此次访谈所说的“理论”对应的主要是义项㋐㋒。此处暂不纠结该含义的“理论”在汉语和日语中孰先孰后，倒是有必

要了解英语 theory 的另一个含义。*Webster's New Collegiate Dictionary*（1973 年版）对 theory 有这样一个解释："5a: a hypotheses assumed for the sake of argument or investigation. b: an unproved assumption."《牛津高阶英汉双解词典》也把 theory 释 为："3 an opinion or idea that sb. believes is true but that is not proved（未证明的）意见；看法；推测：I have this theory that most people prefer being at work to being at home. 依我看，多数人喜欢工作而不愿待在家里。"这样的 theory 在阿加沙·克里斯蒂（Agatha Christie）的小说中用得不少，如 *Partners in Crime* 有："Suicide would be a natural solution, but the nature of the wound rules that theory out."（外文出版社 1996 年第一版 p.133），又如 *The Murder of Roger Ackroyd* 有："Neither Ralph nor anyone else could have worn them that evening, since they were downstairs being cleaned. According to the police theory, Ralph was wearing another pair of the same kind, and I found out that it was true that he had two pairs. Now for my theory to be proved correct it was necessary for the murderer to have worn Ralph's shoes that evening in which case Ralph must have been wearing yet a third pair of footwear of some kind. I could hardly suppose that he would bring three pairs of shoes all alike..."（外文出版社 1998 年第一版 p.228）看样子，像这样用法的 theory 汉语不大可能用"理论"去对译，虽然《汉语大词典》所释"理论"最后一个义项为"泛指某种观点"。——引述这些文字，不是要消解理论的重要性或否认理论的价值，而是忍不住在想，英语语境下要有一个新的 theory 是不是很容易？汉语语境下要有一个新的"理论"是不是太难？

诚然，人人、时时、处处、事事都可能产生的那个

theory 要成为具有学术价值的 theory，必需基于大量的事实、经过科学的推衍、接受严格的验证。我真心希望，硕博士研究生从求学阶段开始，沉下心来熟悉材料，在认真阅读语言材料、观察语言现象的过程中，不要拒绝，勇敢面对，坚定地让自己的 theory 生出来；即使面对大师，也应该相信，每个人都有权利拥有自己的 theory。

无论如何，能流传开来的理论，必有其道理，必有其效用，值得尊重，值得关注，值得学习。至于如何辨别理论的高下，如何学好理论，由于我自己比较缺乏理论素养，这个问题只好暂付阙如，以待贤哲。

6. 对初涉汉语史学习和研究的硕博士研究生来说，您觉得哪些学术训练是必要的？在学术训练的过程中，应该具备哪些基本素质？

汉语史研究以历史文献为语料，初涉汉语史学习和研究的硕博士研究生，传统小学（文字、音韵、训诂）和文献学需有系统的训练，尽量打好基础，具备一定基础就可以及早进入两项阅读：一是精读某一种传统小学经典；二是研读第一手语料（常见经典或准备入手研究的文献，白文和旧注并重）。在阅读过程中，结合所读文本的特点，继续巩固小学和文献学基本功，在有些方面查漏补缺，在有些方面拓展或深化，这需要一段比较长的时间和相当的阅读量来保证。同时，语音学、词汇学、语法学、语义学等也需通过专业课来学习，对语言学史和现代语言理论有一定的了解，并且越多越好。

需要注意的是，历史文献并不是为了给今人提供语言样本而产生，不同的文本有自己的写作背景、写作目的、流传方式。历史文献的内容丰富多彩，阅读过程中需及时补充相关的专科类知识，如：读医书需要了解古代医学和现代医学的基础知识，读农书需要了解农学和植物学、动物学常识，读兵书需要了解战争史、历代经典战役和古代军事常识，读科技文献需要了解古代科技发展史、关注考古发掘的实物，读宗教文献需要了解宗教史和宗教义理常识，等等。

熟悉研究历史和研究现状也很重要，研究生期间可以就某一个专题，广泛搜集古今学者的经典论著来读；可以就某一学者、学派、理论或研究范式为对象集中阅读相关论著；应养成定期查阅期刊的习惯，尤其是有代表性的专业学术期刊、集刊，适当关注热点话题。在阅读过程中，应学会几个“追查”：一是追查原始语料以印证或质疑，不论是历史文献语言还是现代口语的研究，在尊重作者解读和语感的同时，也要对自己有根有据的查证和语感有足够的自信；二是追查参考文献，了解该论题相关理论的来源和进展情况，这是很重要的线索；三是追查作者的其他论著，从时间顺序和学理上了解其学术发展历程和研究特点，或可得到启发。

通过阅读和训练，可望获得一定的语感和直觉，把语言现象放在汉语发展史上去定位，具备迅速提炼（材料、方法、观点）的能力，能比较准确地从宏观和微观角度判断一项研究的长处和不足。

7. 在读硕博士研究生如果以学术研究为志业，必然面临发表论文的问题，在论文选题、撰写、投稿及提高命中率方面，可否介绍一下经验？

发表论文的确是一大难事，对于在读硕博士研究生来说，更是时间紧、任务重，难免紧张焦虑。但是万事开头难，有志于学术的青年学子，自当迎难而上。跟同龄人相比，我自己发表的论文很少，缺乏经验，只能简单说说自己对这个问题的理解。

应该说，每一家学术刊物都不会拒绝本专业领域内的好稿子。作者的当务之急，是尽最大努力，写出言之有物、言之有理、干净利索的论文，这需要一定的训练和积累过程。

在读研究生，通过专业课的学习、课外拓展阅读、各种学术活动，总有机会接触到大大小小有待研究的选题；此时不宜盲目冲动，因为不是每个题目都适合自己；也不宜无动于衷，因为千里之行始于足下。如果能大体明白一个问题在学术体系中所处的位置，材料能驾驭，或能有的放矢搜集到可用的材料，理论已掌握，或有可靠途径学会理论，那么可以一试。论文的构思和写作，也许应该是“心中格局大，笔下口子小”。如果把论文写作看成一次事件，那么事态应在可控范围比较好，也可避免千头万绪迷失方向。学术研究最好有连续性，在读期间的单篇论文，可以是学位论文某部分的一个具体问题，或者是自己的确有兴趣有积累愿意一直做下去的其他专题；为发论文完成考核任务而临时炮制，终究不可取。

论文投稿，作者自然要了解目标刊物的主要学术领域、学术理念、学术风格，可能每种刊物都有其个性化的一面。在学术上有价值的论文，还应力争在技术上没有缺陷，如每种刊物的稿例、文字校对、学术规范等。

8. 请问您进入汉语史专业的初衷是什么？一路走

来，您对汉语史专业的认识有没有什么变化？

大约在1995年夏，全镇全体教师开会，一位来自某村小的前辈说："现在你们这些年轻人好哇，可以去考研究生。"原来是他的亲戚有人当年考上了研究生。从那以后，我开始琢磨考研的事，此时已对语言学有一定兴趣，只知道要往中文系考，但不知道可以考什么学校、什么专业，当时经常听到的是四川师范大学。1996年夏，到四川大学（时为四川联合大学）来参加自考英语的听力、口语两门课的考试，报到地点正好在研究生处的同一栋楼，顺便到研究生处二楼过道看到展板上的硕士研究生招生目录，才知道原来这里也有中文系，现代汉语招2人，汉语史招4人，遂决定报考川大汉语史。两个专业的考试科目都是"古代汉语""现代汉语""语言学概论"，当时我只读过这三门课的自考教材，对其他情况都不了解，只是觉得，汉语史招的人多，考中概率或许要大一点（如果当时知道川大汉语史是国家级重点学科也许我会绕行）。所以，严格说来，进入汉语史专业学习，我的"初衷"并不明确。

1997年9月硕士入学时，"首届汉语史国际学术研讨会"刚刚结束，我们有幸聆听徐文堪先生关于人类学和语言起源的系列讲座，很多内容我没有听懂，但已足以感受到川大汉语史研究所浓厚的学术气氛，也借此机会见到张永言先生等前辈学者的风采。此后，随着各门课程学习的展开，对汉语史专业的定位和内涵才逐渐有一些了解；至于个人的认识有何变化、如何变化，现在已难详述。当初向人介绍所学专业时，有人一听"汉语史"就说"哦原来你是历史系的"，应是注意到一个"史"字；学校以外的人士则直接把我的专业视为"古典文学"，可能认为反正就是读文言文的。目前的认识是，“汉语史”首先是语言学（linguistics），是语言学下的一个分支，关注汉语的历史演变；“汉语史”的研究是在语言学的框架下展开的，遵循语言学研究的一般规律，考察汉语各个要素及其整个系统在特定时空条件下的存在状况和演变历程；“汉语史”的研究素材是历代书面文献，这就要以语文学（philology）为基础了，更多的文字要素和历史文化要素加入进来。华学诚先生主编的《文献语言学》于2015年创刊，鲁国尧先生《简论“文献语言学”》一文诠释“利用文献资料以研究语言的学问谓之文献语言学”，主张“不应将以口头材料为资源的语言学与以文献为资源的语言学对立起来”，这样的认识和主张是值得信从的。

9. 回顾求学和科研道路，您是不是也走过一些弯路？有无经验教训？是否可以结合具体经历分享一下？

初中毕业后我就读中等师范学校，由于培养目标所限，文化课程中硬核的部分远远不如普通高中，尤其是数、理、化、生，从教材、课时到学习效果都不知差了多远，反正是永远赶不上了。而且，那三年我们没有外语课，同学们自然也都不再学外语。另外，政、史、地虽然似乎只要看书就可以学懂，没有经历过高考的检验，总体上也只是闲适散漫而非扎实全面。剩下的，或许也就只有语文，差距不是那么大，或者不容易看出明显差距。可是也有收获，主要在音乐、体育、美术和教学技能方面，还是受到比较扎实的训练。

1991年开始任教，有6年时间一边教书一边参加自学考试，最后备考研究生，一个无法弥补的缺憾是身在乡村，能读到的只有教材，无缘在大学图书馆看更多的书。当然，所有的日子都不会白过，那几年，家乡的田间地头长着亲手参与种植浇灌的粮食蔬果，年过花甲的老父亲身心状态俱佳，我的自学习惯也慢慢养成。借用学友帅志嵩在他博士论文后记里写的一句话——“我知道如何丈量从田垄到键盘之间的距离”，当然他的气度格局远胜于我，但此番感受应可相通。

1997 年进入川大读硕士，我对外语的学习兴趣有增无减。一是英语，在课表安排的英语精读、泛读、听说之外，每天花时间学习自考英语本科主干课程（读研之前整套书都早已买好了），还陆续读了几本英文原版小说。二是日语，入学前暑假开始自学的《中日交流标准日本语》，以两天完成一课的进度坚持到学完中级（该教材只有初级和中级），接着通过各种途径找日语专业的基础教材来学习，积极备考 JPT 一级（日本语能力试验 The Japanese-Language Proficiency Test，又称 JLPT），后来几经周折有幸通过；该考试共分四级，一级为最高级。三是德语，在研二时选修了德语（第二外语），每周四学时，两个学期。那时得知一个说法，一个真正像样的语言学者起码也得会 5 种以上外语，我真的好几次在心里盘算如何在 30 岁以前做到这一点，似乎不无可能。这样一来，我的专业课学习时间和学习质量必然受到影响，又因作息安排过于紧张，导致原有的慢性胃炎发展到胃溃疡、胃出血，1998 年暑假为此住院一周、输血两袋。好在那几年学习效率一直不错，专业课成绩没有掉队，又幸得良医救治，身体顺利康复。总的来说，硕士期间在外语学习上的投入是有成效的，状态最佳时英语、日语达到可以应用的程度，日语中的音读有助于学习音韵学，日语 SOV 的语序、德语比较复杂的屈折系统都让我更好地理解和掌握语言学相关知识，英语、德语某些方面的对比也十分有趣。

以上处境和经历，从汉语史的学习和研究来看，若干时间荒废，好多精力没有用在专业上，然而自己内心却不忍视之为弯路。凡是走过的路，当时似乎都是必由之路，也许自有其意义。

真正可以称作“弯路”的，有三件事目前感受最深。

一是早期汉译佛经的判定困难重重，正如汪维辉老师所言。读硕士以来主要参考俞理明老师《佛经文献语献》和荷兰学者许理和（Erik Zürcher）两篇论文的考辨，前者依据僧祐《出三藏记集》和吕澂《新编汉文大藏经目录》整理出了东汉、三国、西晋的译经目录，后者主要从语言风格入手考定真正的东汉佛经29篇。我在写博士论文时，自己用俞老师的方法列出了《出三藏记集》以前所有的译人（团队）的译经目录，失译经按时代单列，并以此为据阅读佛经、搜集资料。可是，随着早期汉译佛经辨伪成果的陆续发表，有些经文的译者和译出年代需重新确定。这方面比较集中的代表性成果，国内有方一新先生和他带领的学术团队陆续发表疑伪佛经考辨的成果，尤其是方一新、高列过所著《东汉疑伪佛经的语言学考辨研究》(2012年)，国外有前面提到的美国学者那体慧（Jan Nattier）的著作。这样一来，早先搜集的外来词的作者和时代归属就会存在一些问题，统计数据必然失实，以之为据的讨论也就失去了材料依据，这也是我博士论文题目调整的原因之一。

二是长期对国外研究的众多成果缺乏了解。那体慧（Jan Nattier）2008年那本书的参考文献涉及世界各国138位学者、243篇（部）论著，这些论著发表使用的语言文字各不相同，有英、日、汉、德等多种，其中很大一部分未见国内学界介绍和引用，我也一无所知。这是一个不折不扣的大弯路，有些基础工作不但重复，而且起点就比国外学界落后不少。那体慧的书带给我的震撼至今难忘，当年从雷汉卿老师手中接到这本书，浏览之后即有把全书译成汉语的冲动；在精读精校全书之后，于2012年尝试撰就一篇《略述Jan Nattier对东汉三国汉译佛经的考辨》，用小半篇幅介绍其书，大半篇幅是原文选译及其考辨结果的介绍；此文后来没有公开发表，最终只在小范围内与同好分享。好在那体慧等人的研究近年日渐受到国内学界更多的关注。

三是佛典语言研究最重要的学术装备一直没有真正掌握，这是我最大的弯路。个人关注汉文佛经语料和语言研究多年，却没能像辛嶋静志先生等人那样及早掌握梵、巴、藏语文，在需要对照原典语言时，只能借助现有的工具书和已有的对勘成果。在职读博期间，只在2003年跟西南民族大学索南才让老师学过半年藏语，远远没达到能阅读经典的程度，中途放弃了。刚到川大工作那几年，很渴望到北京大学好好学习梵语，也曾向所在学院提出申请，却没有争取到合适的机会。2017年秋，罗鸿教授从中国社会科学院来到四川大学历史文化学院工作，开了周末班免费教梵语，用的教材是Ashok Aklujkar所著*Sanskrit: An Easy Introduction to An Enchanting Language*，罗老师陆续有教材前几章的中文译稿，书名译作《雅言拾级》，他的课件做得很好，还提供了配套的有声学习资源。我带着很大的兴趣加入周末班的学习，那学期每天上午的时间都用来复习巩固新学的梵语知识，诵读、理解、记忆、抄写、总结，刚好可以跟上课程的进度，一切都很顺利，我又找回了学习一种新语言的那种感觉，再次体会到天天向上的喜悦，似乎书架上一长排沉寂多年的梵语书籍都在向我招手。可是一到寒假和春节，节奏就乱了，加之第二学期自己的课很多，投入的精力不再那么稳定，渐渐有了吃力的感觉。周末班开了两学期，后来没有再继续。就这样，我的梵语学习总算开了一个好头，却很遗憾没有坚持到最后，这才知道什么叫青春不再。国内兼治或专治佛典语言研究的学者朱冠明、陈明、陈秀兰、龙国富、王继红、姜南、邱冰以及更年轻的一批学者能有效利用梵文资料，令人十分羡慕。希望将来我还能学好用好梵语，让这段已经够长的弯路不要变成无限长。

10. 您是如何平衡自己的科研和日常生活的？您如何看待网络上传说的高校青年教师“007”（零点上班，零点休息，一周工作七天）的生活模式？您平常都会怎么放松身心呢？

高校教师的教学和科研都需要大量时间，需要投入全副精力，这是人所共知的，青年教师的生活和工作压力更大。在求学期间，我个人的日程表上没有节假日，或者说别人的节假日正是自己赶进度提效率的最佳时机。近年出现关于上班族“996”和脑力劳动者“007”的说法，我感觉“007”照字面可以理解为零点仍在工作，一周七天每天如此，这样的人当然是不可能睡懒觉的（“零点上班，零点休息”之说我一时还没理解过来，或者事情的真相完全超出我的想象）。据观察，学界同仁及身边同事好像很多都是这样的“007”。

不过我自己很惭愧，自从1998年因胃病住院之后，医生建议劳逸结合适当运动，从研二起开始注重体能训练。虽然学习和工作一直比较紧张，但还是能主动留出一些时间来放松，学校里打篮球和乒乓球都很方便；在职读博期间有两年还时常跟中文系几位同届的博士生一起打排球（古典文献学罗凌博士是组织者和主力），都是休闲式运动，不是为比赛。家里有了小孩以后，虽然也几乎天天“零点上班”，用于学习和科研的时间往往没有足够的保障，十余年来“放松身心”的时间累计已大大超标；数年来陪女儿学琴练琴让我每天都能欣赏音乐，前几年学了游泳并于2018年开始尝试坚持冬泳，今年疫情期间校园空旷，终于把几年前买回的轮滑鞋用起来学会轮滑。所以，我现在的努力方向可能跟大家不一样，希望合理控制放松身心的时间。借此机会，真心建议各位同仁劳逸结合、爱护身体、保持健康，衷心祝愿大家生活精彩、学术精进。

11. 您对汉语史研究有何展望和期待？

简言之，汉语史研究既是学术建设，又是文化传承；既是基础学科，又有应用价值。

汉语史研究首先是一项学术建设，要关注汉语的历史，也要关注汉语的现状。王力先生在《汉语史稿》绪论中说：“汉语史首先要和现代汉语取得密切的联系，因为汉语史主要是建立在古代汉语和现代汉语的比较的基础上的。”与这个理念相通，20世纪末，学科分类体系中的“汉语史”跟“现代汉语”合在一起，成为“汉语言文字学”。可以期待，一部完备的汉语史，必然是汉语通史。

汉语史研究肩负着文化传承的使命，研究历史文献的语言文字现象时，也在实践文化传承。流传甚广的“萨丕尔－沃尔夫假说”认为，语言决定思维、信念、态度等，语言不同的民族，其思维方式完全不同。那么，要了解古人的思想和文化，就要懂得他们的语言。虽然人们一再强调，语言文字之学发展到今天，早已突破传统“小学”以解经为目标的局限；事实上，汉语史任何一个方面的研究成果，都无疑对解读相关经籍有重要意义。反过来说，要研究好汉语史，就要尽一切努力读懂经典，这个过程本身就是文化传承的一部分。

汉语史研究成果的应用价值，不仅体现为它对文献学、文学、历史学、哲学、科技史等相关学科的支撑作用，它也可以对现代人的语文生活发挥积极作用。王力先生《汉语史稿》和《古代汉语》对中学文言文教学的影响即为先例。希望今后可以有更多的渠道、更好的方式，把汉语史领域已有的成果和新出成果推向大、中、小学，让语文教材的编写更切合汉语发展的实际，让语文老师的语言观念、语言行为、语文教学更好的遵循科学规律，让普通话和方言更好地各司其职、各行其能，切实高效地提升全民的语文生活质量。

主要论著目录

（一）著作

俞理明 顾满林 2013《东汉佛道文献词汇新质研究》，商务印书馆。

顾满林 2015《佛经语料与佛经用语散论》，中国社会科学出版社。

（二）论文

顾满林 2002《试论东汉佛经翻译不同译者对音译或意译的偏好》，《汉语史研究集刊》第5辑，巴蜀书社。

顾满林 2003《东汉佛经半音译半意译外来词的特点》，《汉语史研究集刊》第6辑，巴蜀书社。

顾满林 2004《从早期汉文佛经看"塔"的产生时代》，《中国语文》第1期。

顾满林 2005《东汉佛经中的数词及与数有关的表达方式》，《汉语史研究集刊》第7辑，巴蜀书社。

顾满林 2005《今存汉文佛典用语同僧祐〈出三藏记集〉的矛盾》，《宗教学研究》第4期。

顾满林 2005《东汉佛经音译词的同词异形现象》，《汉语史研究集刊》第8辑，巴蜀书社。

顾满林 2006《汉文佛典音译词的节译形式与全译形式》，《汉语史研究集刊》第9辑，巴蜀书社。

顾满林 2007《汉文佛典中 Kapila-vastu 一词的音译形式考察》，《汉语史研究集刊》第10辑，巴蜀书社。

顾满林 2007《汉文佛典音译词多用节译形式的原因》，《东亚文献研究》(韩国)创刊号。

顾满林 2008《从僧睿〈大品经序〉看今存汉文佛典用语》,《宗教学研究》第1期。

顾满林 2008《〈现代汉语词典〉中的佛源外来词》,《语文知识》第3期。

顾满林 2008《汉文佛典中“讹略”一语的五种用法》,《汉语史研究集刊》第11辑,巴蜀书社。

俞理明 顾满林 2008《东汉佛经中的“香”和“臭”》,《汉语史研究集刊》第11辑,巴蜀书社。

顾满林 2009《竺法护译经中表“晓悟”义的复音词》,《蜀语新声》(四川省语言学会第十四届年会论文选),四川辞书出版社。

顾满林 俞理明 2011《东汉佛道文献词汇新质的概貌》,《汉语史研究集刊》第14辑,巴蜀书社。

俞理明 顾满林 2011《东汉佛教文献词汇新质中的外来成分》,《江苏大学学报(社会科学版)》第3期。

顾满林 2012《佛经文献中“国界”词义考》,《项楚教授欣开八秩颂寿文集》,中华书局。

顾满林 俞理明 2012《东汉佛教文献中的意译词——兼谈汉译佛经用语的性质》,《汉语史学报》第12辑,上海教育出版社。

俞理明 顾满林 2012《东汉佛道文献词汇新质的表义分析》,《汉语史研究集刊》第15辑,巴蜀书社。

顾满林 2013《梁武帝改“磨”作“魔”之说考辨》,《汉语史学报》第13辑,上海教育出版社。

俞理明 顾满林 2013《从东汉佛道文献词汇新质看汉语词汇复音化》,《中西文化交流学报》第5卷第1期。

顾满林 2014《结合文献学与语言学 兼顾外在与内在证据——〈东汉疑伪佛经的语言学考辨研究〉述评》,《中国社会科学报》3月10日。

俞理明 顾满林 2014《东汉佛道文献词汇新质的社团分布

分析》,《中国语言学》第 7 辑，北京大学出版社。

顾满林 2015《慧琳音义与〈道地经〉校读札记》,《汉语史研究集刊》第 19 辑，巴蜀书社。

顾满林 2015《佛陀弟子“舍利弗”译名考述》,《吴越佛教》第 10 卷，人民出版社。

顾满林 2015《略述摩尼教汉文经典中的“魔”》,《中西文化交流学报》第 7 卷第 2 期。

顾满林 2016《佛经语言研究与佛经的语言学考辨》,《合肥师范学院学报》第 1 期。

顾满林 2016《东汉佛经语料问题举隅——从〈中本起经〉“晋言”说起》,《汉语史学报》第 16 辑，上海教育出版社。

顾满林 王莹 2017《从“达嚫”到“䞋施”——佛教外来词演变例考》,《汉语史学报》第 18 辑，上海教育出版社。

顾满林 2018《汉文佛典中“塔”相关音译形式及其汉化》,《古汉语研究》第 3 期。

顾满林 2018《佛教语“叉手”“合掌”“合十”流变考》,《汉语史学报》第 19 辑，上海教育出版社；又转载于人大复印资料《语言文字学》2019 年第 4 期。

顾满林 2020《佛经音译词“劫”别作“疌”述考——见[k]、精[ts]声母颚化的早期例证》,《中国语文》第 1 期。

顾满林 2020《竺法护译经中表不定数的位数词连用形式——原典语言特征影响汉译佛典用语的实例之一》,《汉语史研究集刊》第 29 辑，四川大学出版社。

（三）译文

顾满林 2001《关于初期汉译佛经的新思考》(英译汉),《汉语史研究集刊》第 4 辑，巴蜀书社。

王继红 顾满林 2009《佛教与东亚白话文的兴起：国语的产生》(英译汉),《佛教汉语研究》第 1 辑，商务印书馆。

姜南

循序渐进　量体裁衣

姜南

1978年生，吉林长春人。1997—2008年在北京大学中文系完成本科、硕士和博士学业，主修汉语言文字及历史语言学。2008—2010年为中国社会科学院语言所博士后。2010—2016年为中国社科院外文所梵文研究中心副研究员，2010年至今为中国社科院语言研究所历史语言研究室副研究员，硕士生导师。主要从事基于梵汉对勘的汉译佛典语言研究。

专著《基于梵汉对勘的〈法华经〉语法研究》（商务印书馆，2011年）获“首届中国语言学会罗常培语言学奖”二等奖及“纪念李方桂先生中国语言学研究学会2012—2013年度学术论著特优奖”。合著《梵语佛经读本》（中国社会科学出版社，2014年）入选2014年度中国社会科学院创新工程10项重大人文基础研究成果。并在《中国语文》《语言研究》《历史语言学研究》等重要的语言学刊物上发表论文数十篇，两次入围国际中国语言学会“青年学者奖”。

1. 请介绍一下您求学、研究的经历和治学领域。

我的求学经历比较简单，1997 年考入北大中文系，四年本科、三年硕士、四年博士，一路按部就班，风调雨顺。但若将博士看作个人研究生涯的起步的话，我博士阶段因为踏入一个完全陌生的领域，从此开启一段疾风骤雨般的惊险旅程。

读博之前，一直浅薄地以为学习和研究自己的母语是件轻松愉快的事儿。北大中文系分三个专业：文学、语言和古文献，要求学生入学伊始就选择专业，我因第一志愿报的并不是中文系，对中文的兴趣也没那么浓厚，而且从小就不爱作文，每次语文考试都如临大敌，害怕写不完作文。于是就用最简单的办法，比了比三个专业，语言的课最多，想着学的东西应该也多，占便宜的心理作祟，就选了语言。好在时光不负，本科四年加硕士三年，中文系和可敬可爱的老师们赐予我许多无形财富——系统的训练、独立的思想、高远的见识……为我在汉语言学方面打下了比较坚实的基础，也为迎接未来未知的挑战蓄积了能量。

第一波考验就是博士论文。我的导师朱庆之教授是作为国内汉译佛典语言研究的领军人物从川大引进的。虽然专业方向没变，仍在汉语史，但聚焦于东汉至隋中古阶段汉语的面貌和演变，这一时期社会动荡、南北分裂，汉语发展的最大特色就是深受佛教传入和佛经翻译的影响。而汉文佛典的翻译性质，主要译自以梵语为主的古代印度语言，内部关系错综复杂，体现为原典梵语与汉语、书面语与口语的双重混合。毋庸置疑，掌握梵语是对研究者的基本要求，否则无从分辨和厘清哪些成分来自原典，或是受原典影响产生的，哪些不是，更遑论发掘汉语史上由佛经翻译导致的语言接触对汉语演变的影响。显然这是一个跨语言、跨学科的新兴领域，对我而言，则更陌生加恐怖，超乎寻常的压力和困难扑面而来。北大的博士学制比其他高校多一年，但即使四年时间，对我来说也太短了。因为面前赫然矗立着至少三座大山：一要先拿下号称世界上最难学的语言——梵语；二是汉文佛典卷帙浩繁，一上来就是吓人的几千卷几千万字，而在此之前我几乎一部佛经都没读过，顿觉头晕目眩；三是作为新兴学科，几乎没有前人成果可供借鉴，没有现成资料可供利用，就连一部带有语言学信息的梵汉对照文本也没有，这意味着一切都得从头开始，白手起家。我至今仍不敢回想，那四年自己怎么摸爬滚打、通宵达旦、快马加鞭、汗流浃背渡过彼岸的。与其说自己来自中文系，实际上百分之九十九的时间都混迹于东语系，还会时不时被东语系的师生嘲笑。北大梵巴专业着实强悍，别说老师，就连学生都动辄通晓几门古代和现代语言，而我们头顶中文系语言专业标签，加上自己的母语和方言都超不出五种，的确相形见绌，有些汗颜，因为许多前辈语言学家像赵元任、李方桂先生他们，也都通晓几十种甚至上百语言或方言。我先是跟随段晴、王邦维、高鸿几位老师学梵文，他们都是季羡林、金克木先生的高足。随后迅速确定中古时期影响最大的汉译佛典《法华经》作为研究对象，选用西晋竺法护和姚秦鸠摩罗什的两个汉译本与梵文精校本进行逐字逐句的对勘，详尽标注各类语法信息，比较译经语言与中土汉语的异同。《法华经》共有二十七品，我博士阶段对完十品，博士论文就是在这十品对勘材料的基础上撰写的，毕业后又用了大概六年对完剩下十七品，前后历时近十年。读博期间还在台湾法鼓山中华佛学研究所进修过半年，公派到日本创价大学留学一年，指导老师是已英年早逝的著名的佛教文献学家辛嶋静志教授，我的博士论文最后也是在他那里完成的。

由于时间紧、任务重，留日的一年，我几乎零出游，从早到晚泡在研究室里奋笔疾书，连超级工作狂辛嶋老师都误以为我很用功，殊不知我十分遗憾，当时想着日本那么近，以后总有机会再来，但至今仍未实现，特别无法再见深深敬重的辛嶋老师，更觉感伤。

还没等我从论文大战中缓过气，第二波巨浪又席卷而来，便是毕业等于失业。当年这一跨学科研究领域尚未获得“绝学”名分，虽不明说你是旁门左道，总之不被接受，不受欢迎。连我导师都无奈出走，远赴香港，我一初出茅庐的毛头小子更是求职无门。我经常自嘲，说自己做的是“走上绝路的绝学”。因为找不到工作，我先投奔到社科院语言所，跟曹广顺先生做了两年博士后，出站之后，继续找不到工作（即各大学中文系或汉语专业）。在山重水复疑无路之时，观音菩萨终于出手相助，时值社科院承担国家重大委托项目，建设梵文人才队伍，由学部委员黄宝生牵头，整合社科院现有资源，成立了梵文研究中心，挂靠在外国文学研究所。我这棵幼苗总算得以存活，在梵文中心安度六年。黄老师也是季先生带的第一批本科生，系著名梵文学家和翻译家，与其说和黄老师一起工作，不如说又跟他继续学习了六年，不仅深造了梵语，还参与了一些梵语文学作品翻译和梵汉佛典对勘工作，业务能力有所增强，获益匪浅。

第三波风浪相对温和，主要来自与日俱增的危机感。人贵有自知之明，我清醒知道，自己虽然一脚跨进更为广博深邃的印度学、佛教学领域，但毕竟是半路出家，再努力也拼不过专业人士，难有作为，而当初跨专业学梵语的初衷是为了解密汉语演变中的难题，为汉语研究服务。自从大一古代汉语得了满分，感觉自己还是在汉语研究上有点儿悟性，找得到自信。在外文所工作的六年，虽也每年强迫自己写语言学方面的文章，但长期从事文学翻译，我的立足之本——语言学方面的专业技能日渐荒疏，脑子里的问题越来越少，越来越跟不上形势，兹事体大。加上梵文中心是作为虚体挂靠在外国文学所，即使我有专著出版，发表多篇权威核心期刊，也难晋升。危机意识驱使我一定要回归老本行，于是我又硬着头皮给北大、南开和社科院语言所投递简历。时过境迁，南开和社科院语言所都为我打开了大门，由于家住北京、孩子又小的缘故，我选择了最心仪的语言所，至今也已四个年头。

以上就是我跌跌撞撞、辗转曲折的学研经历。还好不管前方路途多艰险，我从未认怂，始终坚持不懈，勇往直前，如今峰回路转，柳暗花明，做回自己喜欢且胜任的工作，算得上心满意足了。

2. 目前正在从事什么研究？将来有何科研规划？

读博以来，我的研究重心基本没有太大改变，还是一如既往坚持在梵汉佛经对勘的基础上探索佛经翻译与汉语演变的关系，特别是译经语法与汉语语法发展的可能关系。前面提到，我的博士论文《基于梵汉对勘的〈法华经〉语法研究》是在十品对勘语料的基础上完成的，当时从名词格范畴、动词时体范畴、特殊构式、复句与句法关联词以及篇章衔接策略等层面初步展示了汉译佛典的语法面貌和特点，以及可能受到原典影响而形成的不同于汉语固有语法的一些特点。该书已于2011年由商务印书馆出版。

毕业后十年，除了继续做完《法华经》二十七品的对勘，我还参与了《维摩诘经》《佛所行赞》《神通游戏》《入菩提行论》《金刚经》《心经》等十余部佛经的对勘工作，对梵文原典和汉译佛典的语言特点有了进一步认知了解，也在此基础上写了一些文章，包括比较句、指代词、情态表达、指称与陈述的转化关系，等等。

接下来的近期目标，一是打算将近十年的思考和成果做一总结，拟以《佛经翻译与汉语演变》为题，申请出版第二本专著。二是近年来关注、研究或在研究中使用汉文佛典的人越来越多，但迄今为止仍无一部详细标注语言学信息的佛典梵汉对比分析语料，用以展示汉译佛经与梵文原典在语素、词、词组、句子和句群等各层语言单位上的对应关系，以及这些对应形式在各自语言系统中的地位。既然我早已完成《法华经》对勘，应当尽早将其修改、校订、出版，好为佛教汉语研究、汉语历史词汇及语法研究、佛经翻译研究、辞书编纂等方面提供便利和参考。

长远设想则是，从佛教文献研究和整理角度来看，迫切需要中国学者编出一部佛教汉语词典，这就需要培养佛教汉语学者，所以我希望自己能接续前辈学人的事业，依托社科院语言所这座汉语研究重镇，全心全意、不遗余力地培养佛教汉语人才，为编《佛教汉语词典》这一百年工程出份力。

3. 在您求学和研究过程中，对您成长影响较大的著作和学者有哪些（哪几位）?

有百年辉煌的北大中文系早已名震八荒，大咖云集，人才辈出，我能有幸在此一路读完本科、硕士、博士，深受诸位老师的恩育教诲，亲历他们的学术人生，已然无比骄傲幸福，如再一一述说哪位名师对我影响最大，不免有炫富之嫌。不过我略微提及两位带我进入印度学领域的老师，因为他们的超能力足以让人叹服学习。

一位就是北大东语系的段晴教授，梵语对她来说就是入门级语言，更多的是我从前连名字都没听过的古老语言，至于用英、德、法、日这些现代语言进行学术交流、撰写文章更是自如无碍，深厚的知识储备能让她从故纸残片中释读出古老神秘的符号，复原鲜活的历史、灿烂的文明。而且作为老师，她极具慧眼，极其负责，对她看好的苗子完全下得了狠手，几近魔鬼训练。记得第一次梵文课，我们还不知道梵文字母长啥样儿，梵文数字怎么写，她就一连讲了四课。老师的信条就是一路向前，不要回头，不必纠结，有啥不明白的，学到最后都会明白的。段老师教我们梵语时也已接近花甲，课余时间还会带我们做各种锻炼，跑个一万米、游个泳之类，老师总说做学问，必要有强健的体魄，才能精力旺盛、头脑清醒，还常搬出季先生，说先生能成为国宝，也得益于他活得长久，在跟段老师学习的日子里，我真切体验到人的潜能是无限的。

还有一位就是英年早逝的辛嶋静志教授，先生精通的语言可能更多，学问可能更大，但他教会我更多的是在逆境中坚守的信念。先生早年毕业于东京大学，而后赴德留学，还在北大跟季先生读过博士。他利用汉文佛典研究早期大乘佛教的起源，当时在日本也属于边缘“绝学”，尽管一路名校名师，依然无职可入，但他并未放弃梦想，始终坚守信念，在偏安东京一隅的创价大学刻苦钻研，兢兢业业，直至去世，短暂的一生做了别人几辈子都做不完的事情，取得举世瞩目的成就。

至于学术论著，我最看重的是基础性读物，比如各种“概要”（如《文字学概要》）、“讲义”（如《语法讲义》）、“教程”（如《普通语言学教程》）、“读本”（如《中古汉语读本》《梵语佛经读本》）之类。还有大家经典，如赵元任、王力、朱德熙、吕叔湘等著名语言学家的论著，也就是中文系必修课上的必读书目。前面提到，读博后，我因完全扑到梵学、印度学、佛学领域，几乎抽不出时间读语言学方面的论著，全靠之前这些基础读物构建的知识体系垫底，才不至于迷失跑偏。所以我比较认同基础的重要性，它确实是一切学问增长的基石沃土。

4. 如何发现并确定一个体量合适、有持续性的题目作为中长期研究对象？博士论文以外又如何拓展研究领域？

对于初涉研究领域的学子来说，找到一个体量合适、有持续性的题目实属不易。我的体会，一是研究生期间多和导师沟通，选定大致方向和对象范围；二是多看前人研究成果，或是先看一些综述文章，做个摸底排查，看自己对哪些问题感兴趣，能否发现不足，有所创见。我觉得不管文章长短，题目大小，都必先有所创见，不能人云亦云，在排比评述前人的研究中兜圈子，消磨自己的智慧，浪费读者的时间；三是学问无止境，要么像我这样，加入拓荒者的行列，冒着不被认可的风险，默默耕耘，便有种不完的地，做不完的题目；要么紧跟热点前沿，做大家关注的课题，寻求独特的视角和切入点；四是从小做起，先选些具体专题，写些短小文章，慢慢深入扩展，积土成山，水到渠成。

5. 对于汉语史研究而言，材料和理论都很重要，但

硕博士研究生在有限的学习期限内对熟悉材料和掌握理论常常觉得顾此失彼，您对此有何建议？

对于汉语史研究而言，材料和理论的确都很重要，好比一支军队不能只有将军或只有士兵，即使时间有限，也尽量做到两者兼顾，最好不要顾此失彼。我的看法就是本着循序渐进和量体裁衣的原则，根据熟悉材料的广度选择理论阅读的深度。

比如我硕士阶段，读过的古文材料不多，基本限于各时代的代表作品或零星篇目，相应掌握的语言学理论也比较简单初级，如历史比较法、语言沿流论、词汇扩散论等，且多为汉文译介，非外文原著。读博后，随着触摸的语言材料更丰富更复杂，自然需要更高深的理论去统摄驾驭，提炼规律，解释疑难，包括形式语言学、认知语言学、接触语言学等各种五花八门的理论都得了解一二。学习了解别人的理论并不是要生搬硬套，而是为了增强自身的理论素养。理论具有穿透表象、直达本质的力量，如同参禅悟道，是种思维头脑的修炼，所以应当把对理论的追求内化为一种自觉的意识。

6. 对初涉汉语史学习和研究的硕博士研究生来说，您觉得哪些学术训练是必要的？在学术训练的过程中，应该具备哪些基本素质？

一方面应当广泛的阅读，多读经典，包括经典文学作品。二应多写多练，不以发表为目的，无功利地练笔写作。我说过自己从小就不爱写作文，上了北大，中文系的传统也不鼓励学生过早发表文章，正好为我的懒惰找到了借口，实际很不可取。我自己也得到过教训——写起东西来很慢，且缺乏文采，句子又长又干巴，连我妈都嘲笑说，读我写的句子都能读断气，一点不像中文系出来的。跟朱老师读博后，老师总敦促我们勤于练笔，从写读书笔记、写综述开始。后在外国文学所工作，虽然语言业务有所荒疏，但每日徜徉在浪漫多彩的文学世界，也收获到了意外之喜，文章渐有起色。三应善思善问，带着问题意识读书写作，思考别人研究的方法、论证的逻辑，取长补短，借鉴吸收，逐渐增强对语言现象的敏感性和把控力。

7. 在读硕博士研究生如果以学术研究为志业，必然面临发表论文的问题，在论文选题、撰写、投稿及提高命中率方面，可否介绍一下经验？

我虽然从学习到研究汉语史将近二十年光景，但说实话，在论文选题、撰写、投稿及提高命中率方面，真没什么技巧或经验分享。若非面临毕业压力和工作考核，我也不会年年都发文章。但并不意味着不写文章，还应本着多读多练的原则，夯实基础，增长学问，写得多了好了，自然命中率就高了。

8. 您是如何平衡自己的科研和日常生活的？您如何看待网络上传说的高校青年教师“007”（零点上班，零点休息，一周工作七天）的生活模式？您平常都会怎么放松身心呢？

本以为考入最高学府，便可扬帆起航，高歌猛进，现实却如上所述，我的求学和科研道路足够艰辛曲折，从汉语到梵语，从中国语言到外国文学，跑偏不只一点点，等于耗时多年，走了一大圈弯路，才回到原来轨道。可供分享的经验，也是从老师辛嶋先生那得来的，便是不抛弃，不放弃，坚信皇天不负苦行人，天生我才必有用。

如果没有僵化的考核制度和硬性打卡上下班，我常将工作和生活混为一谈，会把科研当成生活的一部分。当然有娃儿之后，重心有所转移，更多享受亲子时光，好在社科院不像高校，时间比较宽裕，能够合理安排生活和科研。另外就是坚持锻炼身体，让自己元气满满，充满正能量。

9. 您对汉语史研究有何展望和期待?

我特别认同北大“兼容并包”的校训，它确实适用于包括汉语史在内的各个学科。学科细分不过是现代学术发展的权宜之策。汉语之所以拥有如此强大的生命力，承载着中华几千年的灿烂文明，我想不仅得益于汉字的魔力，更源自它海纳百川、兼收并蓄的胸怀。汉语的兼容并包成就了它的独特复杂、生生不息，对汉语历史和特点的研究，我想也该抱有开放包容的态度、打通文史哲的气魄，多借鉴友邻学科的材料、方法和成果，开展跨学科合作研究，回到学问的本真状态。

主要论著目录

（一）著作

姜南 2011《基于梵汉对勘的〈法华经〉语法研究》，商务印书馆。

（二）论文

姜南 2007《汉译佛经增译的话题转移标记》，《中国语文》第3期。

姜南 2008《汉译佛经音节衬字辩说》，《语言研究》第4期。

姜南 2008《汉译佛经句法关联词初探》，《中文学刊》第4期。

姜南 2009《佛经翻译中格范畴的系统对应》，《汉语史研究集刊》第12辑，巴蜀书社。

姜南 2009《以〈法华经〉为代表的佛典专书语法研究》，《博士后交流》第1期。

姜南 2010《汉译佛经"S，N是"句非系词判断句》，《中国语文》第1期。

姜南 2010《佛经汉译中呼格的凸显与转移》，《中国社会语言学》第14辑，高等教育出版社。

姜南 2011《〈法华经〉梵汉对勘二题》，《宗风》庚寅春之卷，宗教文化出版社。

姜南 2011《梵汉对勘与佛教汉语研究刍议》，《宗风》庚寅冬之卷，宗教文化出版社。

姜南 2011《汉译佛经中标记分明的时体表达式》，《语言学研究》第 10 辑，高等教育出版社。

姜南 2012《汉译佛经等比标记“如……等 / 许”探源》，《语言研究》第 1 期。

姜南 2013《〈法华经·信解品〉梵汉对勘》，《汉译佛典语法研究论集》，商务印书馆。

姜南 2014《汉译佛经“梵志”是梵汉合璧词吗？》，《中国语文》第 5 期。

姜南 2014《汉译佛经篇章衔接策略举隅》，《东方学刊 2014》，河南大学出版社。

姜南 2014《〈法华经·譬喻品〉翻译与解析》，《梵语佛经读本》，中国社会科学出版社。

姜南 2015《早期大乘佛典书面流传举证：“梵志”与“楼至”》，《西域历史语言研究集刊》第 8 辑，科学出版社。

姜南 2015《汉梵佛典双语标注语料库的构建》，《中国语言学报》第 25 卷。

姜南 2016《汉语比较句的混同发展与分立定型》，《语言教学与研究》第 5 期。

姜南 2017《“将无”重考》，《中国语文》第 6 期。

姜南 2018《汉译佛经中“为”的系词用法与语义复制》，《中国语文》第 2 期。

姜南 2018《佛经翻译中语义复制的双向驱动机制》，《历史语言学研究》第 12 辑，商务印书馆。

姜南 2019《“见”字新解——从“见笑方家”到“慈父见背”“人见断绝”》，《历史语言学研究》第 13 辑，商务印书馆。

姜南 2020《再探指示代词“那”的来源——来自汉译佛经的证据》，《古汉语研究》第 2 期。

Jiang, Nan 2015 *The added topic-shift markers in the Chinese translations of Buddist scriptions: A Sanskrit-Chinese comparative analysis of the Lotus Sutra. Kumarajiva: Philosopher and Seer,* published by Indira Gandhi National Centre For The Arts.

梁春胜

得有自己的看家本领

梁春胜

男，1975年生，安徽桐城人。2004年毕业于复旦大学中国古代文学研究中心，获文学硕士学位。2009年毕业于复旦大学出土文献与古文字研究中心，获文学博士学位。2010年到河北大学文学院工作，现为河北大学文学院教授、博士生导师。

主要从事近代汉字、魏晋南北朝隋唐石刻文献的整理与研究，已发表论文40余篇，出版专著1部，完成待出版专著1部。目前主持国家社科基金重大项目、重点项目各1项，并担任国家新闻出版署重大科技攻关项目“中华字库工程”第15包的技术负责人。获河北省社科优秀成果二等奖2项，三等奖1项。代表作有《楷书部件演变研究》《六朝石刻丛考》等，后者入选2019年度国家哲学社会科学成果文库。

1. 请介绍一下您求学、研究的经历和治学领域。

我出生于安徽农村，父母都是农民，从小跟随父母干农活，深知农民的艰辛和无奈。家境虽然不好，但父母比较开明，支持我读书。我的性格从小就比较内向，虽然也有顽皮的时候，但多数时候更喜欢一个人安静地读书。我家没什么书，但比我大九岁的表哥也喜欢看书，他的家境相对较好，所以买了很多书。我每次去表哥家，基本哪儿都不去，就待在他家看书。舅父、舅妈开了个豆腐作坊，忙的时候就让我去帮忙烧火，我一边烧火，一边看书。舅妈、表哥都很喜欢我，在我回家的时候，他们还允许我拿几本书带回家看。通过这样的方式，我初中以前看过《上下五千年》《世界五千年》《华夏正气篇》等，《少年文艺》《故事会》更是看得爱不释手。上高中以后，看过《红楼梦》《穷人》《猎人笔记》《马克思恩格斯选集》等。在物质贫乏的时代，这样的阅读虽然杂乱而不求甚解，但还是极大地满足了我的精神需求。我对于文学和写作的爱好，就是这样培养起来的。

考大学的时候，我的第一志愿本是想报南开大学中文系，但当年南开中文系在安徽不招生，我只好选了个专业相近的图书馆学系。第二志愿以下，我全部填报了中文系。高考揭榜，我的成绩不太好，南开自然是没去成，而是上了第二志愿——兰州大学中文系。兰大是理科强校，但文科就比较一般，并且人才流失严重，我上大学时候的老师，有好几位后来去了其他高校，比如刘俐俐老师去了南开，赵学勇老师去了陕西师大，刘泽民老师去了上海师大。大学四年，可谓过得自由散漫，逃了至少四分之一的课，抽烟、打牌、出游、看电影，漫无目的地阅读各种文学作品，同时开始练笔，梦想成为一名作家。大三的时候，还得过中文系的“菩提文学奖”。但在练笔的过程中，我逐渐痛苦地意识到，自己并不具备从事文学创作的天赋。所以到大三的时候，我开始打算考研，以备在文学道路走不通的时候，还有其他的路可走。其时张进老师刚从陕西师大硕士毕业来到兰大，给我们讲授中国古代文学批评史课程。张老师有很好的理论素养，加上备课认真、充分，所以上课时旁征博引，理论性极强，常常将文学问题上升到哲学的高度。这样的课，对我来说可谓耳目一新，所以立刻吸引了我。到大四报考研究生的时候，我咨询张老师的意见，张老师给我推荐了人大和复旦，说这两所学校的文学批评史实力最强。我选择了人大。这次考研以失败告终，古代文学史和英语的成绩都很糟糕，文学批评史尚可，意外的是古代汉语成绩最好。翻看我的大学成绩单，多数课程都成绩平平，唯独古代汉语两次考试，我也没怎么费力，成绩居然都是全班前列。这似乎冥冥之中已经为我后来转向古汉语的学习和研究做出了暗示。但在当时，我并没有意识到这一点。

考研未成，只好去工作。经过很多波折，最后去了吉林市江城日报社。报社门前就是松花江，看着奔腾不息的江水，我想天无绝人之路，成为一名优秀的记者，也未尝不是一个好的选择。在大学期间，我们宿舍所有人都喜欢看《南方周末》和《体坛周报》，每周末派人去买，买回来全宿舍传着看。尤其《南方周末》的深度调查报道，几乎每一篇都是新闻作品的典范，让我对记者职业充满憧憬和崇敬。后来读到前新华社社长郭超人先生的名言，说记者“笔下有财产万千，笔下有人命关天，笔下有是非曲直，笔下有毁誉忠奸”，更是让我对记者的责任担当有了清晰的认识。但实际的记者职业，与我的理想相差很远。此后一年多的记者生涯，对我来说是非常失败的。我被分到工商部，主任黄江滨、副主任宋晓玲两位老师对我非常照顾，耐心地帮我修改新闻稿，以至最后的定稿与初稿相比，已经面目全非。新闻写作对语言的锤炼，使我以往写作中枝节散漫的毛病，从此有了很大改观，这是彷徨苦闷的记者生涯给我的一种意外的“补偿”。但我终究不是当记者的料，到 1999 年岁末，我瞒着父母，和同部门的同事马艳玲一起办了辞职手续，到吉林大学去准备再次考研。

我在报社的同事，有很多是吉林大学的毕业生。在他们的帮助下，我在吉林大学前卫路校区附近租房安置下来，然后整整一年时间，都在前卫路校区的食堂或者教室看书。吉林大学学风优良，食堂和教室每天都坐满了自习的人，其中不乏像我这样的“蹭地方”的人。学校管理层对我们这些外来者很宽容，几乎没给我们设置任何障碍，使得我们可以像本校学生一样方便地吃饭、自习、洗澡。在这里，通过同事马艳玲、荣海涛、彭车建等的介绍，我结识了孙平、史海波、关志国、何志鹏、沈刚、管书合等老师，他们当时硕士毕业留校，正在读博或者准备读博。他们与我素不相识，仅仅因为朋友介绍，就对我关爱有加，给我提供了很多帮助。所以对于吉林大学，对于吉林大学的朋友，我一直怀有深切的感念。

再次考研考哪儿？考什么专业？这些问题也曾经让我举棋不定，想过考吉大，也想过考北大。有一次和我的大学同学陈长华联系，其时他已考入复旦古籍所，所以极力鼓动我也考过去，他会帮我了解考研信息。因此，我最终决定报考复旦古籍所古典文献专业。这一次考研终于成功，复旦古籍所在我背水一战的情况下接纳了我，使我终于可以回家去见父母。复旦古籍所由章培恒先生创建，以明代文学研究见长，我的硕士导师郑利华先生，也是明代文学研究专家。在我就读的前后一段时间，古籍所很多硕士和博士论文是做明人年谱，所以导师希望我也做明人年谱。如果不出意外，我本来肯定会按照导师的指导去做。但在读研期间，我很幸运地遇到了吴金华老师。吴老师是中古汉语研究的名家，尤以《三国志》的整理与研究蜚声海内外。吴老师的授课也很有特色，真正做到了深入浅出，复杂的问题经过他的条分缕析，立刻变得简单明了，从而使我这样资质愚钝的学生，也感受到了研究的魅力和冲动。这样，我的学习兴趣很快转到中古汉语方向。吴老师非常善于鼓励学生，比如研究生毕业论文选题，他提倡做专书研究，有一句名言“三年小专家，五年大专家”，鼓励学生把专书研究做深做透，就能成为某一方面的专家。这句话让我深受鼓舞。到硕士论文选题时，我去请教吴老师，最后确定做《曹植集》异文研究。郑老师很宽容，同意了我的选题。到考博时，我本想报考吴老师的博士，但其时其他同学也要报考，为了避免“自相残杀”，所以我转而报考浙大张涌泉老师。

我决定报考张老师，是因为吴老师在课堂上多次引述张老师的研究成果，给我留下了很深的印象。课后找张老师的《旧学新知》《汉语俗字研究》《敦煌俗字研究》《汉语俗字丛考》来看，立刻被张老师的创造性研究和极度的勤奋所震撼，从此坚定了我走汉字研究道路的决心。在读张老师的论文集《旧学新知》中的《论〈四声篇海〉》一文时，就去图书馆找《四声篇海》来看，找到的是《续修四库全书》本，收在第229册。在翻看过程中，注意到在同一册《四声篇海》之前，还有一部金代的字书《新修玉篇》。经过粗略对比，发现二书内容有很多是一致的，《新修玉篇》卷首保存的无名氏序，对于了解金代字书史有重要价值。于是花了一个暑假时间，将二书做了一番对比，写成了此生第一篇研究论文《从〈类玉篇海〉到〈四声篇海〉》，作为中国语言学史的课程作业，交给了苏杰老师。苏老师看后，建议我加上副标题“我国字典编纂史上的一个转折点”。我又将论文交给郑利华老师看，郑老师帮我修改了几处文字。至此，我觉得论文已经比较成熟了，就给张涌泉老师写邮件，提出报考博士的请求，并附上小文作为自己研究能力的证明材料。张老师很快给我回邮件，欢迎我报考。随后我将小文投给了《中国典籍与文化》，因为小文指出了张老师《论〈四声篇海〉》一文因未见《新修玉篇》而导致的一处小错误，所以编辑部请张老师审稿，张老师慨允放行。至此，我确信我想报考的导师是一位真正的学者，因为他作为已经成名的学者，对于一个“菜鸟”指出自己文章中的问题，不仅不打压，还给予鼓励与呵护，这不正是“学术乃天下公器”精神的体现吗？

但我的考博和考研一样，也很不顺利。这一次考浙大，因为英语听力差 2 分，所以没有被录取。张老师向研究生院争取，也没能成功。在我得知消息的时候，已是 4 月底，同学或者读博，或者参加工作，基本都已确定去向，只有我还要慌慌张张地去找工作。幸好老家的安庆师范学院正在招聘教师，我就去应聘，并很幸运地被录用。在安庆师院的两年，我一方面承担古典文献学课程的讲授和古籍所图书资料的整理，另一方面继续准备考博。

2005 年，裘锡圭先生研究团队由北大转至复旦，成立了出土文献与古文字研究中心。我因在学习中深感自己古汉字知识欠缺，而汉字研究应当贯通古今，于是萌生了报考裘先生的想法。这年秋天，我为考博去复旦拜见裘先生。裘先生告诉我，我的古文字学习起步太晚，基础太差，写博士论文恐怕有很大困难，所以劝我继续报考张老师。裘先生的话让我很沮丧，但我还是不死心，这年底同时报考了复旦和浙大。复旦的考试比浙大早一个月，所以复旦的成绩出来后，浙大那边还没开考。我的各科成绩勉强过线，本来不会被录取，但其时张涌泉老师出任复旦出土文献与古文字研究中心主任，裘先生与张老师商量后，我就被转到张老师门下，意外地被录取了。但这些情况都是张老师后来告诉我的，当时我并不知道实情，所以还给张老师写邮件，因为不能去浙大考试而致歉。张老师给我的回复是“祝贺”两个字。

复旦出土文献与古文字研究中心是古汉字研究的重镇。张老师要求我入宝山不可空手而归，在继续近代汉字学习与研究的同时，尽可能多地学习古汉字知识，将古汉字的理论与方法引入近代汉字的研究。但我生性愚钝，虽然努力过，但终究还是辜负了老师的期望。到毕业论文选题时，张老师希望我继续做《新修玉篇》的研究，因为这是新发现的材料，价值很高，我在这方面也已经有一定的积累。但其时我的研究兴趣已经转向汉字的字形演变，认为这是更大、更重要的研究题目。张老师起初担心我驾驭不了这样大的题目，但在我的坚持下，很快转而支持我，认为这是一个有很大延展性的选题，建议我先缩小研究范围，以楷书部件的演变研究作为博士论文的题目，博士毕业以后还可以接着去做。张老师的宽容和鼓励，给了我很大信心。但最后的博士论文，因为学养不足和时间紧张，写得很草率，并没有达到我自己的期待和张老师的要求。幸好张老师以及复旦出土文献与古文字研究中心诸位老师把关，使我避免了很多严重错误，最后侥幸通过了论文盲审和答辩。

博士毕业找工作，又遭遇了很多波折，经历了一些单位的变卦，同时也辜负了很多前辈师长的关爱（此点至今仍心存愧疚），最后终至绝境，待业半年而无处可去。就在我最沮丧的时候，上苍又一次眷顾了我，这次向我伸来援手的是杨宝忠老师。杨老师此前与我素不相识，只因为评阅过我的博士论文，对我有所了解。在偶然得知我处于待业状态后，杨老师立即让他的学生杨清臣与我联系，问我是否愿意到河北大学工作。杨老师的《疑难字考释与研究》，是我做博士论文时的重要参考书，当时就以为是与张老师的《汉语俗字丛考》并肩的两部疑难字考释的典范之作。在绝境之中能够得到杨老师的垂顾，对我来说当然是意外之喜，所以立即回复同意。到河北大学以后，杨老师对我的提携可谓不遗余力，我的点滴进步，都离不开杨老师的关怀。我生性愚钝而散漫，做事效率低下。为了推动我进步，2011 年下半年，杨老师吸纳我进入河北大学博士后流动站从事博士后研究。此时我对很多研究题目都感兴趣，常常东一榔头，西一棒子，没有重点。杨老师告诫我做研究就如同“占山为王”，要有自己的根据地，做一块，就要把这一块做透，不可漫天撒网，分散精力。我于是决定将研究重点放到六朝石刻上来，因为这一块前人虽已做过很多研究，但仍然有大量的问题有待解决。到 2014 年 6 月，我以《魏晋南北朝石刻语言文献研究》书稿作为出站报告，顺利答辩并出站，从而完成了学生时代的最后一份作业。

回顾我的求学和研究经历，我很庆幸我遇到了众多师友的关爱和提携，每逢劫难，总能机缘巧合，得师友垂救，从而一路走到今天。就天赋而言，我的资质可谓下等，记忆力差，理解力差，反应迟钝，不善表达，几乎不具备从事研究的能力。但西方人说：“上帝给你关上了一扇门，一定会为你打开一扇窗。”我很庆幸自己身上一直有一种自由探索的冲劲和追求生命价值的韧性，前者让我追随兴趣探索新知，永不能停歇，后者让我跌倒了能爬起来，绝不服输。我所读过的文学作品，虽然大都已经遗忘，但文学的一个永恒的主题，即寻找生命依托、精神家园，却深深地影响了我。我也一直在给自己寻找生命依托、精神家园，到目前为止，不敢说已经找到，但至少我所从事的学习和研究，可以让我在纷扰的世界中心情平静。也许，这里就是我的安身托命之所。

2. 目前正在从事什么研究？将来有何科研规划？

我目前主要从事近代汉字和石刻文献的研究。

近代汉字研究，是我从接触到张涌泉老师的论著后就确定的方向。第一次考博失败后，我到安庆师院工作，开始规划以后的研究道路。其时已看过张老师的一系列论著，对汉字字形的发展演变有所了解，发现汉字的演变并非杂乱无章、任意发展，而是有很强的规律，这种规律突出地表现在部件演变的规律性上。张老师的《敦煌俗字研究》下编“敦煌俗字汇考”部分，利用各种材料，对收集到的每一个敦煌俗字的来龙去脉做了精细的辨析。受此启发，我想应该从部件的角度编写文字编，广泛搜集各个时期各类不同的文字资料，将同一部件的所有变体按时代先后列于该正体部件下，每一变体再按时代先后列出例字，从而编成《楷书异体俗体部件例字表》。这样编写的文字编，对于研究汉字的发展演变，对于疑难俗字考释，都会有重要的参考价值。这一想法确定后，我此后的所有工作，主要都是围绕这个文字编展开的，每看到有价值的字形，就编排到文字编相应的位置之下。到写博士论文时，文字编所收集的材料已经比较可观，因而得以利用这些材料完成了博士论文。博士毕业后，仍然采取蚂蚁搬大象的做法，一点一点地往文字编中添加材料，目前已积累字形15万以上，字数近200万。但仍然有海量的字形材料还没有来得及去搜集，今后的工作仍然十分繁重。我知道中国古代文献资料浩如烟海，个人穷一生之力，也只能看其中的一小部分。所以我想在有生之年，这个文字编能将唐代以前出土文献和古代重要字书中的字形材料收集得比较齐备，我在这件事上也就没有什么遗憾了。

在搜集字形的过程中，石刻文献是我的重要材料来源。原本打算用十年左右时间，将唐代以前的石刻字形采集完毕。没想到一脚踏入就深陷其中，现在十年已过，我只将六朝石刻字形基本采集完，而数量要多得多的唐代石刻，我还只开了个头。而且在研读石刻材料的过程中，我发现要真正读懂这些文献，远远不只是文字释读的问题，其中还涉及词语考释、典故溯源、世系考证、史事梳理、伪刻辨伪、职官与地理查证等一系列问题。要想解决这些问题，又必须随时学习相关知识，千方百计地搜集相关资料，一点一点地去啃。所以，我想应该给这些石刻材料做出详细的注释，重点解决上述问题，撰成《六朝石刻校注》《唐代墓志选注》，从而为这一时期的石刻研究做一个总结。

目前我的研究重点仍然在六朝石刻。我研读石刻文献的速度很慢，给一篇一千字左右的墓志作校注，常常需要耗费三五天，甚至一周以上的时间。以世系考证为例，墓志中涉及的志主家世和婚宦情况，常常可以与传世文献中的材料互读，但这些材料往往分布极为零散，在史传、世系表、姓氏书、古书注、诗文等材料中都有可能保留，这就需要将出土和传世材料结合起来，搜集这些零散的信息，尽可能拼出比较完整的志主的家世和婚宦情况。这样搜集起来的材料，不仅对于解读墓志十分有用，而且对于了解中古世家大族的世系传承和仕宦婚姻，也具有重要的价值。由此，我便想到要在前辈学者研究的基础上，编写一部《汉至唐代世系表》，通过遍览宋代以前所有相关文献资料，将广泛钩稽与精密考证结合起来，力图全景展现汉唐时代世家大族的世系传承和仕宦婚姻。目前这项工作已积累材料 50 余万字，但离完成还遥遥无期，也可能此生都无法完成。

编写《楷书异体俗体部件例字表》《汉至唐代世系表》，撰写《六朝石刻校注》《唐代墓志选注》，就是我目前的主要工作，也是我今后很长一个时间段的工作。如果这些工作都能高质量完成，那么我此生在学术方面也就没多少遗憾了。

3. 在您求学和研究过程中，对您成长影响较大的著作和学者有哪些（哪几位）？

我很庆幸在求学过程中能遇到很多名师，其中对我影响最大的是吴金华、张涌泉、陈剑、杨宝忠四位老师。佛教说，众生未得佛法教化前，犹如未孵化之禽鸟居于壳中，暗昧不明，不得自由，须以佛法破除之，方能超脱无明，出离三界。教导我的诸位恩师就似如来，以文明与智慧之光，引导我一点点地走出蒙昧，走向自由。当然，因为自身天性愚钝，诸师的高明之处我只可仰望，而遥不可及。也因为自身愚钝，导致很多老师的点化对我没能起到应有的作用，害得老师们枉费了心血，这是我深感愧疚的。所以，这里我只能就自己的体悟，谈一点粗浅的认识。

吴金华老师是引导我步入学术研究的领路人。在遇到吴老师之前，我虽然对古汉语和古文献有兴趣，但对于这方面如何开展研究是一窍不通的。大学时的古代汉语课程，只是告诉我们如何记诵，却并没有教给我们如何去开展研究。传说中的“冷门”“绝学”一类标签，也让我对此敬而远之。因为懵懂无知，所以很容易产生畏惧和神秘感，以为这方面的研究高深莫测，非我这样的愚人所能胜任。没想到到了吴老师的课堂，吴老师以他一向睿智简明的语言，犹如挥舞利剑的大侠，将我心中蒙尘狼藉的蛛网一扫而空。这于我犹如醍醐灌顶，犹如石破天开，破除了以往的迷信，让我第一次感受到学术的魅力，第一次感觉到研究的冲动。从此，我逐渐悟出：学术与文学是殊途同归的，学术研究同样是要开启智慧，同样是要破除各种迷信，同样是要求真求善，同样是要拥抱文明，同样是要奔向自由，同样是要守护个体的价值和尊严。我在文学方面的遗憾，未尝不可以学术来弥补。吴老师授课的具体内容，现在大都已经遗忘，但吴老师对我的学术启蒙，却对我影响至为深远，此生难忘。吴老师的论著《三国志校诂》《三国志丛考》《世说新语考释》《古文献研究丛稿》《古文献整理与古汉语研究》《古文献整理与古汉语研究续集》等，将文献研究与语言研究相结合，析疑解难，创新见解触目皆是，而且行文简洁老到，时而还生动有趣，读来如行山阴道中，美不胜收，可谓中古汉语研究的典范。吴老师的治学方法，我可以学习；但吴老师的文笔，我却永远学不来。因为这睿智的行文之后，是一颗有趣的灵魂。到2020年6月，吴老师离开我们已经整整七年了。我虽然没能成为吴老师的入室弟子，但作为曾经亲炙的不肖弟子，我想对老师说：您的教导我谨记在心，愿天堂中的您继续执教杏坛，教化更多如我一样蒙昧的学生。

张涌泉老师是我在汉字研究方面的领路人。吴老师给我的影响，主要是通过授课；而张老师给我的影响，则主要是通过我研读老师的论著，以及老师帮我修改论文。在读博以前，我已将张老师的主要论著大致看完。在我读博以后，张老师虽然出任复旦出土文献与古文字研究中心主任，但其时仍在杭州，只是偶尔到上海处理一些事务。因为在复旦只有我一个学生，所以张老师在复旦没有开过课。我听过的张老师的课程，只有“近代汉字字形演变研究”一门，是在浙大开的，我从上海到杭州去听，总共只去过三四次。这门课程，对我后来确定博士论文选题起了重要作用。但张老师上课，不像吴老师那样生动有趣。如果将两位老师做个对比，那么二师共同的特点都是朴实而富有创见，但吴老师的朴实透着灵动，而张老师的朴实则更显得厚重。我读张老师的论著，常常为老师敏锐的洞察力和深厚的积累所折服。我想，在和张老师同时代的学人中，他应该是少有的兼具聪敏的头脑、惊人的勤奋和朴素的学风的学者。我写学术论文，就是从模仿张老师的文章开始的。张老师为文，善于谋篇布局，总是能从各个不同的角度，将研究论题剥茧抽丝、有条不紊地展现开来。而这正是我的弱项，所以每逢思路滞塞，打不开局面时，我都会去翻翻张老师的论著，从中寻找灵感，常常会有启发。在研读论著之外，张老师给我影响的另一途径是修改论文。读博期间，我很少见到张老师，平时也很少联系，但若有写得较为满意的论文，我就会发给张老师，请老师指教。张老师第一次给我改论文，是在我读博后不久。十月的一天，张老师来复旦处理公务，事毕后，让我去他在上海的临时寓所。在客厅里，张老师打开电脑里我交给他的那篇论文，一字一句地给我修改。有问题的地方标为红色，老师修改的文字标为蓝色，尚需斟酌的地方标为黄色。一篇论文，大概花了两三个小时才改完，最后的文档花花绿绿，让我既感动又惭愧。我暗暗发誓：以后的论文，绝不允许再被改成这样！所以后来我给张老师交论文，都要事先看好几遍，自认为没问题了，才敢发给老师。果然，老师返回的修改稿，修改的地方逐渐减少。由此我悟出：帮学生修改论文，是导师指导学生的最重要的方式之一。当然，学生也要能举一反三，从被修改的地方找出不足，以后避免类似的错误。如果导师给学生修改论文，一次又一次地如深陷泥沼，而且很多时候还是同样的一片泥沼，我想再好的老师也会失去耐心。

陈剑老师在我读博期间开了两门课：古文字形体源流研究、殷周金文选读。这两门课，都需要学生有比较好的古文字基础才能跟得上。我的基础很差，所以听课就比较吃力，不少地方没听懂，也只好由它去了。陈老师的课，慕名去听的人很多，但选修的人却不多。因为陈老师禀承了裘先生的风格，对课程作业严格要求，大家怕挂科，所以多不敢选。我是选课学生中滥竽充数的一个，虽有听不懂的苦恼，但同时也感受到巨大的冲击。每次上课前，陈老师都会将这次课程涉及的材料印发给大家。比如“古文字形体源流研究”这门课，陈老师就以季旭昇先生的《说文新证》材料为主干，同时几乎将所有相关重要的材料一网打尽，全部复印出来，在课前发给大家。上课时，陈老师常常会围绕某一古文字字形，牵连出一系列相关字形，一一称引各家重要说法，评其优劣，择善而从，最后给出自己的见解，并从各个方面加以严格的论证。陈老师对古文字资料的精通，对先秦秦汉古书的熟稔，对研究现状的了如指掌，对疑难问题的辨析入微，一次又一次地冲击着我的神经，直达灵魂。其时我正在读陈老师的《甲骨金文考释论集》，发现陈老师上课犹如写文章，旁征博引，气势恢宏，一点一点地引导你拨开迷雾，待到谜底揭晓时，让你犹如五雷轰顶，震惊得说不出话来，同时又让你佩服得五体投地。这样的体验，比看《福尔摩斯探案集》还要引人入胜。我常常慨叹：人类最高的智慧，也不过如此！同时也黯然神伤：与陈老师相比，我所做的所谓“研究”，不过是小儿科而已！我想，这就是庸才和天才的差距。陈老师是一个真正纯粹的学者，这一点也很像裘先生。可见唯有真正自由纯净的心灵，才有可能触及人类智慧顶峰的皇冠。我很庆幸遇到了陈老师，让我知道第一流的智慧和第一流的学者究竟是什么样子的，从而鞭策自己，永不敢懈怠。

我与杨宝忠老师结缘始于我的博士论文，杨老师是我的博士论文评审专家之一。在杨老师返回的评审材料中，分为两个部分：一部分是评阅书，寄回复旦研究生院，杨老师在评阅书中对我的论文给了很高评价；另一部分是具体的修改意见，直接寄给了我，将我论文中的错误一一列出，并给出了具体的修改意见。好评写在寄给官方的评阅书里，修改意见写在寄给私人的信件里，既体现了杨老师的宅心仁厚，又体现了杨老师的一丝不苟。这就是杨老师最初给我的印象。在我后来找工作陷入绝境后，又是杨老师救拔我于苦海，使我得以来到河北大学。在河北大学的这十年，我得到了杨老师无微不至的关怀。我的每一个微小的进步，都凝聚了老师的心血。杨老师在文字学、训诂学、文献学等方面都有深厚的积累，尤以疑难字考释饮誉学林。其《疑难字考释与研究》《疑难字续考》《疑难字三考》系列论著，加上正在撰写中的《疑难字四考》，考释历代字书贮存疑难字 4000 个以上，是几十年如一日在同一片研究领地深耕细作的典范，从中可以看出老师的研究手段日益丰富，所使用的材料范围日益扩展，对汉字演变规律的探讨也日益深入。我个人认为，眼光敏锐，思维缜密，心细如发，是杨老师学术研究的最大特色。杨老师的特长我没法学，但老师“占山为王”式的研究，则给我很大启发。我在博士毕业以后将精力主要投向六朝石刻研究，就是直接受到杨老师的启示。另外，杨老师在学科建设方面也倾注了大量心血。河北大学作为高等教育落后省份的地方高校，学科建设极为艰难。但这十多年来，在杨老师的引领下，中国语言文学一级学科和汉语言文字学二级学科都取得了长足进步。汉语言文字学二级学科每一位老师的成长和进步，无不得到杨老师的关心和提携，大家也都以杨老师作为榜样，同事之间关系融洽，研究氛围浓厚。因此，我在这里要向年轻的博士们做一个广告：如果您潜心学术，如果您想攀登学术的顶峰，那么您可以考虑加入河北大学，因为这里有杨宝忠老师，他会是您的伯乐，他会给您创造最好的条件。

4. 如何发现并确定一个体量合适、有持续性的题目作为中长期研究对象？博士论文以外又如何拓展研究领域？

研究题目的选定，应当遵循以下四个原则：

首先，要满足自己的兴趣。可以做的研究题目千千万万，但真正合乎自己兴趣的则要少得多。这就要求我们要多方探索，要反复试错，好比谈恋爱，最后总会找到自己心仪的对象。不要担心试错过程浪费时间，胡适先生说“功不唐捐”，只要你用心去做，所有的探索最后都会给你回报。如果我们不去探索，等着老师给题目，那实在不是好的选择。

其次，选题要具有前沿意识。要熟悉学界相关研究的进展，选题应处于学术研究的最前沿，不可低水平重复。目前在文史研究的各个方面，基本都有了相当深厚的研究积累，未经开垦的学术园地已经很少。今人的研究要想超越前人，就需要在两个方面下功夫：一是综合，二是提高。综合，就是要全面总结已有相关研究成果，作为我们研究的出发点。提高，就是要站在前人的肩膀上，更进一步，取得我们的独创性的研究成果。做好综合的工作，不仅有助于我们避免重复研究，而且在综合的过程中，我们也会受到前人研究方法、经验和成果的激发，不断发现与解决各种旧的和新的问题，从而也为我们的提高工作奠定了坚实的基础。

第三，选题要具有延展性。题目要具有一定的研究广度和深度，不仅毕业论文有东西可写，而且毕业以后还可以从事后续的研究。古人说“拔茅以汇”，今人说“顺藤摸瓜”，毕业论文作为我们学术生涯的起点，最好能由此出发，递相牵引出一系列相关的研究，从而使我们的研究环环相扣，递相为用，左右逢源。如此，则我们研究的广度和深度也就可以不断得到拓展。

第四，选题要具有可操作性。要在自己的能力范围内选题，可以适当超出以利于激发探索的潜能，但不能超出太多。如果将我们的能力设为 N，那么毕业论文选题的难度最好是 N+1，不要超过 N+2，当然也不应该是 N−1。在选题阶段，尤其要注意精读相关的典范性的学术论文和著作，参照它们的研究方法、研究路径、研究材料、框架结构、写作技巧等，尽可能应用到自己的研究中来。学术研究的方法和途径，需要我们在借鉴前人的基础上，逐步探索前进，从而逐渐形成我们自己的风格。切忌在入门阶段“不会走，就想跑”，空无依傍，任意而为，这样只会“盲人骑瞎马，夜半临深池”，身入歧途而不自知。

总之，在汉语言文字学领域，尤其是近代汉字方向，还有海量的文献资料和大量的题目尚未得到彻底研究，所以选题并不是什么难事，只要我们用心去探索，总能找到适合自己的题目。如果我们的博士论文选了一个好的题目，那么我们在做完论文后，也必然会知道我们论文的不足在哪儿，还可以往哪些方向努力，这就是我们拓展研究领域的最好契机。

5. 对于汉语史研究而言，材料和理论都很重要，但硕博士研究生在有限的学习期限内对熟悉材料和掌握理论常常觉得顾此失彼，您对此有何建议？

关于材料和理论问题，汪维辉老师有一篇文章，题目叫《语文学的功底，语言学的眼光》(《文献语言学》第1辑，2015年)，"语文学的功底"大致对应材料，"语言学的眼光"大致对应理论，汪老师说得很好，这两方面都很重要，要尽可能兼顾。

在这方面，我没有什么好的经验，因为我本身就是失败的代表。我本科阶段荒废了学业，硕士阶段上的主要是文献学课程，博士阶段上的主要是文字学课程，二者虽也涉及理论问题，但更多的是强调材料的积累，强调对古书的理解能力。语言学理论方面的课程，我上得很少，几乎没经过什么像样的训练。所以我现在非常后悔，当初有机会学习语言学理论的时候，我轻易地放弃了，导致现在的研究视野比较狭窄，就好像十八般兵器，只会一两种，局限性是显而易见的。所以我认为，年轻人在求知欲旺盛、可塑性很强的时候，应该在做好材料积累的前提下，尽可能多地去学习理论，理论的视野要更重要一些。材料积累是一辈子的事情，早期稍有欠缺，后来还可以补救；而理论学习，则越晚越不利，因为随着年龄的增长，理论学习会越来越困难。所以在这一点上，我作为一个失败的例子，倒是可以提供给大家作为反面的典型。

6. 对初涉汉语史学习和研究的硕博士研究生来说，您觉得哪些学术训练是必要的？在学术训练的过程中，应该具备哪些基本素质？

硕博士生必要的学术训练，我认为至少应该包括以下四个方面：

首先，要培养自己的专长。上文强调了理论学习的重要性，当然，也有人天生对理论问题不感兴趣，这时候也不必气馁，可以在掌握必要的语言学理论的前提下，扬长避短，充分发挥自己的专长，同样可以取得优秀的成绩。这就好比十八般兵器，你只会一两种，但如果你将这一两种兵器运用到极致，同样可以成为武林高手。这比十八般兵器，样样都会一点，但无一精通，显然要好得多。所以技不在多，而在于精，我们得有自己的看家本领。

其次，要掌握搜集和整理材料的方法。前文强调了理论的重要，但如果空谈理论，而没有坚实的材料作为支撑，那这理论就是空头理论，是不可能有生命力的。“眼见他起高楼，眼见他宴宾客，眼见他楼塌了”，用来形容这种理论最贴切不过。所以我们还必须重视材料的积累。如何搜集材料、整理材料，这与研究题目关系很大，题目不同，搜集和整理材料的方法也不同，因而需要我们自己去探索。这里不揣浅陋，提出我自己的做法，供大家批评。我目前主要从事近代汉字和六朝石刻方面的研究，所以我的材料积累大致分为五种：（1）对于文字的考释，将考释结论、研究者、书名或篇名、页码等信息记录下来，按部首编排汇集到一起。（2）对于词语的考释，则将相关信息记录下来后，按音序编排。（3）对于有价值的异体俗体字形材料，则编入《楷书异体俗体部件例字表》。（4）对于汉唐世家大族相关信息，则记入《汉至唐代世系表》。（5）对于石刻研究相关材料，则记入相应的石刻录文之下。这样的材料积累，虽然看起来很耗时间，但实际上事半功倍，不仅自己受益终生，而且将来汇总出版，也会给他人的研究提供方便。

第三，要培养深入研究的能力。学术研究，说到底还是要靠有新意的研究结论立足。近几年给一些刊物审稿，接到的多是青年学者、尤其是硕博士生的论文，总数不下二十几篇，但建议发表的却没有几篇。这些被毙的稿子，多数都存在多方面的问题，但最核心的问题，还是研究结论要么不能成立，要么无甚新意，反映出作者欠缺深入研究的能力。所以青年学者在入门阶段，一定要立下“扎硬寨，打死战”的决心，沉下心去，扎扎实实地做好材料工作，硬碰硬地去解决疑难问题。如果是做某一种材料，建议先校录全文，做出电子版，然后在此基础上，广泛搜集相关资料和研究成果，给这批材料作精校精注，真正吃透这批材料。我相信在这样做的过程中，你一定会有自己的发现，会解决一批疑难问题。这样写出来的文章，有材料，有新见，发表自然不成问题。如果我们总是蜻蜓点水式地读书，总是怀着挖宝的心态去做研究，那么可以肯定，即使真正的宝贝出现在我们眼前，我们也可能会视而不见。

第四，要培养正确的学术观念。现代社会，青年人压力大，而学术研究又是很不轻松的工作，所以硕博士生难免会出现心理问题。心理问题解决不好，轻则影响学习和研究，重则导致满盘皆输。在这方面，我也没什么好的建议。我只想说，心理出现问题，很多时候是因为我们的观念出了问题。作为一个真正的学者，他就应该是意志坚强、淡泊名利的，在他的眼中，学术就是生命。学术研究，是为了探求新知，是为了实现生命的价值，不是为了与他人争强斗胜，更不是拿来换取功名利禄的工具。如果我们做不到这些，那就说明我们不适合成为一名学者，应该趁早退出。

7. 在读硕博士研究生如果以学术研究为志业，必然面临发表论文的问题，在论文选题、撰写、投稿及提高命中率方面，可否介绍一下经验？

这些问题，上文已有所涉及。这里想补充三点：

首先，要重视学术规范。学术写作不同于文学创作，有一套完整的规范，我们应该尽快熟悉并严格遵守这个规范。比如师友、编辑部或审稿专家给我们指出问题、提供材料或者意见，我们都应该在文章的合适部分明确提出并加以致谢。在这方面，我是有深刻教训的。我的第一篇研究论文，苏杰老师建议我加了副标题，郑利华老师帮我改正了几处文字，但论文发表时却由于我的疏忽，未在文中加以致谢。此事现在想来还非常愧疚，愧对两位老师付出的心血。所以硕博士生在入门阶段，就要高度重视学术规范，养成良好的习惯。

其次，投稿不必追求所谓刊物级别。现在有不少核心期刊，或明或暗地已经不发表硕博士生撰写的论文，所以你给他们投稿，即使稿件质量很高，也很难发表。当然，也还有一些好的刊物，仍以文章质量为准，不在意作者身份。不过这后一种刊物，恐怕比前一种要少一些。所以硕博士生发表核心期刊论文，的确越来越难。在这种情况下，如果我们有好的文章在核心期刊发不出来，也不要气馁，可以投给在学界信誉良好的专业刊物，在这些刊物发表，同样可以得到学界的认可。当然，现在有不少高校要求博士生在核心期刊发表多篇论文，才可申请博士学位。这种规定本身虽很不合理，但在目前情况下，我们还只能服从。所以这些高校的博士生，就要在读博后尽早确定毕业论文选题，尽早进入研究状态，从而给论文发表留出时间。如果我们真正写出了好的论文，相信总会有核心期刊愿意发表。

第三，要培养强大的心理承受能力，正确看待退稿，从中寻找自身差距，不断提高自身水平。投稿被拒，可以说是每一个学者必有的经历，包括那些著名的学者。如果我们的论文屡屡被毙，那只能说明它还有问题，我们要找到问题症结所在，努力提高自身水平。在这时候，切忌自视甚高，把责任全都推给编辑和审稿人。这样的心态是很不成熟的，也无助于我们提高自身水平。我自己也遭遇过很多次退稿，当时也曾沮丧，但事后看来，更多的是庆幸和感激。因为这些被退稿的文章，大都或多或少存在一些问题，如果当时让这些文章发表出来，现在更多的恐怕是后悔。所以期刊的退稿，多数时候都是正确的。即使少数确实很不错的文章被退稿，也要能理解，因为绝对的公平是不可能存在的。当然，我们也呼吁核心期刊能善待青年学者，给他们提供公平竞争的环境。即使退稿，也希望期刊编辑部和审稿人给出具体的退稿理由，从而帮助青年学者找到差距，提高水平。那些只给一个冷冰冰的退稿邮件，而不给任何退稿理由，甚至连退稿答复也没有的期刊，我认为它们很不尊重作者，是在自降品格，大家应该少给它，甚至不给它投稿。

8. 请问您进入汉语史专业的初衷是什么？一路走来，您对汉语史专业的认识有没有什么变化？

要回答这个问题，我得先把“汉语史专业”置换成“汉字研究”。我投入汉字研究，主要是受到吴金华和张涌泉两位老师的影响。投入的初衷，主要是两点：一是寻找乐趣。解疑析难的过程，犹如破案，从茫无头绪，到寻找蛛丝马迹，提出和排除各种可能，搜集各种证据，再到揭开谜底，可谓跌宕起伏，真相大白那一刻，有哥伦布发现新大陆的喜悦。人生不如意事常八九，得乐如此，欣何如哉！二是安身立命。人活着，总得解决怎么活的问题。我试过其他的活法，受不了。而学术研究，即使愚钝如我，好像也干得了，虽不如大师名家能决大疑、断大案，而只能解决点小问题，但好歹也算是问题，就如参天大树脚下的小草，也有属于自己的一小片天地。这样活着，很不错。

我对学术研究的认识，总体来说变化不大，但也有一些深化的地方，主要体现在以下两点：

首先，应淡化专业观念。现有的专业划分，自有它一定的道理，但未必合理。学术研究，往往涉及方方面面的问题，需要我们对相关各方面的知识都要有所了解。李学勤先生的治学名言“一些的一切，一切的一些”，应该成为我们的座右铭。“一些的一切”，即学什么东西就要对这个领域已有的一切都懂；“一切的一些”，即对其他领域的知识也都应懂一些（参刘国忠《李学勤：“一些的一切，一切的一些”》,《光明日报》2017年4月19日第16版)。这虽然是极高的要求,很难达到,但至少应该成为我们“取法乎上”的目标。

其次,应对自己的学术人生有一个比较明确的规划。学术研究需要有长远的规划,并需要我们勤奋不懈、持之以恒。在学术研究的入门阶段,最好就要对自己的学术人生有一个较长远的规划,这个规划可以细分为近期、中期和远期三个阶段。近期的学术研究主要围绕毕业论文展开,可以设为五年以内。中期的研究是在前者的基础上,进一步扩大材料范围,做更深入的研究,可以设为十五年以内。长远的研究是在中期规划的基础上,更进一步,在相关研究的多个方面都取得精深的研究成果,可以设为四十年以内。每个阶段的研究计划都尽可能相互衔接,从而由浅入深,力求成为某一专业领域第一流的专家。在这方面,严耕望先生的《治史三书》有很好的建议,大家可以参看。

9. 回顾求学和科研道路,您是不是也走过一些弯路?有无经验教训?是否可以结合具体经历分享一下?

我的求学,走了太多的弯路。本科阶段荒废学业,记者生涯彷徨苦闷,导致我博士毕业,比正常情况至少晚了五年。以前我常戏称,自己经历了半个“文革”,并且这半个“文革”完全是我自己造成的。我曾为此很痛惜,不能原谅自己。但现在我已经释然,因为除了少数觉悟早的人,大多数人在求学阶段并不知道自己适合干什么、能够干什么,所以只能不断地碰壁,不断地探索,因此而走的弯路,是必要的人生代价。并且即使是这些“弯路”,也未尝不可以教给我们很多东西。本科阶段“文青”式的生活，让我自由地去感受美好，未尝不是对自小以来所受应试教育的一种反动。记者生涯的彷徨苦闷，让我知道找到一份适合自己干的职业是多么重要。这些“弯路”，让我的人生更富于色彩，也让我明白了很多道理。

人不是也不应成为机器，学者尤其不应该成为学术机器。生活是第一位的，学术是第二位的。如果我们没有真正地“活过”，那么即使我们在学术上取得了成绩，很大的成绩，这样的人生，是我们想要的人生吗？所以，我们不必过于在意走弯路，只要我们在不断地探索，只要我们在真正地生活，那么那些走过的弯路，也会成为我们的财富。胡适先生的那句“功不唐捐”，对于我们的人生，也是同样适用的。

10. 您是如何平衡自己的科研和日常生活的？您如何看待网络上传说的高校青年教师“007”（零点上班，零点休息，一周工作七天）的生活模式？您平常都会怎么放松身心呢？

饿了吃饭，困了睡觉，平时尽量抓紧时间做研究，但绝不克扣吃饭、睡觉的时间，这就是我对科研和日常生活的安排。我是一个瞌睡虫，每晚得睡七八个小时，中午还得睡一小时，不睡足了，脑袋里如一团浆糊，无法工作。在写博士论文最紧张的时候，我也只是减少了一点睡觉时间，而绝不熬通宵。当时我身边有不少同学经常熬夜，复旦光华楼27楼中心研究生教室的灯火彻夜不灭，成为一道风景，但我一次也没有参与过。所以“007”式的生活，对我来说是不可想象的。我虽然很钦佩这样的好学精神，但并不赞成这样的做法。学术人生是一条比马拉松还要长得多的跑道，我们要善待自己的身体，不要让它过早透支，最好什么时候都不要透支。

我以前有看长篇小说、电视剧和电影的爱好。自从上了学术的“贼船”，长篇小说、电视剧很少看了，但对电影的爱好一直戒不掉。我虽然对学术阅读和学术研究一直怀有浓厚的兴趣，但偶尔也有焦躁、逆反的时候，觉得自己如老僧枯坐，面目可憎。这时候就得找点其他事来做，比如看电影，或者打乒乓球。等心情平复，就又可以重新上路了。

11. 您对汉语史研究有何展望和期待?

这个问题，我得把“汉语史”置换成“汉字史”才能谈，并且还得限于“近代汉字史”。关于这方面的研究展望，我在小文《“近代汉字学”刍议》(《近代汉字研究》第1辑，2018年）最后部分“近代汉字学展望”部分已经谈过，大家有兴趣的话可以参看，这里不再重复。

想补充的一点是:《汉语大词典》的修订工作正在开展,《汉语大字典》第三版的修订工作也将要展开，这对于青年学者寻找研究选题，应该具有一定的启示意义。这两部辞书，是代表国家水平的最重要的两部大型汉语工具书，其修订工作将是一个长期的任务。在研究选题方面，我是主张自由探索、自主确定的。但如果我们的选题，能与国家重大文化工程相结合，我们的研究能直接服务于国家文化战略，那不也是很好的事情吗？所以，我期待青年学者关注这两部辞书的修订，如果能从中找到好的选题从而开展自己的研究，那将是值得高兴的事情。毕竟，对于文史专业而言，一般都认为是“无用”的研究，“学术报国”听起来似乎有些空洞；但这方面的研究，只要取得了真正的成绩，是真的可以“报国”的。

主要论著目录

（一）著作

梁春胜 2013《楷书部件演变研究》，线装书局。

梁春胜 2021《六朝石刻丛考》，中华书局。

（二）论文

梁春胜 2004《从〈类玉篇海〉到〈四声篇海〉——我国字典编纂史上的一个转折点》，《中国典籍与文化》第 2 期。

陈长华 梁春胜 2004《〈曹植集校注〉献疑》，《古籍整理研究学刊》第 5 期。

梁春胜 2005《曹植集词语校释》，《古籍研究》第 2 期。

梁春胜 2005《曹植集校读札记》，《安庆师范学院学报（社会科学版）》第 5 期。

梁春胜 2008《疑难俗字考释札记》，《中国典籍与文化论丛》第 10 辑，北京大学出版社。

梁春胜 2008《利用〈新修玉篇〉考辨疑难俗字举例》，《出土文献与古文字研究》第 2 辑，复旦大学出版社。

梁春胜 2008《曹植佚文辑考》，《古籍整理研究学刊》第 5 期。

梁春胜 2008《〈新修玉篇〉〈四声篇海〉引书考》，《中国典籍与文化》第 4 期。

梁春胜 2010《〈敦煌俗字典〉读后记》，《国学研究》第 25 卷，北京大学出版社。

梁春胜 2010《新版〈汉魏南北朝墓志汇编〉读后记（上）》，《出土文献与古文字研究》第 3 辑，复旦大学出版社。

梁春胜 2010《字书疑难字考释拾遗》，《汉语史学报》第 9 辑，上海教育出版社。

梁春胜 2011《〈新出魏晋南北朝墓志疏证〉疏误举正》，《河北大学学报（哲学社会科学版）》第 3 期。

梁春胜 2011《〈汉魏六朝碑刻校注〉商兑》，《河北师范大学学报（哲学社会科学版）》第 4 期。

梁春胜 2012《利用〈新修玉篇〉考辨疑难俗字》，《中国文字学报》第 4 辑，商务印书馆。

梁春胜 2012《〈汉魏六朝碑刻校注〉商榷》，《语言研究集刊》第 9 辑，上海辞书出版社。

梁春胜 2012《六朝石刻误读举正》，《古典文献研究》第 15 辑，凤凰出版社。

梁春胜 2012《〈汉魏六朝碑刻校注〉校读举正》，《长江学术》第 4 期。

梁春胜 2013《魏晋南北朝石刻俗字考释》，《中国语文》第 4 期。

梁春胜 2013《〈汉魏六朝碑刻校注〉校读举正》，《传统中国研究集刊》第 11 辑，上海人民出版社。

梁春胜 2013《〈汉语大字典〉第二版疑难字例释》，《辞书研究》第 6 期。

梁春胜 2013《大型字典疑难字续考》，《汉语史学报》第 13 辑，上海教育出版社。

梁春胜 2014《六朝石刻疑难字考释》，《语言研究》第 3 期。

梁春胜 2014《六朝石刻疑难俗字例释》，《文史》第 4 期。

梁春胜 2015《隋〈杨通墓志〉辨伪》，《文献》第 4 期。

梁春胜 2015《六朝石刻疑难字例释》，《中国文字学报》第 6 辑，商务印书馆。

梁春胜 2015《大型字典疑难字例释》，《语言研究集刊》第 14 辑，上海辞书出版社。

梁春胜 2015《〈中华字海〉疑难字考释举例》，《中国文字研究》第21辑，上海书店出版社。

梁春胜 2015《〈中华字海〉疑难字例释》,《汉语史研究集刊》第20辑，巴蜀书社。

梁春胜 2016《〈汉语大字典〉第二版虚假义项例析》,《辞书研究》第1期。

梁春胜 2016《六朝石刻讹混俗字例释》,《文史》第3期。

梁春胜 2016《六朝石刻典故词语例释》,《汉语史学报》第16辑，上海教育出版社。

梁春胜 2017《利用传抄古文考释字书疑难字举例》,《中国文字学报》第7辑，商务印书馆。

梁春胜 2017《魏韩君夫人舆氏墓志小考》,《北方文物》第2期。

梁春胜 2017《六朝石刻题名辨正》,《中国典籍与文化》第4期。

梁春胜 2017《新出北朝墓志释录举正》,《经学文献研究集刊》第18辑，上海书店出版社。

梁春胜 2017《北朝佛教石刻俗字例释》,《中国文字学报》第8辑，商务印书馆。

梁春胜 2017《〈汉语大字典〉第二版疑难字考释》,《南京师范大学文学院学报》第4期。

梁春胜 2018《北魏霍扬碑校考》,《文物春秋》第1期。

梁春胜 2018《北朝墓志整理的新收获》,《近代汉字研究》第1辑，河北大学出版社。

梁春胜 2018《"近代汉字学"刍议》,《近代汉字研究》第1辑，河北大学出版社。

梁春胜 2018《新出北朝墓志俗字例释》,《汉字汉语研究》第2期。

梁春胜 2018《隋唐碑志疑难字考释》,《中国语文》第4期。

梁春胜 2018《六朝石刻残损字形例释》,《汉语史学报》第19辑，上海教育出版社。

梁春胜 2019《〈龙龛手镜〉疑难字例释》,《中国文字研究》第29辑，上海书店出版社。

梁春胜 2019《明清刻本疑难俗字例释》,《出土文献综合研究集刊》第9辑，巴蜀书社。

梁春胜 2020《六朝石刻疑难字考释》,《中国语文》第3期。

梁春胜 2020《六朝石刻讹混俗字考释》,《出土文献》第2期。

梁春胜 2020《六朝石刻典故词语考释》,《古汉语研究》第3期。

梁春胜 2020《明清刻本疑难字例释》,《近代汉字研究》第2辑，河北大学出版社。

梁银峰

要打破各个研究方向的界限

梁银峰

男，1972年8月生，河南濮阳人。复旦大学中文系副教授，硕士生导师。研究方向是汉语史。已出版《汉语动补结构的产生与演变》《汉语趋向动词的语法化》《汉语史指示词的功能和语法化》等学术著作7部（含独著、合著、译著、论文集等），发表学术论文70篇。先后主持上海市社科基金项目、教育部人文社科基金项目、国家社科基金项目、复旦大学自主科研业务经费项目等6项。论文曾获全国百篇优秀博士论文奖提名（2003年）、上海市第八届哲学社会科学优秀成果论文类三等奖（2006年）、上海市社会科学界第七届学术年会优秀论文奖（2009年）等，曾入选2013年度复旦大学第二批“卓学人才计划”。

1. 请介绍一下您求学、研究的经历和治学领域。

1995 年 9 月，我考取重庆市西南师范大学（今西南大学）汉语言文献研究所汉语史专业研究生，这是我人生的一个转折点，从此我正式踏上学术之路。我深知此次求学的机会来之不易，因此读书时常常严格要求自己，努力弥补自己知识的短板。攻读硕士期间，我跟随导师喻遂生先生学习研究出土文献和古文字，喻老师参加学术会议，也常常带着我们，如参加全国首届汉语史学术研讨会、重庆市语言学会学术年会等，我们借此了解了当时的学术动向，既开阔了学术视野，同时也认识了不少学者，收获很大。喻老师是一位治学异常严谨的学者，他不仅自己在工作上一丝不苟，对学生的要求也很严格，我写的论文他常常一字一句地修改，记得我写作硕士学位论文的时候，直到论文打印之前还在帮我校对错误。现在回忆起来，喻老师实在是领我走向学术道路的第一人。

1998 年 9 月，我又顺利考上广州市中山大学中文系汉语史专业博士生，导师是唐钰明先生。三年的硕士阶段学习，我虽然在学业上打下了一定的基础，但总的来说，在某一研究方向深度有余而广度不足，知识面偏于狭窄。于是我努力完善自己的知识结构，不断充实自己。唐老师在学术上取得了显著的成就，他对我的要求也很高，但他的指导风格和喻老师不同，很少对学生进行手把手的指导，而更多的是把时间留给学生。这迫使我养成了自己发现问题，解决问题的习惯，整个博士学位论文的写作，基本上是我独立完成的。

2001 年 6 月在中山大学中文系获得博士学位后，同年 7 月我进入中国社会科学院语言研究所做博士后研究，联系导师是江蓝生先生。在中国社会科学院语言研究所从事博士后研究期间，江先生和我、同门杨永龙师兄、石锓师兄成立了学习研讨小组，学习研讨小组定期举行，每次我们轮流发言，江先生做学术点评。虽然持续的时间不长，但能当面得到江先生的教导，学习江先生的治学方法，感受江先生的人格魅力，实乃我人生一大幸事。在写作博士后出站报告时，江先生曾经给予了我许多热情耐心的指导，出站报告完成后，我还有幸得到了曹广顺先生、吴福祥先生提出的宝贵建议和无私帮助。江先生和曹先生、吴先生是国内近代汉语学界的著名专家，他们的学风和人格对我日后走上汉语史研究这条道路产生了积极的影响，从那时起，我渐渐对近代汉语产生了浓厚的兴趣。

2003 年 7 月至今，我在复旦大学中文系任教。现为复旦大学中文系副教授，硕士生导师。我的专业是汉语言文字学，研究范围涉及汉语史、语法化和古文字等领域，研究专长是汉语历史语法和词汇。已出版《汉语动补结构的产生与演变》《汉语趋向动词的语法化》《汉语史指示词的功能和语法化》等学术著作 7 部（含独著、合著、译著、论文集等），参编教材 2 种，发表学术论文 70 篇。先后主持上海市社科基金项目、教育部人文社科基金项目、国家社科基金项目、复旦大学自主科研业务经费项目等 6 项。

2. 目前正在从事什么研究？将来有何科研规划？

攻读博士期间，我的博士论文写的是“汉语动补结构的产生与演变”，博士后出站报告是“汉语趋向动词的语法化”（博士论文的后续研究）。来到复旦大学中文系参加工作以后，由于教学的需要和个人的学术兴趣，我涉及过汉语史上的指示词、复合句等专题，曾陆续申请到上海市社科规划一般课题“汉语指示代词的语法化及相关构式研究”、教育部人文社会科学研究青年基金项目“古汉语主从句和从属句的产生及其演变”、国家社会科学基金一般项目“汉语指示词系统的历时演变”等课题，目前这些研究项目均已结项。

最近我对上古汉语语气词产生了一定的兴趣，目前正在努力撰写有关这方面的论文。在未来几年内，我有意从言语互动的视角对上古汉语语气词的语法性质、语法功能、语用功能、形成途径和相关功能蜕变等问题进行系统研究，力图探讨上古汉语语气词在不同语体中的语用限制，区分出上古汉语语气词的层次，最终构建上古汉语的语气词系统。在此基础上，我还打算探求中古、近代汉语语气词的递嬗演变规律。

3. 在您求学和研究过程中，对您成长影响较大的著作和学者有哪些（哪几位）？

我在攻读硕士和博士学位期间，曾先后受教于喻遂生先生、张显成先生、曾宪通先生和陈伟武先生等，对商代甲骨文、周代铜器铭文以及战国秦汉简帛文字和纳西东巴文有一定了解；我的三位导师喻遂生先生、唐钰明先生和江蓝生先生又分别是国内古文字学界、古代汉语学界和近代汉语学界的著名学者，三位导师的学术思想和学术品格对我的成长产生了潜移默化的影响。在求学和研究过程中，我努力吸收众家之长，力图拓宽自己的研究领域和研究视野。在研习过程中，除了三位导师的论著是我重点学习的范本外（如喻遂生师《甲金语言文字研究论集》，巴蜀书社，2002 年；唐钰明师《著名中年语言学家自选集·唐钰明卷》，安徽教育出版社，2002 年；江蓝生师《近代汉语探源》，商务印书馆，2000 年），Hopper & Traugott 的 *Grammaticalization*（Second Edition，Cambridge University Press，2003）以及王力先生的《汉语史稿》（修订本，中华书局，1980 年）、杨伯峻和何乐士先生的《古汉语语法及其发展》（修订本，语文出版社，2001 年）、太田辰夫先生的《中国语历史文法》（修订译本，蒋绍愚和徐昌华译，北京大学出版社，2003 年）、赵元任的《汉语口语语法》（吕叔湘译，商务印书馆，1979 年）、吕叔湘先生（主编）的《现代汉语八百词》（商务印书馆，1980 年）和朱德熙先生的《语法讲义》（商务印书馆，1982 年）等也是我经常参考和引用的著作，这些著作的理论和研究方法对我的学术研究影响很大。

在求学过程中，尤其是刚踏进学术研究大门不久，我写论文时曾经有意模仿自己的导师或其他前辈学者的文风（当然，入门久了，博采众长，才会形成自己的学术风格），但我感觉不能机械地模仿，而是应该学习他们的研究方法，学习他们如何发现有价值的题目，学习他们如何对自己论文中提出的观点进行论证。

比如对于汉语史这门学科来说，为了论证自己的观点，论文举出什么样的例句有时就很有讲究，首要一点是举出的例句要有较强的说服力，要让读者一看到你所举的例句就频频点头，有眼前一亮的感觉。还有一点，论文举例句是为了证明自己的观点，如果三个例句能够说明问题，就决不举第四个。我在教学工作中经常碰到这样的情况，很多研究生担心论文的字数不够，老是不舍得压缩字数，删减例句。其实有时候言多必失，例句过多反而效果不好（除非在考察某种语言现象的产生年代时才需要穷尽性地列举所有例句）。比如三个例句已经足够说明问题了，而第四、第五个例句恰恰有歧解，或者由于没有仔细阅读原文而举的例句不当，像这种由于多举例句而给读者留下不好印象的情况本来是完全可以避免的，没有第四个、第五个例句，文章的观点照样也能成立。

此外，学术研究本来就很辛苦，自己写出来的论文终究是要让人看的，如果论文的语言艰涩难懂，读者读好几遍还不明白你到底在讲什么，而且思路混乱，逻辑不清，这样的论文就算不上成功。每次写完一篇论文，我都要反复读几遍，有时还要高声地念出来，看看有没有语病，句子是否通畅。如果读者拿到一篇学术论文，很想从头读到尾（也就是有“文气”，虽然语言学论文不是文学创作），这样的论文才算是合格的。在这一点上，我的博士导师唐钰明先生对我的影响很大。我记得唐老师在20世纪八九十年代发表了一系列关于汉语史上被动句、判断句等专题的论文，他的文章逻辑严密，语句流畅生动，直到现在我还反复拜读。

4. 如何发现并确定一个体量合适、有持续性的题目作为中长期研究对象？博士论文以外又如何拓展研究领域？

我觉得很难预先设定一个体量合适、有持续性的研究题目，一个站在学术前沿而又具有研究潜力的题目一定是从平时刻苦阅读和钻研文献（包括古代典籍和前人的研究文献）的过程中得来的，只有在阅读文献的过程中才会获得灵感，才能找到适合自己的题目。

据我的观察和体会，汉语史研究领域的选题，大致可以分为历时性的专题研究和专书、断代研究。两种研究各具特色，选择哪一种要视自己的研究兴趣和学术背景而定。就我个人而言，我更倾向于写小题目，从小处入手，研究具体问题，一来论旨集中，二来容易驾驭。我的一个研究心得是，在某一个题目研究到一定程度时，往往会引出一个“副产品”，这个副产品又会成为日后自己的研究对象。这样由点及面，会逐渐形成自己的学术理念。

就我个人来说，我当初的博士论文题目是“动补结构的产生与发展”，这个选题事先和我的导师唐钰明先生进行过商议，论文选题和写作思路得到了唐老师的肯定与鼓励。由于动补结构的语义类别复杂，我最初的设想是研究的范围既包括动结式，也包括动趋式。但随着研究的深入，我发现在一篇博士学位论文内很难将这两个次范畴的产生与演变问题完全研究清楚。而且与动结式相比，动趋式的历史发展及汉语趋向动词的语法化有其特殊性，故而博士论文中未对后一问题展开研究。这也成为后来我在中国社会科学院语言研究所跟江蓝生先生读博士后期间出站报告的研究课题。

不仅好的博士论文选题及相关问题会给自己确定一个中长期的研究对象，如果是在高校工作，教学实践也会不断给自己带来新的研究课题。我最近出版的两本专著《汉语史主从句和从属句的产生及其演变》(上海人民出版社，2016 年 12 月）和《汉语史指示词的功能和语法化》(上海教育出版社，2018 年 4 月）就是我来到复旦大学中文系工作以后的研究成果。一般来说，博士论文多是围绕某个专题进行系统深入的研究，而在给中文系本科生或者研究生上课时不可能一直讲自己的博士论文，讲课的内容必定要求很全面，在上专业课时对于汉语史学界的传统热点问题和研究现状需要全面把握，对于相关研究论著要很熟悉，这样才能推荐给学生。更重要的是，在讲授或者涉及某个学术专题时，任课教师向学生介绍研究动态是一方面，谈一下自己的观点是另外一方面。要达到上述教学要求，无形中会给自己带来较大的工作压力，会迫使自己阅读大量的研究文献，教师在课堂上和学生的思想碰撞往往会触发灵感，所谓教学相长，就是这个道理。

5. 对于汉语史研究而言，材料和理论都很重要，但硕博士研究生在有限的学习期限内对熟悉材料和掌握理论常常觉得顾此失彼，您对此有何建议？

当前的汉语史研究，某种程度上存在着盲从西方语言学理论的风气，我始终认为，唯有扎根于汉语事实，熟读古代文献，然后在此基础上吸收和借鉴西方的语言学理论，才能不断取得突破。对于硕博士研究生而言，由于需要在有限的学习时段内写出一篇高水平的学位论文，不可能在遍读重要的语言学理论著作之后再选题。我认为，在确定好学位论文选题之后，可以围绕论文选题选择相关语言学理论著作，有针对性地加以研读。这是一个相对高效而又便捷的学习途径。

博士论文的选题很重要，它将直接奠定青年学者的研究基础和决定青年学者在未来几年甚至十几年的研究方向。好的论文选题，既要注重实证，又要追求学术观点上的创新。对于一个初涉汉语史研究领域的青年学者来说，如果处理不好两者的关系，很容易走向两个极端。一是由于过于注重文献考察，以至于把自己埋没在价值不大的纯粹文献描写与数据统计当中（如果缺少现代语言学理论的指导，对于某一具体语言现象没有可靠的界定标准，论文中的某些数据统计是否具有参考价值也要打个问号），只是为描写而描写，为划分句子的结构层次而划分，自己在文章中究竟想表达什么观点，有哪些重要结论和创新，好像都不重要了；二是先入为主，事先还没有调查取证，头脑中已经有了自己的观点了，完全用西方的现成理论去套汉语的事实，由于缺少汉语言文字学的学术功底，往往导致文章中“硬伤”不断。

6. 对初涉汉语史学习和研究的硕博士研究生来说，您觉得哪些学术训练是必要的？在学术训练的过程中，应该具备哪些基本素质？

随着汉语史研究的不断深入，现在越来越强调要打破各个研究方向的界限。对于初涉汉语史学习和研究的硕博士研究生来说，文字、音韵、训诂等传统小学是基本的学术训练，在此基础上，还需要学习和掌握现代语言学的理论（包括句法学、语义学、语用学、语音学等分支学科）。如果毕业后将来有志于一直从事学术研究，那么除了英语外，再掌握一门外语（哪怕是一门国内少数民族语言）也是非常有必要的。因为掌握的外语越多，学术视野越开阔，自己的知识框架牢固，再加上自身持续不断的努力，这样在学术研究上才会有所突破。

我在教学工作中有时会碰到这样的现象，如果一个研究生是搞音韵学的，那么他便不关心语法现象；同样，如果是搞历史语法或词汇的，便很少关注音韵学现象；研究出土文献或古文字的，对于传世文献和唐宋以后的近代文献却很陌生，对语言学理论知识很贫乏，这样很容易把自己限制在狭小的藩篱内。如果将来有志于学术研究，这种治学态度是不可取的。由于视野不开阔，知识背景不够，写出来的论文很难有亮点。在这方面，我的博士后联系导师江蓝生先生一直是我学习的榜样。江先生是汉语史和近代汉语学界的权威专家，她在探讨近代汉语虚词的源流时，常常不满足于对某个近代汉语虚词本身语法功能的阐释，而还要结合它的语义、语音、语用特点等加以论证。不仅如此，江先生在研究近代汉语时还经常上联上古汉语，下引现代方言，甚至异质语言（境内少数民族语言或国外语言）。由于学术视野开阔，再加上深厚的语言学理论素养，江先生常常将一个抽象的近代汉语虚词源流问题阐述得深入浅出，让人不由自主地接受她的观点。

7. 在读硕博士研究生如果以学术研究为志业，必然面临发表论文的问题，在论文选题、撰写、投稿及提高命中率方面，可否介绍一下经验？

我不是权威专家，发表过的有影响力的论文也十分有限，谈不上有什么经验，只能就自己的发文经历简单说几句。

在论文选题上，大致可以分为立论（自己提出一个前人从未研究过的新题目）和驳论（针对老问题提出一个新观点或者直接与别人商榷）两种。对于在读的硕博士生来说，由于学术积累尚浅，选择后者就显得较为切合实际。选择后者时论文一定要写出新意，要么提出了新材料，要么提出了新观点。只要具备其中一个方面，论文的命中率就较高。

8. 请问您进入汉语史专业的初衷是什么？一路走来，您对汉语史专业的认识有没有什么变化？

同大多数读中文系的人喜欢文学专业一样，我最初对古典文学，尤其是唐宋文学感兴趣，考研时由于调剂，最后考入西南师范大学（今西南大学）跟随喻遂生老师学习甲骨文和出土文献语法，虽然在研究方向上也是汉语史，但当时懵懵懂懂，对这门学科的认识并不深刻。后来又幸运地考入中山大学中文系，在唐钰明老师门下学习汉语语法史和汉语词汇史，毕业后旋又进入中国社会科学院语言研究所跟随江蓝生老师重点学习近代汉语，随着研究视野的拓展，对汉语史这门学科的认识也在逐步加深。

如果从读硕士算起，至今已有 25 年，随着时间的推移，我对汉语史研究的兴趣也越来越浓厚。如果要谈对汉语史专业的认识有什么变化，我的切身感受是，汉语史研究作为一门学科，首先是一门实证的科学，材料的获取和使用是汉语史研究的前提和保证，有时甚至是学术创新的体现（如出土文献语言研究）。但另一方面，我们有时也会经常看到，在面对相同语料的前提下，学术界有时会做出不同甚至是完全相反的结论。比如上古汉语的旁指代词“他”是唐五代以后第三人称代词“他”的前身，这是汉语史学界所公认的，但对于魏晋南北朝至晚唐五代这段历史时期的文献中的不少“他”字，究竟是看作表示回指的、有定的第三人称代词的萌芽，还是仍然看作表示泛指的、无定的旁指代词，由于很多学者的语感不同，对“他”字性质的判定也不同。又如陕西关中方言的指示词“兀”，有的学者认为它在语义属性上表中指，而有的学者却认为表远指，究竟孰是孰非？对于关中方言同一个指示词，学界却出现了不同的定性，这说明理论框架在汉语史研究中也起着重要作用。

在教学工作中，经常有研究生向我诉苦说，题目都被别人研究遍了，不知道该写什么，这其实还是自己平时读书不多，学术素养的积累不够造成的。面对历史上丰富的文献宝藏，面对同样的材料，为什么有人能够发现问题，而有人却不能？问题的发现和学术观点的创新无疑来自于平时的刻苦阅读和敏锐的学术眼光。

9. 回顾求学和科研道路，您是不是也走过一些弯路？有无经验教训？是否可以结合具体经历分享一下？

学术研究的实质是求真，因而学术研究的最高境界是做人，人品好，学问才好。唯有文章与人品并重，才能做出一些成绩。所谓道德文章，大概就是如此。在求学和科研的道路上，我深感距离这一目标还有很大差距，在今天看来过去的一些经历难免会给自己留下一些遗憾，我愿以此警诫自己，力求做得更好。

回首自己走过的路，教训之一是在写论文时如果参考别人的研究文献中的观点不能掠人之美。我记得在西南师范大学（今西南大学）汉语言文献研究所跟随喻遂生老师攻读硕士研究生时，有一次喻老师让我写一篇关于转注方面的文献综述，我当时参考了本校著名古文字专家刘又辛先生论文中的观点，却未在正文中注明，喻老师发现后在课堂上狠狠地批评了我，让我以后千万不能再犯这种错误，我顿时觉得脸上火辣辣的，惭愧极了，坐在旁边的同门师妹也吓得吐了吐舌头。这件事让我印象深刻，终生难忘。

教训之二是，读书要字字落实，务求甚解。我在给学生上课时有时听他们反映，读别人的文章，感觉都有道理，觉得没什么题目可以写了，都研究透了。我告诉他们，一篇文章在专业期刊上发表了，在观点的论证上总会自圆其说，总有打动主编和审稿专家的地方，但这并不意味着那篇文章就没有问题或者不足了，学术研究总是无限接近真理，一定要带着挑剔的眼光去看，对于别人文章中引用的前人研究文献和古籍例句，记得不可盲从，要记得核查出处或原文，这样才有可能发现问题。也许就是一个不经意的例句给自己带来意外的收获。我们可能会有这样的体验，如果是哪位学术名家或学术大家的文章，我们想当然会认为他们引用的例句应该是可靠的，就不用核对原文了。但即使如此，我也经常提醒自己和告诫学生，不能偷懒，一定要老老实实地查找原文。

教训之三是，每每写完一篇论文，我感觉没有什么问题了，但一经别人提醒和点拨，发现仍然存在纰漏。我由此深深地感到，一个人在写文章时即使考虑得再周密，也还是有局限性的，所以在时间和条件允许的情况下，经常参加学术研讨会，把自己的论文提交给大会讨论，接受与会专家同行的批评和建议，是一个不错的选择。我认为，如果想要写好一篇漂亮的论文，乃至想要在汉语史研究领域做出一点成绩，除了自身的不懈努力外，周围同事、领导的支持和学界诸多前辈、师友的帮助也很重要。总结自己过去写过和发表过的文章，我发现有的文章在学术会议上得到过诸多前辈、师友的指正，有的文章得益于与同事的讨论，有的文章写作的起因是在教学过程中得到的启发，或者在指导研究生写作论文的过程中获得的感悟，还有的文章在修改过程中得到了匿名审稿专家提出的宝贵修改意见。总之，自己的成功和周围人的帮助是分不开的。青年教师精力旺盛，思维敏捷，容易接受新理论，发现问题也快，这当然是好事，但在与师长、同行和同事交往时言行、态度要谦恭，对于别人的帮助要懂得感恩。

10. 您是如何平衡自己的科研和日常生活的？您如何看待网络上传说的高校青年教师“007”（零点上班，零点休息，一周工作七天）的生活模式？您平常都会怎么放松身心呢？

既然选择走上学术道路，把科研看得很重，这固然值得肯定，但如果讲究方法，完全可以把科研和日常生活平衡好，把精力投入到科研上和在生活中做一个健全的人，懂得生活情趣的人，其实并不矛盾。

学术研究是一项终生的事业，不是一朝一夕的事，网上所谓“007”生活模式，其实是以牺牲身体为代价，我认为是不可取的。看看身边或网上的报道，不少成就卓著的学者英年早逝，除各种意外因素外，不注意爱惜自己的身体恐怕是一个重要原因。把科研和工作放在重要位置，同时腾出一部分时间陪伴家人经营家庭，并注意锻炼身体，既是我平时追求的生活状态，也是我对大家的建议。

11. 您对汉语史研究有何展望和期待？

有两点展望，也可以说是自己努力的方向，说得不对请大家忽略。第一，汉语史研究不纯粹是汉语本身的研究，必须把汉语的事实和历史演变置于跨语言的背景下，唯有如此，才能更好地解释、揭示和总结汉语的现象和发展规律。第二，学术研究总是后出转精，汉语史这门学科要焕发出活力，需要源源不断地注入新鲜血液。对于青年教师来说，我希望他们既要吸收我国传统汉语言文字学的精华，加强汉语事实的搜集与整理，又要有国际视野，能够与国外语言学界交流，把自己的研究成果推广出去。这既是我对汉语史研究的期待，也是我对自己的鞭策，在此愿与大家共勉。

主要论著目录

（一）著作

梁银峰 2006《汉语动补结构的产生与演变》，上海学林出版社。

梁银峰 2007《汉语趋向动词的语法化》，上海学林出版社。

曹广顺 梁银峰 龙国富 2011《〈祖堂集〉语法研究》，河南大学出版社。

梁银峰 2013《汉语语法词汇史专题研究》，上海社会科学院出版社。

梁银峰 2016《汉语史主从句和从属句的产生及其演变》，上海人民出版社。

梁银峰 2018《汉语史指示词的功能和语法化》，上海教育出版社。

（二）教材

陈引驰 周兴陆主编 梁银峰参编 2019《中国文学经典》（三卷本），华东师范大学出版社。

张世禄主编 梁银峰参编（上编“通论”第二章词汇部分）2020《古代汉语教程》第四版，复旦大学出版社。

（三）译著

梁银峰 2008《语法化学说》（第二版），复旦大学出版社。

（四）论文

梁银峰 1998《甲骨文名词的语法功能》，《川东学刊》第

1 期。

梁银峰 1999《论近代汉语的动词词头“打”》,《中山大学研究生学刊》第 4 期。

倪彩霞 梁银峰 2000《“抱布贸丝”的“布”究竟是什么?》,《语文月刊》第 12 期。

梁银峰 2000《甲骨文形容词研究》,《汉语史研究集刊》第 2 辑，巴蜀书社。

梁银峰 2001《先秦汉语的新兼语式——兼论结果补语的起源》,《中国语文》第 4 期。

梁银峰 2002《帛书〈五十二病方〉和〈武威汉代医简〉中的特殊使役句及其在后世的演变》,《古文字研究》第 24 辑，中华书局。

梁银峰 2003《“啄雌鸽杀”的“杀”是表结果的不及物动词吗?》,《中国语文》第 2 期。

梁银峰 2003《汉语“Sp+Vt+Vi”句型的历时分析》,《汉语学报》第 5 期。

梁银峰 2003《隋唐以前的“受事主语 + 及物动词 + 不及物动词”句型》,《汉语史研究集刊》第 6 辑，巴蜀书社。

梁银峰 2004《时间方位词“来”对事态助词“来”形成的影响及相关问题》,《语言研究》第 2 期。

梁银峰 2004《汉语事态助词“来”的产生时代及其来源》,《中国语文》第 4 期；又收入冯力、杨永龙、赵长才主编《汉语时体的历时研究》，语文出版社，2009 年。

梁银峰 2005《论汉语趋向补语产生的句法动因——从东汉魏晋南北朝出现的三种句法格式谈起》,《汉语史学报》第 5 辑，上海教育出版社。

梁银峰 2005《西汉结果补语的发展》,《古汉语研究》第 1 期。

梁银峰 2005《论汉语动补复合词的词汇化过程》,《语言研究集刊》第 2 辑，上海辞书出版社。

梁银峰 2005《汉语动相补语“来”“去”的形成过程》,

《语言科学》第6期。

梁银峰 2005《对上古汉语的一组同义词“书、名、文、言、字”的考察——兼议“同义连文”的形成动因》,《汉语史研究集刊》第8辑，巴蜀书社。

梁银峰 2006《论中古汉语“V_1+NP+V_2”结构的性质》,《简帛语言文字研究》第2辑，巴蜀书社。

梁银峰 2006《“V+了+O”格式来源的再探讨—兼谈事态助词“了”的来源》,《语言研究集刊》第3辑，上海辞书出版社。

梁银峰 2006《〈祖堂集〉中多功能副词“却”的综合研究》,《21世纪的中国语言学（二）》，商务印书馆。

梁银峰 2007《汉语事态助词“去”的形成过程》,《语言研究集刊》第4辑，上海辞书出版社。

梁银峰 2007《目的标记“来”“去”的形成过程》,《汉语趋向动词的语法化》，学林出版社。

梁银峰 2007《祈使语气词“来”的形成过程》,《汉语趋向动词的语法化》，学林出版社。

梁银峰 2008《魏晋南北朝时期的“V+却（+O）”结构》,《贵州大学学报（社会科学版）》第3期。

梁银峰 吴福祥 贝罗贝 2008《汉语趋向补语结构的产生与演变》,《历史语言学研究》第1辑，商务印书馆。

梁银峰 2008《〈语法化学说〉(第二版）中文译本导言》,《语法化学说》(第二版）中文译本，复旦大学出版社。

梁银峰 2008《近代汉语介词“去”的产生和消亡》,《语言研究集刊》第5辑，上海辞书出版社。

梁银峰 2008《〈祖堂集〉助动词研究》,《现代人文：中国思想·中国学术》上海市社会科学界第六届学术年会文集（2008年度）哲学·历史·文学学科卷，上海人民出版社。

梁银峰 2009《近代汉语“去”字辨疑》,《中国语文》第3期。

梁银峰 2009《〈祖堂集〉中的语气词“摩”及相关问题》,《汉语史研究集刊》第12辑，巴蜀书社。

梁银峰 2009《现代汉语“X来”式合成词溯源》,《语言科学》第 4 期；初稿收入戴耀晶主编《语言的描写与解释：胡裕树先生诞辰 90 周年纪念文集》，复旦大学出版社，2019 年。

梁银峰 2009《〈祖堂集〉介词研究》,《语言研究集刊》第 6 辑，上海辞书出版社。

梁银峰 2009《上海博物馆藏战国楚竹书语法问题札记》,《中国的立场：现代化与社会主义》上海市社会科学界第七届学术年会文集（2009 年度）· 青年学者文集，上海人民出版社。

梁银峰 2010《〈祖堂集〉的时间副词系统》,《长江学术》第 1 期。

梁银峰 2010《〈祖堂集〉的语气副词系统》,《宁夏大学学报（人文社会科学版）》第 1 期。

梁银峰 2010《古汉语［主语 + 之 + 谓语］s 的修辞色彩及其成因》,《当代修辞学》第 3 期。

梁银峰 2010《〈祖堂集〉的范围副词系统》，复旦大学中文系编《卿云集》第 3 编，复旦大学出版社。

梁银峰 2010《论汉语持续体标记“着”和进行体标记“着”的语法化路径》,《语言研究集刊》第 7 辑，上海辞书出版社。

梁银峰 2011《古汉语中的标补词“夫”初探》,《古汉语研究》第 2 期。

梁银峰 2011《东汉至唐五代时期“他 +N”格式中“他”的语法功能及其流变》,《语言科学》第 3 期。

梁银峰 2011《汉语结构助词“底”来源考论》,《语言研究集刊》第 8 辑，上海辞书出版社。

梁银峰 2011《现代汉语“NP+ 的 +VP”结构的历史层次》,《黎锦熙先生诞辰 120 周年纪念暨学术思想研讨会论文集》，中华书局。

梁银峰 2011《〈汉语形容词重叠形式的历史发展〉评介》,《濮阳职业技术学院学报》第 6 期。

梁银峰 2012《论上古汉语的指示代词在不同语体中的指示性》,《当代修辞学》第 1 期。

梁银峰 2012《从历史来源看“们”的语法意义》,《重庆广播电视大学学报》第2期。

梁银峰 2012《汉语系词“是”的形成机制》,《语言研究》第4期。

梁银峰 2012《第三人称代词“他”的判别标准》,《语文研究》第4期。

梁银峰 2012《关于系词“是”的产生年代和形成途径》,《语言研究集刊》第9辑,上海辞书出版社。

梁银峰 2013《近代汉语句末助词“裹”的来源辨议》,《中国学研究》第16辑,济南出版社。

梁银峰 2013《近代汉语“他谁”的源流》,《历史语言学研究》第6辑,商务印书馆。

梁银峰 2013《上古汉语指示词“是”的语义属性》,《语言研究集刊》第11辑,上海辞书出版社。

梁银峰 2014《汉语焦点标记“是”的产生时代及其来源再探》,《古汉语研究的新探索》,语文出版社。

梁银峰 2014《关于上古汉语“为”字被动式的再讨论》,《继承与创新——庆祝西南大学汉语言文献研究所建立三十周年论文集》,西南师范大学出版社。

梁银峰 2014《上古汉语时间从句“主语+之+谓语(+也)”探索》,《语言研究集刊》第12辑,上海辞书出版社。

梁银峰 2015《从修辞的视角看宋金元明文献中指示词“兀底(的)”的语义属性》,《当代修辞学》第1期。

梁银峰 2015《试论上古汉语中由“之”引导的预指性主从句》,《语言科学》第3期。

梁银峰 2015《中古汉译佛经和敦煌变文中由“于”引出的宾语小句》,《清华中文学报》(台湾)总第13期。

梁银峰 2015《中古近代汉语指示词“箇(個、个)”的语义属性及其在现代汉语方言中的流变》,《语言研究集刊》第14辑,上海辞书出版社。

梁银峰 2015《再论上古汉语指示词“之”的语义属性——基于语篇照应的视角》,《语言研究集刊》第15辑,上海辞书出版社；又收入张豫峰、卢英顺编选《革新与开拓：复旦中文学科建设丛书·汉语语法卷》，商务印书馆，2018 年。

梁银峰 周涛 2017《近代汉语时间从句“VP（之）次”探析》，《汉语史研究集刊》第 22 辑，四川大学出版社。

梁银峰 2017《从交互主观性的角度看“既”字句的主句化和句子化》，《古汉语研究》第 2 期。

施思 梁银峰 2017《中古汉译佛经中的“与 +NP+ 俱”结构》，《语言研究》第 4 期。

梁银峰 2017《再论上古汉语“名而动”结构的语法性质及其来源》，张豫峰、曹秀玲主编《现代汉语句式研究》第 2 辑，复旦大学出版社。

梁银峰 2017《从历史来源看古汉语“NP+（之 +）VP 者”结构的语法性质》，《东方语言学》第 17 辑，上海教育出版社。

梁银峰 2018《论后置词“所”的功能、形成途径和动因》，《汉语史研究集刊》第 24 辑，四川大学出版社。

梁银峰 2018《重论古汉语语气词“已”的语法意义和形成途径》，《语文研究》第 3 期。

梁银峰 2018《“数 + 量 + 名”格式的形成机制刍议》，《汉语史学报》第 19 辑，上海教育出版社。

梁银峰 2019《句末语气助词“的”的来源和形成机制》，《语言研究集刊》第 23 辑，上海辞书出版社。

梁银峰 2020《汉语史上语言接触引发的语法化机制探究》，卢英顺、陈振宇主编《胡裕树先生 100 周年诞辰纪念文集》，复旦大学出版社。

梁银峰 2020《关于上古汉语语气词“也”动态用法的例证辨析——附论语气词“也”动态用法的衍生途径》，《语言研究集刊》第 26 辑，上海辞书出版社。

Hua, Zhenhong and Liang, Yinfeng 2005 On the Initial Exploration of Technical Word in Middle Chinese. *Cross-cultural Commutication*.Volume 2, Number2. Canadian Academy of Oriental and Occidental Culture.

田炜

学术研究是为了求真、求是、求实

田炜

男，1980年生。1999年考入中山大学中国语言文学系，2008年获文学博士学位，曾任复旦大学中国语言文学学科博士后，现为中山大学中国语言文学系教授、博士生导师。

曾在《中国语文》《“中央研究院”历史语言研究所集刊》等学术刊物发表论文40余篇，出版《古玺探研》、《西周金文字词关系研究》、《田炜印稿》、《出土战国文献字词集释》（第一卷上、第三卷）等著作，曾获第十八届中国社会科学院吕叔湘语言学奖一等奖。

1. 请介绍一下您求学、研究的经历和治学领域。

我主要从事古文字和出土文献的研究工作。由于学习书法、篆刻的缘故，我读中学的时候就对古文字比较感兴趣。我当时的书法老师跟我说，要想学好书法、篆刻，文字学是必修课。他跟我讲容庚、商承祚两位先生既是学术大家又是书法大家，他们的学生陈永正、张桂光、陈初生等几位先生也是兼治学术、书法的，鼓励我报考中山大学中文系。中山大学的古文字学科很有历史。李学勤先生曾说 1951 年考大学时，本想学古文字，但当时全国高校都没有相关专业，只好改读哲学。五年后的 1956 年，容庚和商承祚两位先生就在中山大学成立了古文字研究室，后来经当时国家高等教育部批准成为在高校设立的第一个古文字研究机构。

1999 年，我参加高考，适逢改革，填报了两次志愿，考前报了一次，知道分数后又报了一次，两次我的第一志愿都是中山大学中文系。对我来说那似乎很自然，没怎么特别考虑过，后来也考上了。系里有“全程导师制”，新生入学会由指定的教授指导“百篇作文”和“八篇书评”。系里知道我对书法和古文字感兴趣，就让张振林老师指导我。张老师曾经协助容庚先生修订《金文编》。我借此机会向张老师请教了很多问题。我们是很幸运的，后来的十多年，中文系的新生入学后要先到珠海校区读两年，三年级才迁回广州，和教授们接触的机会自然少了很多。当时除了“古代汉语”“古代典籍导读”等必修课外，我还选修了“《说文解字》研究”“古文字学”“文字学”“出土文献学”“音韵学”“训诂学”等相关的课程。大三时，我写了三则考释古玺文字的札记作为学年论文，指导老师陈伟武教授给予了很好的评价。现在回头看，我的那些意见基本都是错的，陈老师的表扬大概更多的是想给我鼓励吧。后来我在陈老师的指导下完成了本科毕业论文，毕业后继续攻读汉语言文字学硕士学位，不久又获得了硕博连读的资格，攻读博士学位。在读研究生期间，陈老师推荐我参加曾宪通老师主持的国家社科基金项目“出土战国文献字词集释”的课题组。一开始我负责古玺论著的搜集工作，因此阅读了不少古玺方面的论著，对古玺的释读、分域、断代、辨伪等问题有了了解。后来我结合课题组的工作，撰写了博士论文《古玺探研》。

2008 年博士毕业后，我进入复旦大学中国语言文学学科博士后流动站做博士后研究，合作导师是裘锡圭先生。在裘先生的指导下，我对西周金文字词关系进行了研究。裘先生对学术研究的要求、考虑学术问题的角度和方法，对我的影响很深。他的一些话我当时还似懂非懂，这些年感受是越来越深了。2011 年博士后出站后，我回到中山大学中文系任教，至今已经十年了。

2. 目前正在从事什么研究？将来有何科研规划？

在复旦大学做博士后的时候，我关注西周金文的字词关系。2011 年我博士后出站，但博士后报告实际上只完成了一半，很多问题还没有来得及写进报告。后来我又花了几年时间作增订，2015 年下半年才把书稿交给出版社。汉语文献所反映的字词关系是动态变化的系统，不同时代的文字资料反映出来的字词关系是不一样的。有时候不同地域的文献反映出来的字词关系也不一样，这一点在战国时期的文献中就表现得很突出。此外，文献的来源和性质、写手的选择都会对字词对应关系产生影响。这几年学术界对这个问题越来越重视了。

最近几年，我主要围绕着秦“书同文字”政策及其相关问题开展研究工作。让我萌发研究兴趣的是里耶出土的一件木方。木方上记载了秦始皇统一六国后在调整字形、用字、用语等方面的一些具体规定。木方的发表引起了学术界的热烈讨论。我也感到这个问题很有意思，于是撰写了《论秦始皇“书同文字”政策的内涵与影响——兼论判断出土秦文献文本年代的标尺》一文，在2015年10月香港大学中文学院主办的“出土文献与先秦经史国际学术研讨会”上宣读，修订后发表在《“中研院”史语所集刊》（题目略有改变），依靠木方的记载，结合已有的学术成果，重新讨论了“书同文字”的内涵，依据这些规定的执行情况评价“书同文字”政策的成效，利用“书同文字”的时代标记判断出土秦文献的年代。我还写了一些论文，讨论马王堆汉墓帛书《阴阳五行》甲篇、《天文气象杂占》和北京大学藏秦简《鲁久次问数于陈起》等一些比较特殊的文献的文本年代，利用“书同文字”政策实施前后的用字变化规律重新讨论了一些字、词的释读问题。这项研究在汉语史研究方面的作用主要有两点：第一是判定语料的年代，比如讲马王堆汉墓帛书，有不少研究者把它当作西汉早期的语料来使用，但实际情况复杂得多，里面除了有西汉早期的文本，还有秦代的文本甚至战国时的文本；第二是可以在断代的基础上研究语言文字的使用情况和演变规律。

西周金文字词关系和“书同文字”问题的研究基本上都是围绕出土文献的书写特点展开的。时空、底本、写手不同，文本书写呈现出来的特点就有可能存在差异。这些特点有时候反映在文字上，有时候反映在文字和语言的关系上，有时候反映在语言上，有时候反映在内容上，有时候这些特点还会含有历史、哲学的信息，很值得我们去深入研究。今后几年我还会继续研究相关的问题。

3. 在您求学和研究过程中，对您成长影响较大的著作和学者有哪些（哪几位）?

有用或有价值的学术著作是很多的。开卷有益，读书总能学到东西或受到启发。但对比起具体的知识，著作背后的人对我影响更大。例如容庚先生的《金文编》。1922年，容先生带着《金文编》初稿北上求学，为罗振玉、王国维两位先生所激赏。经过几年的增订，第一版《金文编》在1925年正式出版。后来容先生亲自作过两版修订，晚年又请马国权、张振林两位先生协助继续修订《金文编》。可以说，《金文编》的编撰和修订贯穿了容先生整个学术生涯，反映了容先生锲而不舍、精益求精的对学术高度负责的态度。又如裘锡圭先生的《文字学概要》。这本书是文字学和古文字学的经典之作。里面的精彩论述是很多的，认真读过的人自会有所体会。我上大学的时候就不止一次读过这本书，后来因为写博士后报告的缘故，又反复细读过，尤其是跟字词关系相关的部分。《文字学概要》最早是在1988年出版的，前些年出了电脑排印的修订本。修订本附上了朱德熙先生的信，把朱先生提的修订意见完完整整地印出来供读者参考，这是一种实事求是地对待学术的真诚态度。裘先生因为眼疾，视力受损很严重，但他通过耳听口述坚持学术研究工作。即便疫情期间，他每天仍然要和助手视频通话两小时。裘先生担任《文史》主编，很多人以为是挂名的性质，其实每期出刊前他都要详细了解刊登什么文章以及外审意见如何，还能听出很多别人看不出来的问题。如果没有求真、求实、求是的严谨态度，这些都是不可能的。

前辈学者说过的一些话也令我印象深刻。容庚先生曾经在 1940 年 12 月 25 日的日记中说：

> 并世诸金石家，戏为评骘：目光锐利，能见其大，吾不如郭沫若；非非玄想，左右逢源，吾不如唐兰；咬文嚼字，细针密缕，吾不如于省吾；甲骨篆籀，无体不工，吾不如商承祚；操笔疾书，文不加点，吾不如吴其昌；若锲而不舍，所得独多，则彼五人似皆不如我也。

客观对待别人，正确评价自己，这对一个研究者来说很重要。前人的智慧对我们是很有启发的。

4. 如何发现并确定一个体量合适、有持续性的题目作为中长期研究对象？博士论文以外又如何拓展研究领域？

选题目对于研究者来说是一件不容易的事，也很难一概而论。总体而言，找题目的难易程度跟研究者阅读的广度、思考的深度是有关的。就汉语史而言，选题目主要是思考两个问题：第一是选择什么语料作为研究对象；第二是选择什么角度研究这个对象，是从文字、音韵、词汇、语法还是其他角度。拓展同样可以从这两方面着手，要么打破语料的限制，要么打破专题的限制。这个问题其实也可以反过来考虑，看看有什么比较大的、一下子还没有能力做或做不完的课题，试着截取一部分内容先做，既可以检验可行性，也可以为后面的研究积累经验，然后再逐步完成其他部分。有的材料丰富，可发挥的空间大，像简帛、佛经等，这类材料比较容易拓展；有的材料零散，可发挥的空间小，像玺印、陶文等。研究者应该充分考虑这些因素。当然，所谓拓展空间的大小也是相对的、因人而异的。有的人研究简帛、佛经没有什么发明；有的人一辈子研究玺印却能做出成绩。这跟研究者的兴趣也有关系。应该尽量选择自己感兴趣的方向，否则很难持续，即便勉强维持，做出来的东西也没办法和真正感兴趣的人相比。现在很多研究生一入学就坐等导师分派题目，这是偷懒的做法。不同的人有不同的学术背景、能力、性格、趣味，别人找的题目不一定适合自己。寻找题目本身就是一个发现问题的过程，而发现问题是一个研究者必备的能力，这种能力是要特别注意培养的。

5. 对于汉语史研究而言，材料和理论都很重要，但硕博士研究生在有限的学习期限内对熟悉材料和掌握理论常常觉得顾此失彼，您对此有何建议？

材料和理论是相辅相成的，有了材料才会有理论，发明理论是为了更好地解释材料。一开始如果完全没有理论的引导就去看材料，材料就是一盘散沙，不易拿捏。必须先掌握一些基本的理论，然后去读材料；发现理论不能解释的地方，再去寻找新的理论。近些年随着新的古文字资料的不断发现和公布，古文字和出土文献的研究理论也有很多新的发展，但对于研究生来说最重要的仍然是基础理论，这部分的内容其实并不会太繁难。从古文字方向研究生的实际看，基础理论知识不扎实的情况是有的，但材料不熟更常见、更突出、更致命。古文字学是一门偏重实证的学科，如果对材料很熟悉但缺乏系统的理论知识，或许还可以在一些具体问题上有所发现，但如果反过来，只知道理论而不知道材料，那么恐怕会一无所获。这当然是极端的情况，有志于研究古文字、汉语史的人在理论和材料两方面是不应该偏废的。

6. 对初涉汉语史学习和研究的硕博士研究生来说，您觉得哪些学术训练是必要的？在学术训练的过程中，应该具备哪些基本素质？

曾经有人以相似的问题问过裘锡圭先生，裘先生的回答是：

> 最重要的还是古汉语、古文字以及文字、音韵、训诂的基础，也要有古典文献学的基础和出土文献整理方面的知识，对古代思想、历史、社会也要有一定了解。其实就是要求出土文献和传世文献很好地结合起来进行研究。古文字跟一般文字、音韵、训诂的知识都要有，而且还要多读多接触传世古书本身，不能够只是看一些什么学什么概论，对古书没有足够的感性认识，那样是很难做好研究的。

研究古文字和出土文献的学者应该都会同意这种看法。研究生可以按照自己的实际情况，按照各种知识的重要程度去安排自己的学习。

研究者还应该具备实事求是的态度和能力。学术研究就是为了追求真相和真理，因此一个研究者入门就应该培养实事求是的态度和能力。研究汉语史，要有尊重各种客观材料的态度，也要有正确理解、分析材料的能力，否则要真正做到实事求是也是很困难的。所谓实事求是，首先是不能曲解语料。例如《晋书·礼制中》里有一段话：

> 同产者无嫡侧之别，而先生为兄；诸侯同爵无等级之差，而先封为长。今二妻之入无贵贱之礼，则宜以先后为序，顺序义也。

汉末时一个叫王毖的人在长沙本有妻儿，后来出使中原，恰逢吴反叛，无法返回长沙，于是在没有休弃前妻的情况下又另外娶妻，生了一个儿子王昌。王毖和两位妻子去世以后，王昌请求朝廷议论，应该如何祭祀他父亲在长沙的妻子。一个人有两个正妻是很特殊的，当时的人对这件事有不同的看法。这段话是晋人干宝所发的议论。他的意思是很清楚的，身份不同的人的尊卑是很容易确定的，而像同母所生的同产、同爵的诸侯这种身份相同的人就应该按照先后顺序来排列。两个妻子没有正侧尊卑之分，那么干宝就主张应该“等其礼馈，序其先后”。这里三个“无”明显都是“没有”的意思。有的人为了迁就自己对“同产”的理解，非要把这些“无”理解为“不论”，意思就变成了不管等级尊卑只管先来后到了，“则”字的用法也无法落实了。同时，我们对待材料也不能过于机械，要认识到材料的局限性。例如早期的甲骨文表示地支的“子”字是简化的写法，晚期写法反而较繁。有的人机械地认为较繁的写法是从简化的写法变化来的。裘锡圭先生指出商代文字的正体是金文，甲骨文实际上是当时的一种俗体文字，“子”字简化写法必然是从正体文字简化而来的，只不过受到材料的限制我们还没看到早期正体写法的“子”

字而已。这些问题是值得我们注意的。

研究生还应该具有良好的逻辑推理能力，并时刻注意尽量用缜密的逻辑去进行研究，同时也要运用这种方法去判断其他人提出的学术观点。比如讲，有的人看到出土的西汉早期文献中还有一些六国古文的孑遗就说秦“书同文字”政策是没有成效的。如果政策没有成效，为什么秦统一六国以后用六国古文书写的文献基本就绝迹了呢？这些遗留下来的六国古文当然很值得注意，但从整体而言，它们的占比是极小的。只盯着它们而忽视了文献的整体面貌，就犯了以偏概全的毛病了。

汉语史研究的是汉语发展的历史，它是一种“史”的研究。研究者应该知道历史研究的方法和原则并正确加以运用。汉语史方向的研究生也应该适当加强史学的训练。

7. 在读硕博士研究生如果以学术研究为志业，必然面临发表论文的问题，在论文选题、撰写、投稿及提高命中率方面，可否介绍一下经验？

影响投稿成功率的因素很多，有些是主观因素，有些是客观因素，既有自己可以控制的部分，也有自己无法控制的部分。从某种意义上说，投稿能否成功带有一定的偶然性，好的文章也可能被退稿，坏的文章也可能侥幸过审。但如果一个研究者能保证论文的水平，他的投稿命中率一定会相对较高。因此，我们要做的就是做好自己可以控制的部分，尽量把研究做扎实、把文章写好。评判一篇文章，大的着眼点无非三个：一是选题是不是有价值，换句话说这个题目是不是值得讨论，提出新问题、发现新的条例或规律、发现和解释新材料、解决难题、推翻被普遍相信的成说等，都可以算是有价值的；二是论证是不是合理、充分，主要的材料有没有收全，论证的过程是不是遵守了规范；三是结论是否可靠。用这三点对照自己的文章，好坏心中就有数了。还有一点，有的人粗枝大叶，文章中常常出现错别字、病句。这类"小错误"多了，也很容易让人质疑写作态度和研究水平。

研究生开始学术研究，一开始应该把自己的心得写下来，但不必急于发表，要在不断的阅读、学习中随时检讨自己的意见，看看这些意见是不是靠得住，同时要看看这些心得有没有指向共同的语言现象和问题。如果有，可以尝试从更加宏观、系统的角度写文章。研究生应该循序渐进、稳扎稳打，要认识到学术研究是为了求真、求是、求实，不是为了求数量，研究者的成长也是需要积累和锤炼的。孔子说闵子骞"夫人不言，言必有中"，治学也应该如此。研究生还在打基础的阶段，要出很多成果是不现实的，尤其是汉语史这一类重积累的学科。虽然现在要应付各种考核，但也不能托词考核就随波逐流，学人应该有学人的底线和定力。据我的观察，学古文字的学生毕业时能够达到发表两三篇某级别文章的要求就已经不错了；这两三篇文章，能有一篇比较有价值就很好了。如果一个学生发文章的数量远远超过一般要求，我认为这未必是一件值得高兴的事，反而是值得警惕的。

8. 请问您进入汉语史专业的初衷是什么？一路走来，您对汉语史专业的认识有没有什么变化？

我一开始接触古文字是因为学书法、篆刻要用到古文字，读大学后渐渐转向研究。虽然从我自身的经验来说，书法、篆刻创作和学术研究一直在相互促进，但重心已经不同了。如果说什么没变，恐怕就是求知的想法没变。以前读书的时候，考释一个字会让我满脑子尽是古文字，睡不着觉。考证工作就像断狱一样，考出一个奇字、释出一个难解的词又或是解决一个问题，都能让人感到兴奋。现在尽管研究范围已经有了变化，但还是很享受学术发现带来的那种“恍然大悟”的满足感。

9. 回顾求学和科研道路，您是不是也走过一些弯路？有无经验教训？是否可以结合具体经历分享一下？

弯路是相对于直路、捷径而言的。学术研究总难免这样那样的错误，但是我不太想把这些看作“弯路”，因为学术研究本身就没有捷径，是需要慢慢探索、积累经验的。当然，有的错误是可以避免或应该尽力避免的，尤其是因“勉强”和“疏忽”造成的错误。

胡宝国先生曾写过一篇文章，他说在读书时曾向俞伟超先生请教治学经验。俞先生略略沉思后回答说：“不要勉强吧。”他当时对这个回答很失望，但后来渐渐认识到俞先生是对的。在研究的过程中，最重要的是求真务实，要尽量避免勉强、迁就的想法。当然，有的时候因为各种条件、证据的限制和各种其他因素的影响，我们没有办法完全做到“不勉强”，但也正因为如此才更要强调“不要勉强”。

尽力避免疏忽也很重要。学术研究本身是繁难的事，稍有不慎就会出错。例如秦印有“丧吏”和“宣曲丧吏”印，一般认为“丧吏”是主管丧葬事宜的职官。有一次我读《秦文字集证》，看到一方“南乡丧事”秦铜印。在秦文字里，“吏”和“事”差别很小，中间一竖不穿过下面的“又”旁是“吏”字，穿过就是“事”字。本来秦国一般是用“吏”字表示“吏”和“事”这两个词的，统一六国推行“书同文字”的时候就规定“吏”“事”要分用。“丧吏”改成了“丧事”，不正说明“丧吏”的“吏”也应该读为“事”吗？我把这个意见写在文章里，在学术会议上发表。有的学术著作马上引用了我的意见。后来我偶然翻看《上海博物馆藏印选》，看到了所谓“南乡丧事”印的钤本和封泥拓本。同样一方印，笔画却远比《秦文字集证》中的钤本纤细，而且所谓的“事”字中间一竖没有贯穿，仍是“吏”字。我意识到这里可能有问题，于是请这方铜印的收藏单位上海博物馆的孙慰祖和葛亮两位先生帮忙核对原印。孙先生给我发来了清晰的印面彩照，中间一竖确实没有贯穿，说明我原来的意见是不对的。后来我在论文定稿中作了更正。如果我能早点儿作核查，就不会出现这种错误了，也不会对别人造成误导。

《秦文字集证》所录钤本

《上海博物馆藏印选》所录钤本

印面彩图

10. 您是如何平衡自己的科研和日常生活的？您如何看待网络上传说的高校青年教师“007”(零点上班，零点休息，一周工作七天）的生活模式？您平常都会怎么放松身心呢？

相信大家对劳逸结合都会有自己的见解和方法，总的原则当然是不应该因为工作而影响身体健康。我的日常生活和其他人一样，既有相当的工作时间，也有运动和娱乐消遣。我尽量不让生活影响工作，也不想让工作随便影响生活。一个人在社会、在家庭本身就有很多角色，我想尽可能把这些角色都做好。有时候也需要取舍，有得就有失。我读书、写文章都慢，遇到问题喜欢反复思考，有的文章从构思到写出初稿再到正式发表，会花好几年的时间。如果我手头没有现成的文章或者可以较快成文的成熟想法，就只能放弃一些学术会议或约稿，失去了一些和同道讨论、向先进学习的机会。我喜欢写字、刻印，也是一种放松。有时候看书、写文章累了就去刻印，人马上就精神起来了。

11. 您对汉语史研究有何展望和期待?

唐代孙过庭在《书谱》中说：“元常专工于隶书，伯英尤精于草体，彼之二美而逸少兼之。拟草则余真，比真则长草，虽专工小劣，而博涉多优，摠其终始，匪无乖互。”在很多领域里，博涉和专工都是一对矛盾。现在随着学科的不断细化、研究的不断深入，专门化的倾向越来越明显，很多小方向也出现了更精细的分支。汉语史研究同样如此。很多前辈大家都说过做学问要“通”。唐兰先生就说过一句很有名的话：“古文字学的功夫不在古文字。”我很期待在每一个分支不断深入的同时，能有更多博涉的学者打通不同领域的隔阂。当然也可以通过学者之间的紧密协作达到这个目的，但现在这样的合作还很少见，希望以后能多一些。

主要论著目录

（一）著作

田炜 2010《古玺探研》，华东师范大学出版社。

田炜 2016《西周金文字词关系研究》，上海古籍出版社。

田炜 2018《田炜印稿》，中西书局。

田炜 2018《出土战国文献字词集释》第3卷，中华书局。

田炜 禤健聪 2018《出土战国文献字词集释》第1卷，中华书局。

（二）编著

田炜主编 2019《文字·文献·文明》，上海古籍出版社。

（三）论文

田炜 2006《古玺字词丛考（十篇）》，《古文字研究》第26辑，中华书局。

田炜 2006《战国文字考释两篇》，《康乐集》，中山大学出版社。

田炜 2006《〈战国文字编〉读后记》，《湖南省博物馆馆刊》第3辑，岳麓书社。

田炜 2007《〈殷周金文集成释文〉第一卷读后琐记》，《中山人文学术论丛》第8辑，台湾文津出版社。

田炜 2007《古玺印字词零释（八篇）》，《中国文字》新33期，台湾艺文印书馆。

田炜 2008《读上海博物馆藏楚竹书零札》，《江汉考古》第2期。

田炜 2009《金文书法的传统与发展刍议》,《中国书法》第1期。

田炜 2009《玺印人名研究一、二》,《文史》第1期。

田炜 2009《玺印人名研究三》,《文史》第4期。

田炜 2010《清代学术与篆书书法》,《中国书法》第4期。

田炜 2010《战国古玺所见官名研究三则》,《中山大学学报(社会科学版)》第5期。

田炜 2010《先秦法书墨迹研究》,《文艺研究》第10期。

田炜 2010《略论古玺文字研究的重要性》,《出土文献与古文字研究》第3辑,复旦大学出版社。

田炜 2010《谈谈古文字书法创作中的一些用字问题》,《书艺》第6辑,岭南美术出版社。

田炜 2010《新见西汉马病以家钫铭文考释》,《古文字研究》第28辑,中华书局。

田炜 2010《玺印人名考(两篇)》,《出土文献与传统典籍之诠释——纪念谭朴森先生逝世两周年国际学术研讨会论文集》,复旦大学出版社。

田炜 2012《释古文字中的"⿰酉世"与"⿰酉止"——兼释古玺中的"酦"字》,《考古与文物》第2期。

田炜 2012《读金文偶记二题》,《古文字研究》第29辑,中华书局。

田炜 2013《战国玺印自名解》,《中山大学学报(哲学社会科学版)》第6期。

田炜 2013《西周金文字词关系的共时与历时考察》,《出土文献与古文字研究》第5辑,上海古籍出版社。

田炜 2014《说"今""酓"——从商代甲骨文和西周金文中的"阴"说起》,《文史》第2期。

田炜 2014《西周金文字词关系零札(两则)》,《古文字研究》第30辑,中华书局。

田炜 2015《"匆匆不暇草书"新义》,《文艺研究》第6期。

张桂光 田炜 2015《从当今篆书创作看书法文化的重塑》,

《中国书法》第 9 期。

田炜 2015《西周金文与传世文献字词关系之对比研究》，《出土文献与古文字研究》第 6 辑，上海古籍出版社。

田炜 2015《试论古玺分类中的一些问题》，《古文字论坛》第 1 辑，中山大学出版社。

田炜 2016《论出土秦至西汉早期文献中的“生”和“产”》，《中国语文》第 2 期。

田炜 2016《谈谈马王堆汉墓帛书〈天文气象杂占〉的文本年代》，《古文字研究》第 31 辑，中华书局。

田炜 2016《谈谈北京大学藏秦简〈鲁久次问数于陈起〉的一些抄写特点》，《中山大学学报（社会科学版）》第 5 期。

田炜 2016《说利簋铭文中的“又吏”》，《古文字论坛》第 2 辑，中山大学出版社。

田炜 2016《李曲斋先生书法、篆刻管窥》，《李曲斋百年诞辰纪念文集》，中国文联出版社。

田炜 2017《说“同生”“同产”》，《中国语文》第 4 期。

田炜 2017《马王堆汉墓帛书〈阴阳五行甲篇〉抄写者身份和抄写年代补说》，《战国文字研究的回顾与展望》，中西书局。

田炜 2017《古物随记二则》，《出土文献与物质文明》，中华书局（香港）有限公司。

田炜 2017《从秦“书同文字”的角度看秦印时代的划分和秦楚之际古文官印的判定》，《第五届“孤山证印”西泠印社国际印学峰会论文集》，西泠印社出版社。

田炜 2018《论秦始皇“书同文字”政策的内涵及影响——兼论判断出土秦文献文本年代的重要标尺》，《“中央研究院”历史语言研究所集刊》第 89 本第 3 分，台湾“中央研究院”历史语言研究所。

田炜 2019《楚“波玺”封泥小考》，《文字·文献·文明》，上海古籍出版社。

田炜 2020《用字规范对破读的限制——以出土秦文献中与“吏”“事”有关的几条材料为例》，《古籍新诠——先秦两汉文献国际学术研讨会论文集》，香港中文大学中国语言及文学系、中国文化研究所刘殿爵中国古籍研究中心。

田炜 2020《容庚先生的名、字、号》，《南方周末》9 月 10 日。

田炜 2020《十二届国展评审有感》，《书法报》11 月 18 日。

田炜 2021《说“叚”“假”》，《出土文献》第 1 期。

田炜 2021《略谈容庚先生的文学和艺术》，《大学书法》第 1 期。

徐朝东

特别要敬畏学术界的规范——守成与创新

徐朝东

男，1970年生，安徽安庆人。南京大学博士。现北京语言大学教授、博士生导师。享受政府特殊津贴专家。中国音韵学会常务理事、中国历史语言学学会理事。主要从事汉语中古音、近代音与敦煌语音资料研究。

先后荣获“国家哲学社会科学优秀成果”、江苏省哲社优秀成果奖和王力语言学奖。已经完成国家、省部级项目6个。正研有国家社科重大招标项目与北京市重点项目。

1. 请介绍一下您求学、研究的经历和治学领域。

我是1970年生人，很幸运能够接受浙江大学汉语史研究中心的这项任务。我没有上过大学，是初中毕业后考入安庆师范学校，因为成绩好得以提前录取到四年制的中师——当然并不是抱怨怀才不遇。那个时候有一批我们这样的人，虽然按照想象，上中专可能有些耽误大好前程，但至少我们比其他人少了高中三年的含辛茹苦，以及未知的结果呀。况且比起其他没有机会上学并改变命运的人又要幸运多了。缺乏大学的科班训练，知识结构单一、基本功不扎实、学术视野狭窄等不足，这是我现在觉得自己最为薄弱的地方。中师毕业后到一所小学工作了6年。1996年考入了西南师范大学（现在的西南大学）中文系，这是我的学术起点。

从这儿我将自己的学术经历用四种不同颜色的金属表示。

西师硕士阶段是我的赤铁时期——拥有的知识像赤子般一无所有，但充满对于知识的渴求，自己拼命地如锻铁般一锤一锤地让知识“打进”自己的头脑。我进入西师后，特别自卑，哪一门课程都比那些科班出身的同学相差千里。非常幸运的是，当年西师中文系古文献与古汉语两个专业，硕士生只有我一个人，导师们非常认真，每次上课一对一，有些课讲新课前还要测试。衷心感谢西师的这些导师们，有刘又辛先生、翟时雨教授、李茂康教授、喻遂生教授、方有国教授、徐志奇教授、曾晓渝教授等，倾心尽力帮我打下了学术基础，也非常感恩他们对我这样零水平学生的包容与爱护，也特别感谢招我进门却未曾谋面的马文熙教授。

1999年我幸运地考入南京大学攻读博士学位，尊敬的鲁国尧教授是我学术的执灯者，我现在所有研究的基础都是在鲁先生教导与鞭策下形成的。我读书时，汪维辉教授正在南大做博士后，杨军教授做高级访问学者，储泰松教授攻读博士学位，我们在一起上课、买书、研讨学术等，他们都是我的良师，学业上不断地指导、提携、促进我，生活等方面关心、照顾我。这也是我学术的黄金时期——是学术积累的最好时段。南大毕业后，因为个人原因，放弃了去复旦大学做博士后的机会，在此还是要感谢吴金华教授的帮助。我选择去南京师大跟随黄征教授做敦煌学博士后。在南师黄征教授待我以学弟，非常热情、慷慨，当时学校的和他私人的敦煌资料，都在他家存放，我就每天骑车到他家做敦煌韵书资料文本整理，大概持续了两年的时间（包括我还在南大做博士论文的时间）。2003 年，我申请去了新加坡国立大学继续做博士后研究，跟从的是徐杰教授。几个月后，徐大明教授也从南京大学到国大做访问教授，这期间我们三徐尤其我和大明教授"相依为命"，在国大中文系过得非常开心。2003—2004 年，我旁听了徐杰教授、包智民教授等人一些课程，没有完全弄懂，还是有些学术的启迪。每天晚饭后，我都要到国大图书馆看书，特别是只要我需要的图书资料，图书馆想方设法从全世界帮我搜罗到，这可能是目前国内没有任何一个图书馆可以做到的。1999—2004 年这个时期，是我读书打基础的黄金时期。

2004 年，得益于董志翘教授的帮助，我入职南京师大文学院工作，并在此工作了 12 年，这是我学术的白银时期——开始有些自己的成果，但读书比不上博士阶段。也由衷地感恩南师，当时的文学院领导与董老师给我非常宽松的环境，让我能够潜心做了十几年的中古音研究与储备。这个阶段完成博士论文的拓展与周边材料的搜集与整理工作，也完成了敦煌音义材料的整理和部分研究工作，并开始关注宋元明讲唱文学的音韵现象。

2016年，我北上来到北京语言大学工作（谢谢华学诚教授的倾力引进），也彻底地从中古音转移到近代官话语音的研究工作，开始了我学术的青铜时期——比起赤铁时期稍好，但转型艰难。

2. 目前正在从事什么研究？将来有何科研规划？

我目前从事宋元以来官话语音史的研究工作，与黄笑山教授、孙建元教授、曹小云教授、皇甫伟教授（北京科技大学计算机工程专业）、唐浩副教授等合作，主要依托于自己的手头几个项目，在做的是韵书韵图、传教士西文汉语字典与教科书、日本近世唐音与片假名标音的教科书及琉球官话和对音、朝鲜谚文注音、俗文学的押韵与地方戏曲戏剧、历代方志中的官话方音等资料，计划做成个

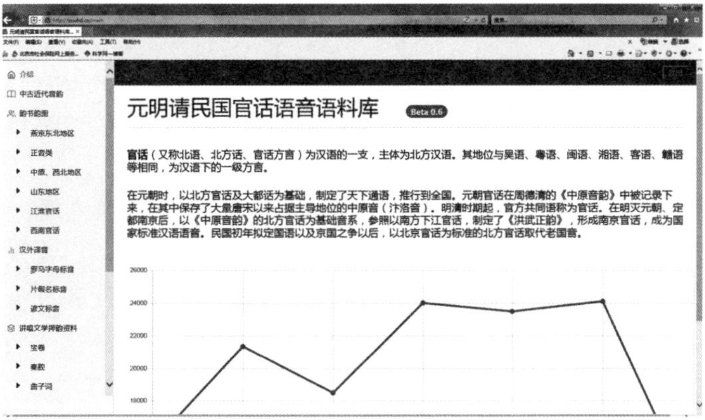

资料库截图

元明清以来官话方言语音语料库，并利用这些资料库梳理七百年来官话方音的演变脉络，试图解决明清之际官话基础方音等问题。这项工作估计得耗费我至少十到二十年的时间。

至于将来的研究计划，一则是我还是想将我手头做的半成品——唐五代韵书以及唐五代注音资料的整理与研究完成，毕竟花了十几年的时间。我将差不多全部的韵书资料全部录成文本了，也做了一些敦煌注音资料和唐五代其他注音资料的数据库。如果这项工作完成了，也许我就该听从洪波教授对我的教导，去做一些上古音的事情，将汉语语音史做个通贯性的了解。另外，我想花些时间与精力培养一些学术新生力量、建构音韵学的学术梯队，当下传统的音韵研究后继乏人，境内外都一样。我们希望吸收并团结一些成熟的学者与有兴趣的年轻学者，通过传帮带的作用，将传统音韵学传承下去。

3. 在您求学和研究过程中，对您成长影响较大的著作和学者有哪些（哪几位）？

一个人一辈子受到的影响有很多，有的如黑暗中的明灯，一直指引着你前进；有的如一声惊雷，只是一两句话，触发了你彻底的改变。

我学术成长过程中的执灯者，是我的博士导师鲁国尧教授。非常有幸，我是跟随鲁先生时间最长的弟子，我从博士到北上之前，在南京待了 18 个年头。读书期间，鲁先生对我们非常严苛，经常是周末时候电话“打卡”，如果没有接到，大概 10 分钟后还会再打的，直到找到为止。储泰松教授读博士时，宝贝女儿刚刚出生，从芜湖的家到南京也就一个多小时，他周末都不敢回家，因为不知道鲁先生什么时候来“查房”。鲁先生要求我们要读古书，上课时候还经常找人上黑板默写经典，甚至不经典也会默写；要求读今人书，每周有一定时间到图书馆看最新的学术期刊，毕业论文引文必须有当年的新发学术成果；要读外文书，当年我与孙华先教授、林亦教授、郑林啸教授等在姚永铭教授引导下，阅读了国内刚刚引进的 Trask 的 *Historical Linguistics*，并各自翻译一遍罗杰瑞的 *Chinese*。这些训练，让我们获益终生。博士毕业后，我住的地方离鲁先生非常近，步行也就一二十分钟。鲁先生隔三岔五地会约我到他门上，谈谈近期买的书和读的书。这始终如同悬着的一根鞭子，提醒自己要不断地读书。

我周围还有几个志趣相投的师友，如黄笑山教授、杨军教授、孙建元教授、储泰松教授等，对我的学术有莫大的帮助与提升。我们在一起时，有很多共同的学术兴趣与争论的焦点，我们只是非常单纯的学术研讨。每次聚会我是当然的最大获利者。

影响我的学术著作太多了，不胜枚举，如赵元任先生、王力先生、罗常培先生、周祖谟先生、何大安先生他们的著作。如果挑选几本最喜欢的学术著作的话，我推荐的是：高本汉先生的《中国音韵学研究》、李荣先生的《切韵音系》、张光宇先生的《汉语语音发展史》和董同龢先生的《汉语音韵学》。前三本学术著作，是运用历史语言学的方法与理论解决汉语的语音问题。高本汉的著作是中国历史语言学的鼻祖，也是汉语现代音韵学的开端；这本书中记录的百年前 30 多个点汉语方音，对我们现代语音史研究最为重要。李荣先生通过对唐写本《王仁昫刊谬补缺切韵》（王三）音韵结构的整理，使用了对音、方言等资料，系统地构拟了唐代“切韵”语音系统，还讨论了如重纽、三等介音诸多专题。张光宇先生这本新书，运用了现代汉语方音与音韵资料结合，探求汉语中古、近代到现代语音演变的模式，这是一部汉语历史语音学的典范著作。还有一本就是董同龢先生的《汉语音韵学》，这书课程框架是最完美的，从普通语音学理论到汉语上古音、中古音、近代音、现代汉语方言等语音系统全部呈现出来，书中也有等韵门法等难点问题，董先生深入浅出将汉语语音史的脉络梳理得非常清晰。这是我学习与上课必备的著作。

还有就是一些偶然的契机，也会改变我的人生轨迹与学术的思路。第一就是我的“人生导师”江学旺兄。以前我在安庆工作时候悠闲度日。在一个朋友的家里碰到了正在备考的学旺兄，后来是他帮我联系导师（马文熙教授）、给我规划读书的范围。这彻底改变了我的人生轨迹。硕士毕业后，我步武学旺兄南下开始我的学术生涯。另外一个记忆深刻的就是江蓝生先生2017年在复旦一个会议上给我提的建议。当时我报告的内容是唐五代到金元时期支微与鱼模演变的历史，江先生当场表扬了我的报告，也提出了这些历史的语音资料，与现代汉语方言的关系是什么，如何推演出从唐五代现代方音演变的模式等问题。我以前做中古韵书、敦煌语音资料时候，总是觉得将这些资料中的语音现象、音类直接关系等说清楚了就很不错了，江先生的问题振聋发聩，让我反思了很长时间，彻底促进了我更多关注近现代语音的现实与历史关系。

4. 如何发现并确定一个体量合适、有持续性的题目作为中长期研究对象？博士论文以外又如何拓展研究领域？

这一节谈谈音韵学论文的选题。音韵学大致有上古、中古、近代不同阶段的选题，也有等韵学这类专门性的题目。音韵学的选题，首先要与自己的导师熟悉的领域相匹配，这样方便导师的指导，也便利于自己研究的开展，毕竟导师已经有一定的材料积累与知识的储备了。这点对入门者特别有益。其次是与自己的兴趣相关联，如果你是一个有相当方言研究基础的人，可以选择某种方言或者区域方言的历史作为研究对象，就可以发挥你的特长与已有成果的优势。选题的持续性是一个大问题，也是一个很难的问题，所以大家刚开始做研究的人不必纠结于此。我们只要将自己选择的专题做到精深，你就是这方面的专家，以后再不断拓展，就有很大的成果了。

在自己研究领域拓展方面，我非常推崇汪维辉教授，他博士论文做的是中古阶段（这是词汇史划分的中古期，与音韵学方面的划分标准不一样）常用词演变研究，也做过专书的词汇专题研究，近些年做核心词的演变研究等。汪教授不仅有传统的训诂学、文献考释等功力（语文学的功夫），更难能可贵的是不断提升自己的研究范围与理论水平（语言学的眼光），已经不再是多少年一贯的传统训诂词语考释，更多的是词汇学理论的探讨与创新。以之类推，音韵学研究领域的拓展，必须要有专书的训练，延伸到一定历史阶段的同类材料，到不同材料，再到不同阶段的比较研究。

有两种研究我觉得还有上升的空间，一种是以为版本、目录、校勘等文献学就是音韵学研究的全部，这些仅仅是音韵学研究的基础，如果不提升到语音学的理论视角，永远就只会停留在文献排列的初级阶段。另一种就是在音韵学各个领域都有研究成果的人（排除那些学术大家们），看不出他具体的研究专长，这属于蜻蜓点水式的研究，什么都知道又什么都不知道，这点对于初学者更要担心。

5. 对于汉语史研究而言，材料和理论都很重要，但硕博士研究生在有限的学习期限内对熟悉材料和掌握理论常常觉得顾此失彼，您对此有何建议？

6. 对初涉汉语史学习和研究的硕博士研究生来说，您觉得哪些学术训练是必要的？在学术训练的过程中，应该具备哪些基本素质？

我将 5、6 合并回答。对于汉语史其他领域研究，我不熟悉，不敢妄言，仅仅谈谈汉语音韵学学习方面的经验与建议。

我认为每个学者或者将来的学者要有敬畏之心。我们需要敬畏既有的研究成果，即使是一个研究生的成果。我的《唐韵》研究书成稿后，曾经请当时大四还没有毕业的杨曦同学（现在上海大学，做古代文学）帮我校对一条材料，他直接告诉这条材料，我的理解是错误的。开始我并不以为然，仔细看过他的论证过程后，就采用了他的观点并在我的书中加了说明。我们更要敬畏、学习并吸取成名学者的研究精髓。站在巨人的肩膀上，至少应该理解巨人们的学术奉献，对于从事传统汉语研究的初学者，尤为重要。曾有人批评周祖谟先生《广韵四声韵字今音表》讹误不少，并断言其研究超过周氏多少倍云云。周先生这本小书确实存在不少讹误，但是丝毫不影响周先生深厚的文献功底与精细的音韵学研究成就。周先生在《广韵》《说文》

《方言》《尔雅》《洛阳伽蓝记》等校释，在魏晋到宋代的语音史如魏晋南北朝诗韵、唐五代韵书整理研究、《篆隶万象名义》、宋代汴洛方音等研究中取得巨大的成就，传统音韵学研究领域无人能出其右。我们特别要敬畏学术界的规范——守成与创新。守成就是需要长时间的读书，潜心积累，谨慎发表自己的成果，千万不可动辄就有新发现、新创举，甚至盗用别人的成果。但是，学术也需要创新，如果我们在新材料、新方法、新视野等，占有任意一个方面，都是创新性的成果或成就。

再一个就是作为每个人（不仅仅是学人）需要一个平和的心态——毋怨。现在不少人每每怨气冲天，埋怨当下学术环境不好，埋怨学校制度的不公平，埋怨自己做的研究不被人认可，等等。我们改变不了大的、小的学界规则，不如放下心态，学会适应现在的所有环境，做好、做强自己的研究，相信自己的成果终会被人识珠。平心而论，现在学术环境大部分是好的、正面的，有多少学者都是这样凭借自己的努力，成就一片学术天地的。

汉语的研究，材料与方法（理论）本质上是一体二用的东西。做语言的研究，必须从语料出发。汉语史的语料涵盖面比较广泛，大体分为历时与共时的材料。比如汉语的近代音研究，如果做明清这一时段的官话，共时语料就包括韵书、韵图、押韵材料、对音材料等，历时语料就是至少从唐五代时期相应地区的语音资料以及现代汉语官话方音材料。我们做研究时，尽量对所有种类的材料都选择若干数量的样本自己做，其他的尽可能地参考已有的研究成果；但是遇到对已有成果有疑问时，自己必须找到原始的材料摸索一遍。特别重要的是，做音韵学研究，我们需要有现代语音学尤其是历史语言学的视角。语言学的研究理论，是多少学者学术实践的总结与精华，很多时候是解决纷繁复杂的实际语言材料最为便捷的手段。做汉语音韵学研究要熟悉自己研究的材料，也要有相当的语音学理论功底。

再谈谈音韵学具体的训练问题。汉语音韵学的根基在中古音与现代汉语方言。熟悉了中古音，对于上古音的由来、近代音的分化，都有很好的基础；了解一定数量的汉语方言语音规律，对于不同历时阶段的关系认识更加清晰。中古音的训练，我认为最好的办法就是做王三或者《广韵》的音节配合表。王三，就是《王仁昫刊谬补缺切韵》，这是一个唐写本（2017 年吴葆勤先生主持出版，江苏教育出版社；另有本人主持点校本，汇合三种王仁昫《切韵》本，即将由中华书局出版）。《广韵》的本子比较好找，有中华书局的周祖谟先生校本，葆勤兄编辑的巾箱本（江苏教育出版社），还有《古逸丛书》本等。以现有再版《广韵》而言，我觉得周先生依据的泽存堂本最好，其他巾箱本、钜宋本等各有优缺。王三或《广韵》，我们可以选择一种，仿照《切韵音系》或者《广韵四声韵字今音表》的格式，将每个韵字填到表中，如遇到一些疑问做些札记或者校勘。将这项工作完成后，对于中古音就了然于胸了。另外一个训练就是调查现代汉语一个点的方言。我的研究生，在南师大时由孙华先教授带着，到北语后则是跟着赵日新教授，下田野做方言调查。其次做一些现代汉语方言同音字表，比如《现代汉语方言音库》选择一些点做成方音数据库，不仅熟悉了现代汉语方言语音的特征，也能为以后的研究做些积累。中古音和现代音的训练，是音韵学中最基础的功夫。

另外谈谈汉语史基础训练问题，我始终铭记鲁先生对我们的教导，就是有古、今、西学的功底。下面是鲁先生对我们基本要求的回忆。

第一个要有扎实的国学基础。要熟读《诗经》《左传》《论语》《孟子》《史记》，先秦诸子与史书要尽量多读，佛经也要读一点。要了解目录学、版本学、校勘学，尤其要有历史学的底子，汉语史是历史学的一部分，必须熟悉中国的历史。第二要有相当好的汉语语言学素养。对现代汉语语音、词汇、语法、修辞等各方面研究要尽量地了解；文字学、训诂学对我们也很重要，方言学对于音韵学研究尤其重要；语音学和汉藏语对上古音的研究非常有用。第三要了解西学像历史语言学、语言学理论等，要尽量看原本，不能只看中译本，写论文的引文应该有一些自己读过的、与论文有关的外文书目。我着重强调一下，语言学理论方面的学习不要表面地引用，也不是几个月的突击能有效果的，需要多年持之以恒的阅读与跟进。我认识汉语史方面非常有成就的一位顶级学者，我问他为什么对西方语言学理论这么熟悉。他说，读书，不断地读书。他说他每周至少要阅读20—30篇外语的最新研究成果。我们尊重所有做汉语史研究的人，要向所有从事这个方面研究的人学习。

7. 您是如何平衡自己的科研和日常生活的？您如何看待网络上传说的高校青年教师“007”（零点上班，零点休息，一周工作七天）的生活模式？您平常都会怎么放松身心呢？

对待科研与生活，需要有一种安贫乐道的精神。我觉得自己的科研工作仅仅是生活的一部分，不应该是生活的全部，将所有时间都放在科研上不值得提倡；小富即安，稍有成就，就辗转于旁骛与优游，更加可惜。现在传说中的所谓“007”的生活模式，我觉得完全没有必要，也不现实。身体搞垮了，无法达到自己既定的计划，影响自己的生活，还会贻害整个家庭。近来听闻自己的几位同龄学者不幸早逝，非常痛心。我有很规律的作息制度，每天 6 点前起床，晚上 11 点半左右睡觉，一般不熬夜。我爱好足球，每周至少有两场 2 小时小场地的比赛，偶尔遇到精彩的比赛，也会半夜起来看球的，主要是为了放松身心。

8. 您对汉语史研究有何展望和期待?

我期待汉语史的研究可能是“守旧出新”。守旧，就是基于我们传统文献的大规模整理与研究；出新，一定是在新的理论框架下，取得辉煌的成就。抛弃文献，我们就没有汉语史研究的基石；摒弃理论，我们就没有了学术的灵魂。“天下事以难而废者十之一，以惰而废者十之九”，这项目标虽然困难，只要每个人勤奋、扎实地工作，我相信终究会实现的。

主要论著目录

（一）著作

徐朝东 2012《蒋藏本〈唐韵〉研究》，北京大学出版社。

（二）论文

徐朝东 2002《英藏敦煌韵书 S.11383A、B、C 试释》，《古汉语研究》第 3 期。

徐朝东 2003《从异常音切看 S.2071 中的语音层次》，《南京师范大学文学院学报》第 2 期。

徐朝东 2003《与蒋藏本〈唐韵〉相关的敦煌韵书残卷考释》，《敦煌研究》第 2 期。

徐朝东 2003《〈广韵〉与蒋藏本〈唐韵〉比较研究》，《汉学研究》（台湾）第 21 卷第 2 期。

徐朝东 2004《蒋藏本〈唐韵〉异常音切考察》，《中国语文》第 2 期；又转载于人大复印资料《语言文字学》2004 年第 5 期。

徐朝东 2006《S.2055 所见的方音现象》，《南京师范大学文学院学报》第 1 期。

徐朝东 2006《〈切韵〉系韵书中四种异常音切之考察》，《语言研究》第 1 期。

徐朝东 2007《P.2659 为〈唐韵〉考》，《古籍整理研究学刊》第 1 期。

徐朝东 2007《蒋藏本〈唐韵〉撰作年代考》，《古籍整理研究学刊》第 6 期。

徐朝东 2009《〈倭名类聚抄〉所见“唐韵”“孙愐”“孙愐切

韵”考》,《东亚文献研究》(韩国)第4辑。

徐朝东 2010《基于征引文献比较论蒋藏本〈唐韵〉与〈广韵〉之关系》,《书目季刊》(台湾)第44卷第1期。

徐朝东 2010《孙愐及〈唐韵〉相关资料考察》,《中国典籍与文化》第3期。

徐朝东 2010《〈妙法莲花经释文〉三种例外音切之考察》,《山西大学学报(哲学社会科学版)》第4期。

徐朝东 2011《唐写本〈唐韵〉所引〈说文〉考》,《辞书研究》第4期。

徐朝东 2011《敦煌韵文中阴入相混现象之考察》,《语言科学》第4期;又转载于人大复印资料《语言文字学》2012年第1期。

徐朝东 2012《唐写本〈唐韵〉所引佚书考索》,《民俗典籍文字研究》第10辑,商务印书馆。

徐朝东 仝正涛 徐小兵 2014《唐五代韵文中异调相押韵脚字的音读问题举隅》,《南京师范大学文学院学报》第4期。

徐朝东 2014《吴语“闹忙(猛)”本字考》,《语言研究》第2期。

徐朝东 唐浩 2015《敦煌韵书P.2014、2015异常反切考察》,《语言学论丛》第51辑,商务印书馆。

徐朝东 2018《竺法护译经中“晋言”所见梵汉译音及其音韵现象》,《励耘语言学刊》第2期。

徐朝东 2018《宋元以来汉语与民族语对音所见几种语音现象》,《古汉语研究》第4期。

徐朝东 2019《敦煌世俗文书中所见语音现象之研究》,《语言研究》第1期。

徐朝东 2020《“農”“東”“龍”“童”“重”组同源词分化之考察》,《汉字汉语研究》第3期。

徐朝东 2020《元代藏僧沙啰巴译经咒文对音之研究》,《民族语文》第6期。

徐朝东 2020《河西宝卷所见明清西北地区方音现象》,《语言学论丛》第62辑，商务印书馆。

Xu, Chaodong 2010 *Two Phonological Changes of the Initials from the Series of Qieyun Rhyme Dictionaries Reflected from Some Exceptional Fanqie*,《敦煌学研究》(韩国)第2期。

张定

传世的经典之作时刻高悬在上，闪闪发光

张定

男，1977年生，安徽枞阳人。现任中国社会科学院语言研究所副研究员，硕士生导师。主要研究方向为汉语历史语法学、语言类型学和词典编纂。

发表学术论文20篇，出版专著1部。参与《新华字典》（第11版和第12版）、《现代汉语词典》（第6版和第7版）的修订工作。主持完成国家社科基金青年项目1项，参与国家社科基金项目多项。

1. 请介绍一下您求学、研究的经历和治学领域。

1995 年，我从安庆市师范学校毕业后，先后在小学和中学任教，教学之余参加自学考试，并于 1997 年获得汉语言文字学专业专科学历。1998 年通过成人高考（专升本），考上安徽教育学院中文系，2000 年获汉语言文字学专业本科学历。2000 年考入徐州师范大学（现江苏师范大学）攻读硕士学位，研究方向是现代汉语语法学，导师为张爱民教授。2003—2007 年，在安徽教育学院（2007 年改建为合肥师范学院）中文系工作，讲授“语言学概论”“现代汉语”“古代汉语”等课程。2007 年考入中国社会科学院研究生院攻读博士学位，研究方向是语法化和汉语历史语法学，导师为吴福祥教授。2010 年入中国社会科学院语言研究所，从事辞书编纂和科研工作。

我非科班出身，求学经历比较曲折，而且早期接受的专业基础训练以自学为途径，以考试为导向，因而知识结构并不系统，有先天不足。所幸后来进入专业领域的学习后，慢慢补了一些缺漏。硕士期间，各种语言学理论在汉语语法学界生根发芽并迅速本土化，语法化和语言类型学十分火热。我的硕士学位论文《汉语拷贝式话题结构研究》(2003）在共时描写的基础上，通过历时演变和类型学的视角来观察现代汉语中的这一结构。历时研究和类型学视角都是为了解释现代汉语共时层面的系统和现象，这一研究和写作的模式已经成为我的信条。

在高校任教期间，主要研究兴趣仍然是语法化和语言类型学，尝试写了《枞阳方言被动标记“着”的历史来源》(2006）和《汉语方言反复体标记的若干类型》(2007)。也曾不自量力，读了几本训诂学、音韵学、方言学著作和几篇相关论文，拼凑了一篇《枞阳方言本字考》

（2004），至今仍不敢再看。

读博期间，“语义图模型”由张敏、吴福祥等学者引入汉语学界。在吴福祥老师的指导下，我完成了博士学位论文《汉语多功能语法形式的语义图视角》（2010），论文以语义图模型为框架，借鉴语法化、语言类型学等理论，考察了汉语不定代词、情态词和“工具–伴随”介词三个语法专题。2010年以后，关注的领域有延续，也有变化。一是延续性的，比如《汉语的一种逆被动式》（2011）、《从“往”义动词到远指代词——上古汉语指示词“之”的来源》（2015）、《汉语否定不定代词的类型转变》（2019）。二是新拓展的，比如《“追逐”动词语义图》（2016）、《“穿戴”动词语义图》（2017）、《语文词典中疑问词非疑问用法的处理》（2015）、《“X差”类词语的句法语义问题》（2019），其中前两篇是尝试用语义图模型来处理实词的多义性，后两篇涉及语文辞书中某类词的处理。这几年“客串”词汇语义领域的直接原因是，需要服务于语文辞书的编纂和修订，这是我的工作职责。

2. 目前正在从事什么研究？将来有何科研规划？

如前所述，目前的研究包括延续性的和新拓展的。如果有可能，我更愿意多做些延续性的研究。这些年积累了一些思考，但也在积压着。未来三五年打算把一些半成品和思考的内容整理一下，围绕两个专题展开。

一是关于元语言、回声对语法语义演变的影响。读博期间，写了一篇关于枞阳方言回声否定词的文章，觉得“回声”这种现象挺有意思的，博士论文中也有类似的关注。后来就刻意去追踪这个问题，发现里面有很多问题值得研究，因为这个问题涉及语言的自反性，可能会从根本上将影响语言演变的因素分为自反性和非自反性两类，尽管后者仍然是当前的主流认同。二是关于否定极性词的来源。这类词之所以成为一类，唯一的原因在于它们的句法环境，即出现在否定极性的语境。然而，从来源上看，这些词都有一些共同的语义基础，比如很多都表达了最小量、最大量或情态等。

再长远一点，我想弥补一下知识结构的缺陷，多读些古代尤其是先秦时期的文献，积累一些古汉语词汇语义方面的知识。从更长远的角度来想，可能还要写一部纯描写性的语法，要么是自己的母语，要么是普通话，要么是某一个断代文献或历时进程中的某个共时阶段。我觉得这是一个语法研究者的终极梦想或最终交代——你的所学所知所想终究要得到一个完备的共时系统的检验。

3. 在您求学和研究过程中，对您成长影响较大的著作和学者有哪些（哪几位）？

学术是代代传承的，我们今天的知识结构主要源自三个方面：一是自己的导师、授课老师的课堂，二是同辈之间的影响，三是前贤的学术著作。

我的硕士导师张爱民教授，她给我最大的影响是她对吕叔湘和朱德熙两位先生的推崇。在她的课堂上，她大到方法论，小到无数的“最小对比对”（minimal pairs），不厌其烦地给我们分析句法结构。她特别重视朱德熙先生的《语法答问》《语法讲义》和吕叔湘先生的《汉语语法分析问题》，一本薄薄的小册子，她能让你听完一个学期还觉得不够。她特别注重培养和训练语法本体分析能力，重视变换分析及其中的平行性原则。她还鼓励我们拓宽视野，在结构之外寻求认知—功能上的解释。她带着我们出去开会，直面各自心目中的学术偶像，激发你对学术的热情和向往。硕士期间，廖序东先生以八十八岁高龄，为我们讲授《马氏文通》。他思路十分清晰，常能就某些细节问题详加展开。每次发给我们的讲义，都是他最新的手稿。先生人淡如菊，人格也堪称楷模。李申教授给我们开设了“近代汉语”课，主要研读一些近代汉语的文献，这是我第一次接触到近代汉语的词汇和语法。从徐州师大走出去的张谊生教授，常回母校主持论文答辩。有一年，他带回他在上海师大讲课用的语法化课程的讲义，我复印了一份，看了很多遍，这是我语法化的启蒙。张秀松教授是我硕士同年级的同门师弟，他抱负远大，刻苦钻研，立志要读遍当时学校图书馆的所有相关书籍。他真的这么去做了，而且很认真，很多英文的原著他读完后就留下了自己手写的中文版译稿。有一个这样的师弟，你不得不也去阅读，去做笔记。此刻我不能不说起吴继光教授，尽管他未曾给我上过一节课，也未曾给我实质性的指导，但他是一面旗帜。可就在刚入学的那个学期，他离我们而去。多年来，他的灵光在我的脑海里一闪再闪，而不过。

在合肥任教期间，当时中文系主任张劲秋教授是我本科阶段的训诂学老师。他时时刻刻关心我的成长，无论是教学上，还是科研上，他总是不断督促我，及时提醒我。吴先文兄当时师从白兆麟先生攻训诂学，我们研究方向相对互补，彼此之间无所不谈，各自有所拓宽。

2007 年，我考上了吴福祥教授的博士生，开始了迄今最努力、重塑人生的三年。老实说，之前我并不是一个很勤奋的人，但读博三年彻底改变了，几乎所有的精力都用来阅读、思考和写作，这无疑源自吴老师的示范和激励效应。吴老师在知识面上全面覆盖了我们，他以自己广泛的阅读，精选出语言学理论、历史语言学、语法化、句法学、语义学、语用学、语言接触等领域的若干经典著作，做成一份中西文书目，让我们慢慢去读。他将任何可能的场合都变成课堂，随时随地都在讲他的阅读和思考的问题，了解我们的学习进展。在毕业论文的选题上，吴老师让我关注当时正在引入汉语学界的语义图模型，这一课题也成为我关注最多的领域。总而言之，这种传统的师徒培养模式对学生学术的训练非常有用，甚至还能孕育超出师生之间的亲如家人的情感。读博期间，我很幸运在语言所学习了多门经典课程。方梅教授的“篇章语言学”引导我们从更大的篇章视角考察语法标记和话语结构，非常重视交际互动的语言观。胡建华教授的“形式句法学”提醒我们，句法语义研究必须落实在形式上。刘丹青教授的“语言类型学”将“漫山找矿”和“深井开挖”相结合，为我们观察汉语现象打开了一扇大门。张伯江教授的“功能语法导论”以若干代表性的专题为线索，几乎将几十年来汉语语法研究的历史融入其中。老师们渊博的学识和严谨的学风让我受益终生，我在写作中的很多想法都是直接来自老师们所授知识的启发。

多年来的阅读经历使我发现，有些著作对我的影响相对较大。硕士阶段，前面提到的朱德熙的《语法答问》《语法讲义》和吕叔湘的《汉语语法分析问题》等几部现代汉语语法研究的经典著作，是我最初入门的底子。后来读了沈家煊的《不对称和标记论》，为书中简练的表述和论证的逻辑性所折服。刘丹青的《语序类型学与介词理论》，袁毓林的《语言的认知研究和计算分析》，张伯江、方梅的《汉语功能语法研究》，张敏的《认知语言学与汉语名词短语》等著作也开阔了我的眼界。考博时，为了系统地了解近代汉语语法的概貌和重要专题，我用心啃完了几本汉语历史语法方面的著作。尤其是蒋绍愚、曹广顺主编的《近代汉语语法史研究综述》和吴福祥的《语法化与汉语历史语法研究》，我将其中每一个章节中的重要内容和代表性的例句大段大段地摘录下来，A4纸密密麻麻地抄了一两百页，为了增强语感，我经常拿出来朗读，考试前差不多都能复述过来了。读博期间，Haspelmath的*Indefinite Pronouns*（《不定代词》）在语义图模型的操作上给了我直接的指引，也为我考察汉语疑问词非疑问用法提供了框架和理论来源。Croft的*Typology and Universals*（《语言类型学与普遍语法特征》）和*Radical Contruction Grammar*（《激进构式语法》）让人脱胎换骨，这两部书影响我的不是具体的分析操作，而是战略性学术思维的培养。此外，Traugott和Dasher的*Ragularity in Semantic Change*（《语义变化的规律性》），Bybee等的*The Evolution of Grammar: Tense, Aspect and Modality in the Languages of the World*（《语法的演化：世界语言的时、体和情态》），Payne的*Describing Morphosyntax*（《描写形态句法》）等都是读后很有收获的经典之作。

4. 如何发现并确定一个体量合适、有持续性的题目作为中长期研究对象？博士论文以外又如何拓展研究领域？

发现并确定一个体量合适、有持续性的中长期研究对象，需要有充分的阅读准备。短线的操作，可能我们有了灵感，动手就写，几天就可成文，有时可能也不赖。但中长远的研究需要在广泛的阅读中淘沙，有了这个底子，就会清楚某个题目有没有意义，在学科领域处于什么样的层次，个人是否有能力去胜任，等等。

当前，博士论文可能是绝大部分学者进入学术门槛的通行证，也是同行评价其学术水平和发展潜力的重要凭据，其重要性自不待言。很多人的博士论文代表了一生的最高水平。目前我能看到的，若想在博士论文之外拓展前进，最重要的恐怕需要理论的加持和方法的更新，单靠研究对象的更换或许只能拓宽研究领域，无法提升研究层次。

5. 对于汉语史研究而言，材料和理论都很重要，但硕博士研究生在有限的学习期限内对熟悉材料和掌握理论常常觉得顾此失彼，您对此有何建议?

我是带着现代汉语语法研究的底子来研究句法语义演变的，加上先天不足，在汉语史材料上受过的训练较少，自身就是“顾此失彼”的典型。建议同学们去阅读其他学者的高见。有时，我们不妨换个角度想：如果我的研究方向主要是材料导向的，或者我个人是以材料见长的，那么，我为什么一定要去寻找理论上的平衡？反过来也一样。在当前学科越来越精密化的时代，对于每一个在读的硕博士研究生来说，在有限的两三年，用“木桶效应”来要求或许过于苛求，能做好一端就已经不错了。当然，前提条件是都要达到合格，用起来不能出错。研究是一辈子的事，未来的路还很长，只要不放弃学术的追求，以后可以不断地调整。

6. 对初涉汉语史学习和研究的硕博士研究生来说，您觉得哪些学术训练是必要的？在学术训练的过程中，应该具备哪些基本素质？

我的研究方向是汉语历史语法学。初涉这个领域，最好先去熟悉研究的对象，熟悉上古至近代汉语语法史的概貌，然后细读一些专题。有了这个底子，今后无论采用什么方法，都不至于跑偏。打算以语法描写为己任的，可以多关注描写对象本身，结合文献和词典，对所要描写的对象语言理解通透，将来写出的文章会很扎实。有志于理论解释的，可以选取自己认同的某一理论，精读这个理论流派的经典文献，将其一以贯之地用于所考察的对象，写出的文章可能较有新意。

在此过程中，有两点略作补充。一是语法分析。要学会掌握一种语法描写的方法，尤其要善于运用“最小对比对”揭示差异，发现规律。二是逻辑思维。研究要通过文章来检验，书面表达至关重要，而逻辑性又是重中之重。大到布局谋篇，小到例句安排，无不需要逻辑思维的支撑。我们在做出一个概括后，常常会发现例外，对例外如何处理、如何解释，决定了通篇内部是否自洽。

7. 回顾求学和科研道路，您是不是也走过一些弯路？从中有无什么经验教训？是否可以结合具体经历分享一下？

有几件事对我的触动非常大。2013 年，《汉语史学报》（第十三辑）赐版刊登了拙文《语义图模型与汉语几个情态词的语义演变》。这篇稿子是从博士论文中选取出来的，投稿时用的是简化字自动转换的繁体字，未仔细校对，文献征引体例也未做改动。后来，编辑部发来匿审专家意见，非常具体，令人无地自容。主要意见有：自动转换的繁体字要注意一些特别容易出错的字，比如“言说”义的“云”不能错为“雲”等；标明文献出处时，要采用规范统一的体例，有些信息不能放在书名号里。对于汉语史专业的研究者来说，这些甚至连最简单的常识性问题都够不上，而我居然在这些问题上出了错漏，无论是基础不牢，还是态度所致，都实在无法原谅。此事过后，我恶补了一点文献知识，在体例规范上更是细心严格，这对我后来从事辞书编纂和审稿校稿工作产生了非常大的影响。我想说的是，由于先天不足，有些入门之前的基本功我没做好准备，但一经提点，及时改正并严格要求，将会一生受益。

我曾写了篇文章，讨论汉语史上“及物动词＋于（於）＋直接宾语”的现象，认为这是一种“逆被动式”（antipassive）。后来，我的师妹王丽玲也讨论了这一现象，并称之为“降宾式”（object demotion）。拙文称之为“逆被动式”的主要依据是直接宾语以旁格（oblique）的形式出现，功能上也非常符合。但 Payne（1997）提到，逆被动式和降宾式最重要的区别是，逆被动式中动词带有某种专门的逆被动化标记或不及物标记，而降宾式则没有这样的标记。我当时想，汉语并非形态型的语言，如果还要以是否带不及物标记为标准，那我们也可以说，汉语也没有真正的被动式。何况，Payne（1997）也提到，Heath（1976）便将降宾式当作逆被动化的类型。这里我想表达的是，面对同一种语言现象，你是往前进一步，贴上某个标签，还是老老实实采取一种相对稳妥的中立的做法。放到现在，我一定会退一步，称之为降宾式。

8. 您是如何平衡自己的科研和日常生活的？如何看待网络上传说的高校青年教师“007”（零点上班，零点休息，一周工作七天）的生活模式？您平常都会怎么放松身心呢？

需要平衡的体现在方方面面。博士毕业后，本职工作是辞书编纂和修订，这项工作是需要长期耕耘的细活儿，要一遍又一遍地修改、校对，常常手头上同时有几部辞书的活儿。多年下来，责任心和耐心都得到了锻炼，积累了一些素材，学术的路子也拓宽了。科研有所耽搁，但理想未曾泯灭。学术思考从未间断，每年会参加几次学术会议，只是下笔落实十分缓慢，有一次整理材料，发现积压了不少未曾完稿的 PPT，心下自责不已。

在这两件事的平衡上，基本原则是：本职工作第一，有任务按时完成；有余力就落实写文章。于是我总是觉得没有什么余力。另外，这两项工作给人带来的体验是不同的。编字典过程繁琐甚至枯燥，但结果能带来愉悦——那么多人在使用《新华字典》和《现代汉语词典》，偏偏你就这么幸运地参与其中。写文章的过程于我总是满怀愉悦，我从来没有痛苦地面对写作，但结果常常不能尽如人意——在你的心里，那些传世的经典之作时刻高悬在上，闪闪发光。

我没有本科生的教学任务，近来开了两门研究生课程。教学内容自己相对熟悉，专门投入教学的时间并不多，加上学生素质很好，教学相长。我还要直面的现实是：主持家务，几近包揽；膝下二子，年幼待哺。我很喜欢做这些事。当你洗晒叠放家人的衣服，当你擦拭整理每一张桌椅，当你做好饭菜端上桌来，当你看到二子争食，一天天长大，你会毫不犹豫地确定，你是在做最正确的事情，而且过程和结果都让人愉悦。

每天晚饭前去公园跑步，一圈下来，六七千米，足以大汗淋漓。喜名家翰墨，尤爱二王、颜真卿、米芾、董其昌，常捧帖赏读，意犹未尽时，取笔对临，眼里心里，纯然只有黑白，无比清净。或与师友三五人，相约餐叙，谈笑风生，所有的累都消散了。

主要论著目录

（一）著作

张定 2020《汉语多功能语言形式的语义图视角》，商务印书馆。

（二）论文

张定 2003《词和短语界限的模糊性》，《安徽教育学院学报》第 1 期。

张定 2004《枞阳方言本字考》，《安徽教育学院学报》第 5 期。

张定 2006《枞阳方言被动标记“着”的历史来源及其语法化》，《安徽教育学院学报》第 1 期。

张定 2007《汉语方言反复体标记的若干类型》，《语法化与语法研究（三）》，商务印书馆。

张定 2009《枞阳方言两个回声否定词的语法化》，《中国语文》第 4 期。

张定 丁海燕 2009《助动词“好”的语法化及相关词汇化现象》，《语言教学与研究》第 5 期。

张定 2011《汉语的一种逆被动式》，《语法化与语法研究（五）》，商务印书馆。

张定 2013《汉语疑问词任指用法的来源——兼谈“任何”的形成》，《中国语文》第 2 期。

张定 2013《汉语疑问词虚指用法的来源》，《语法化与语法研究（六）》，商务印书馆。

张定 2013《语义图模型与汉语几个情态词的语义演变》，

《汉语史学报》第 13 辑，上海教育出版社。

张定 2015《从“往”义动词到远指代词——上古汉语指示词“之”的来源》，《古汉语研究》第 3 期。

张定 2015《语文词典中疑问词非疑问用法的处理》，《中国辞书学报》第 1 辑，商务印书馆。

张定 2016《“追逐”动词语义图》，《当代语言学》第 1 期。

张定 2017《“穿戴”动词语义图》，《当代语言学》第 4 期。

张定 2019《汉语否定不定代词的类型转变》，《古汉语研究》第 2 期。

张定 2019《“X 差”类词语的句法语义问题》，《语文辞书论集》第 11 辑，人民教育出版社。

张小艳

每一个词都可以从「史」的角度去探求生命轨迹

张小艳

女，1975年生，贵州余庆人。1999年毕业于贵州大学中文系，获文学硕士学位，导师王锳教授；2004年毕业于浙江大学古籍研究所，获文学博士学位，导师张涌泉教授。现为复旦大学出土文献与古文字研究中心教授，博士生导师。

主要从事敦煌学、汉语言文字的研究，发表论文70篇，出版专著2部。近年来主要致力于敦煌文献疑难词语考释、敦煌佛教疑伪经整理、敦煌文献通假字汇纂等课题的研究，在俗字俗语考释、疑伪经残卷缀合方面略有所得。

1. 请介绍一下您求学、研究的经历和治学领域。

我本科的学习是分两个阶段完成的，1992—1994年，就读于遵义师范专科学校中文系；1994—1996年，中期选拔到贵州师范大学中文系继续学习。1996—1999年，在贵州大学中文系读硕士，导师王锳先生。2001—2004年，在浙江大学古籍研究所读博士，导师张涌泉先生。2004—2006年，流动到浙江大学教育学院从事博士后研究，合作导师田正平先生，其实仍在张涌泉先生指导下做课题研究。2006年秋至今，在复旦大学出土文献与古文字研究中心从事敦煌学、近代汉语的教学与研究。

在贵州师大读书时，顾久先生给我们讲训诂学，注重从汉字形体的解析、汉语声韵的通转来释词解义。而今想来，记忆最深刻的就是，先生讲声训时，特别以清儒程瑶田《果蠃转语记》中“果蠃”的训释为例，讲述如何根据“音转义通”来系联同源词，揭示汉语词汇孳乳发展的内在理据。先生深入浅出、生动形象的讲解，让我真切地感受到汉语研究真的“很好玩”，由此开启了我在汉语学习和研究中追寻“好玩”的人生旅程。

硕士阶段，在王锳先生指导下学习近代汉语。入学后，先生给我们讲授训诂学、近代汉语研究、语言学文献检索和范文选读。在此基础上，读了一些魏晋至唐宋时期的典籍以及与汉语史研究的相关论著。硕士论文做的《杨万里诗助词研究》，主要参考曹广顺先生的《近代汉语助词》，对杨万里诗中所见近代汉语时期的助词作全面的辑录与研究。初稿很不成熟，先生对其中的每条例证都仔细揣摩审核，不仅在字里行间作简要的批注，还在页面间夹入写满批语的纸片（参图1—图3），逐一指明存在的问题和修改的方向。先生对拙文的切实指导和严格把关，不仅大大提高了论文的质量，而且具体教会我如何准确地理解词义、体会语气，怎样对语料作充分的描写和恰当的解释。这样的经历，令我受益终身。

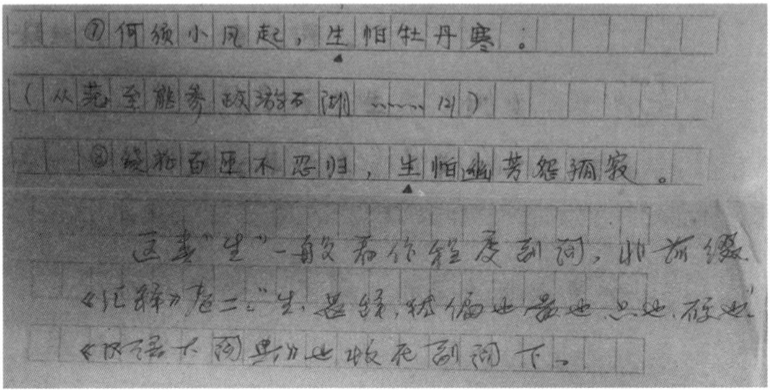
⑦何须小风起，生怕牡丹寒。
（从尧至熊秀……12）
⑧绿补石匣不忍归，生怕幽芳怨摘寂。
这里"生"一般看作程度副词，此亦像《诠释》卷二："生，甚辞，犹偏也，最也，只也，硬也。"《汉语大词典》也收在副词下。

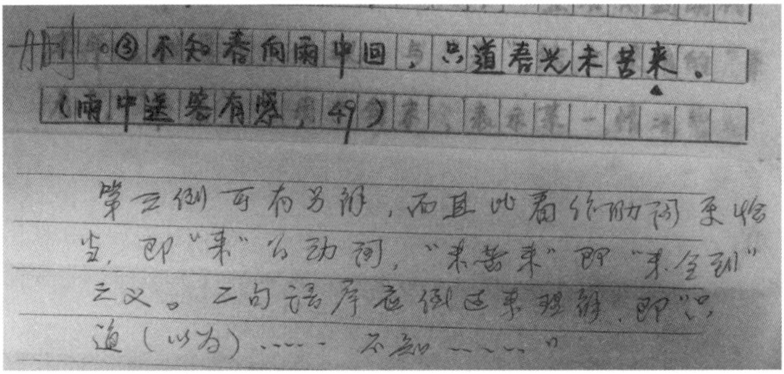
⑨不知春向雨中回，只道春光来甚来。
（雨中送客有感，49）
第三例可有另解，而且以看作副词更恰当，即"来"为动词，"来甚来"即"来全到"之义。二句语序应倒过来理解，即"只道（以为）……不知……"。

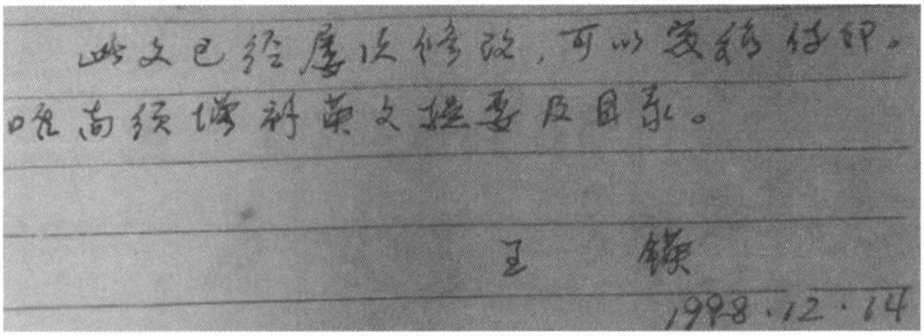
此文已经屡次修改，可以誊稿付印。唯尚须增补英文提要及目录。
王锳
1998.12.14

图 1—图 3　王锳先生在笔者硕士论文初稿及修订稿上的批注和说明

博士阶段，在张涌泉先生指导下学习敦煌学。对我来说，敦煌学完全是一门全新的学问。针对我的情况，先生一边指引我学习荣新江先生的新著《敦煌学十八讲》，一边让我参加他主持的《敦煌文献语言大词典》项目，通过辑录、编写词条来培养我阅读写本的能力。经过一段时间的训练，我发现敦煌书仪的用语较特别，相关研究也不多，便打算以此作博士论文的选题。将此想法向先生汇报并得到认可后，“敦煌书仪语言研究”便作为我博士论文的题目确定下来了。此后，便集中精力校录敦煌书仪写本，撰写学位论文。初稿写成，呈给先生审阅。先生通读全稿后，不仅从宏观的角度对论文的谋篇布局提出指导性的修改意见，还对具体的释文、考证、行文表达等枝节问题进行增删改订。这种全面切实地指导，让我深刻认识到自己写作中存在的种种问题，明白今后遇到类似的情况应从哪些方面来思考、解决问题，培养了我独立写作、修改文章的能力。之后的二稿、三稿，先生又都一一过目，提出进一步的修订意见。基本定稿后，先生又让我将论文寄给硕士导师王锳先生、袁本良先生审阅指正。经过四五次的打磨、锤炼，论文提交答辩时得到一致好评，这都是因

图 4 《敦煌书仪语言研究》书影

图 5 《敦煌社会经济文献词语论考》书影

为其中凝聚了三位先生的智慧与心血。后来，此文有幸入选商务印书馆语言学出版基金资助项目，作为“中国语言学文库”之一种于2007年出版。现在看来，其中仍有不少疏失，尚待进一步修订。

2004年毕业后，我仍在张先生指导下从事博士后课题的研究，继续博士期间未完成的敦煌社会经济文献词语的辑录、考释。博士后两年，因每周都要回湖州师范学院上课，投入学习和研究的时间相对有限，提交答辩的出站报告，内容较单薄，有待充实完善。这一工作直到2006年入职复旦后，才重新捡拾起来。本阶段主要对邈真赞、籍账、契约、社邑文书等作分类校录，就其中词语进行详考，撰写了几篇相关的论文，将其融入出站报告，改定为《敦煌社会经济文献词语论考》，2013年由上海人民出版社出版。

从读博至今，我做的主要是敦煌文献语言文字的研究工作，一直从事《敦煌文献语言大词典》词条的搜辑和编写，也做一些敦煌文献的整理，如佛教疑伪经校录、变文的重新校注等，但主体仍是字词的校勘、训释。

2. 目前正在从事什么研究？将来有何科研规划？

现在正抓紧完成《敦煌文献语言大词典》中相关词条的修改写定，还承担了“敦煌变文全集”中一些篇目的汇校和注释，也在从事“敦煌文献通假字汇纂”的资料搜辑，做的都是文献整理和资料汇辑的初步工作，谈不上全面、系统的研究。但是，这样的基础工作却是很有必要的。

上述工作结束后，打算集中精力将初步成型的“敦煌佛教疑伪经校录并研究”整理出版；之后，在《敦煌文献通假字汇纂》的基础上，撰著《敦煌文献通假字语音研究》《通假字研究与敦煌文献校理》的书稿。后续打算对敦煌佛经的用字做一些基础研究，敦煌佛经的时代跨越4—11世纪，其中用字较为真实地反映了晋魏隋唐迄宋初写本中文字具体的使用情况。由于敦煌佛经的量非常大，拟按时代选择一批有代表性的写本来做系统的考察。

3. 在您求学和研究过程中，对您成长影响较大的著作和学者有哪些（哪几位）？

从这些年所做工作来看，我比较偏向于传统训诂学的研究，着眼于字词的校勘与训释。这方面，对我影响较大的就是前面提到的三位先生。

顾久先生对声训、转语的介绍，引导我在后来的学习、研究中，更多地关注和思考汉语中“音”的成分。

王锳先生在近代汉语词语的考释中，不仅重视对具体词义和用法的精准把握，也着意探求这些词义和用法的由来，如他在《试论“通感生义”——从“闻”字说起》一文中，以“闻”“闹”等的词义演变为例，阐述了词义衍生的另一种途径——通感生义，即同一词语因感官的联通而孳生出新义。类似的研究在他的《诗词曲语辞例释》《唐宋笔记语辞汇释》中都有集中的反映。王先生对词义的准确理解和演变途径的多方考求，对我从事字词考释产生了潜移默化的影响，即在词义训释的基础上努力考求其获义之由。

张涌泉先生对字形有一种独特的敏感，他对文字的精微辨析和准确考释，在《汉语俗字研究》《敦煌俗字研究》

和一些单篇文章中都有突出的展示。先生审读我的论文时，多次强调字形的重要性，他常说：有的词语，字认准了，词义也就明白了。他还特别重视词语用字和字形的时代性，指出某词何时用什么字表示；某字的某种写法不见于敦煌写本，并以之作为敦煌写本辨伪的主要依据。先生对词语用字和字形的强调与重视，使我格外注重词语考释中“字”的因素，弥补了以往的不足。正是受惠于三位先生的指引和教导，我才逐渐养成将形、音、义三方面结合起来思考问题的习惯。

著作方面，我获益较多的是蒋绍愚先生的《古汉语词汇纲要》和蒋礼鸿先生的《敦煌变文字义通释》。《纲要》是我在硕士期间通读的，其中有关词义发展和变化的论述给我留下了深刻的印象，尤其是用“相因生义”这个概念来解释汉语中一些词，因词义近似或类同而在词义演变序列上表现出同步引申的特点，揭示了汉语词义发展的系统性。那时我恰好在读《世说新语》，受此观点的启发，便对其中“差、较、觉”“疑、拟”“问、讯”“谓、云”“善、能、得”等五组词语的词义引申做了较为细致的考察和描写，并尝试从“相因生义”的角度进行解释。由于这样的因缘，我做博士论文讨论敦煌书仪新义的衍生机制时，也曾试着从“相因生义”的角度来解释某些词语新义的由来。正是《纲要》，让我对古汉语词汇的面貌有了整体的认识，引导我注意词义变化的多样性和系统性。如果说，我博士论文中有一点理论思考的成分的话，那主要是受益于此书及蒋先生其他论著中相关理论的启发所致。

《通释》一书，我曾逐字逐句地读过两遍，至今仍是我研究中不可或缺的重要参考书。书中提出的纵横结合研究汉语词汇的理念，影响了几代学人，早已深入人心；具体考释词语时，作者运用了多种切实有效的考订方法，蒋绍愚先生在《重读〈敦煌变文字义通释〉》中把这些方法总结为：参照故训、参证方言、分析读音、考辨文字、比较异文、排比归纳、寻找源头、探究理据、梳理词义、阐述演变等十种。作为敦煌文献词语考释的经典著作，此书值得每一位从事中古近代汉语研究的学者精读、珍藏。

4. 如何发现并确定一个体量合适、有持续性的题目作为中长期研究对象？博士论文以外又如何拓展研究领域？

这跟个人兴趣、阅读和思考有关。若学生对某一时段的汉语研究感兴趣，他自然会主动去阅读相关的语料，从感性上熟悉它。同时，也会尽可能找有关的研究论著来参阅，看前人在哪些方面做过研究，成绩怎样，是否还有开掘的余地。

阅读语料及前贤论著的过程中，用心的学生便会从中发现问题，这些问题又将促使他去寻找答案，进一步拓宽阅读面。这种不断发疑、解疑的过程，又会推动他将一个个问题串起来，融会贯通，形成一个体量较大而又彼此关联的题目。随着研究的深入，涉及的面越来越宽，就会发现很多始料未及的问题，求知欲将引领着喜欢钻研的学生不断开拓新的领域。

所以，我个人以为不是没有题目，而是看学生是否真心喜欢并主动地去阅读、思考。若是，那必定会不断发现并逐渐积累一些持续性的题目。

5. 对于汉语史研究而言，材料和理论都很重要，但硕博士研究生在有限的学习期限内对熟悉材料和掌握理论常常觉得顾此失彼，您对此有何建议？

熟悉材料和掌握理论，二者并不是非此即彼的问题。时间充裕，两者可兼行不悖；时间仓促，则当以前者为主。因为材料是基础、是前提，没有材料，光有理论的功夫，好比巧妇难为无米之炊，根本做不成论文。况且，理论的掌握决非一天一日之事，它是经过长期学习形成的一种素养，是一种思维习惯。因此，若时间紧张，且没有理论基础的学生，恐怕还是当以熟悉材料为先。

如果有时间，则当趁年轻精力充沛之时，尽可能努力掌握相关理论，形成一种思维习惯，面对同样的材料，看问题的角度和深度自然不同凡响。可以说，学好了，可以起到事半功倍的效果。

但我本人在语言理论方面是非常欠缺的，由于自己所做都是具体零散的词语考释和敦煌文献的校录整理，对语言现象的认识缺少系统的把握和深入的探讨，更不要说语言变化中规律的提炼与总结了。正因为深刻认识到自己的不足，所以特别希望年轻的硕博士们能在入门之初就格外重视理论的学习。

6. 对初涉汉语史学习和研究的硕博士研究生来说，您觉得哪些学术训练是必要的？在学术训练的过程中，应该具备哪些基本素质？

从研究对象来说，阅读古籍的能力是必须要具备的。要具备读古书的能力，则当在文字、音韵、训诂方面进行专业的训练。此外，历史、地理、职官、制度、艺术、考古等相关知识也要有一定的了解。

到复旦后，承蒙余欣老师邀请我参加他主持的“中古中国共同研究班”，有幸结识一批从事同一时段而具有不同专业背景的同好，他们大多从事文学、历史、地理、艺术等方面的研究。每次读书班，主讲老师的报告及其他老师的评议，让我见识到全然不同的学术视野，在学术争鸣中产生思想碰撞的火花。更重要的是，这样的交流让我遇到问题时，会设法从语言文字之外的其他角度去寻求答案。唐雯老师常对我说，要多从制度史的角度看问题，这令我受益匪浅。因此，我以为，专业知识之外，不妨拓宽视野，阅读一些历史、地理、职官、制度、艺术、考古方面的论著。

7. 在读硕博士研究生如果以学术研究为志业，必然面临发表论文的问题，在论文选题、撰写、投稿及提高命中率方面，可否介绍一下经验？

说到发表论文，文章的质量是首要的。首先，要勤练笔。发现问题，有想法后，整理思路，将它写出来。即便是读书札记，也要随时整理成文。勤写多练，养成习惯后，写起来就会比较顺。其次，资料要详实、准确、可靠，观点要站得住、立得稳，逻辑严密，层次清楚，语言平实。最后，初稿完成后，要多读多改，寻思哪条例证放在哪儿合适，哪段话移到何处恰当，读来别扭的语句尽可能换一种表达，使之通顺畅达。张涌泉先生教导我，文章写成后，要先放一段时间，再拿出来读，细心修改，不断打磨。总之，“文章不厌千遍改”。经过这样的严格训练后，便会慢慢形成一种习惯。学生的论文，我也是这样要求的。他们投稿的文章，我都会改好几遍。

如果文章的内容、形式都达到自己满意、认可的程度。那么，这样的文章投出去，一般都会被采用，除非遇到特殊情况。若不幸被拒，也不必灰心，屡败屡战，重新客观地审视自己的论文，再作修改，另投其他刊物。

学写论文之初，可找一些与汉语史研究相关的刊物，时常翻阅，有意识地选择一些自己佩服的大家的文章来精读，学习他们提出问题、解决问题的思路、步骤以及行文的次序、用语表达等，先模仿效法，然后逐步形成自己的风格。

此外，博士生既然面临发文章的问题，而修习专业课后一般都要交一篇课程论文。那么，准备课程论文时，不妨从发表的高度要求自己，充分准备。这样，精心完成的课程论文，在获得学分的同时，又连带解决了论文发表的问题，还给自己留出宽裕的时间来阅读、思考、完成学位论文，何乐而不为呢？

8. 请问您进入汉语史专业的初衷是什么？一路走来，您对汉语史专业的认识有没有什么变化？

报考硕士时，“汉语史”具体是什么专业，我其实并不明白，只当它是“古汉语研究”。对我来说，进入汉语史专业的初衷，就是决定考研的初心——觉得汉语研究“很好玩”。本科学习中，我最喜欢的课程是古代汉语，毕业论文写的是“中学语文课本文言文注释之管见”，也是与训诂相关的。

一路走来，我对汉语史专业的认识，从懵懂无知到逐渐明晰。认清汉语史研究的对象后，追寻汉语研究中种种“好玩”时，的确获得了一点发现的快乐。但更多的是，迫切地感到“吾生也有涯，而知也无涯”。“汉语史”是研究汉语历史发展的学问，包括上古、中古、近代三个阶段，而我研究所涉仅仅只是中古、近代汉语这两段中，以敦煌发现的六朝至宋初的文献为主的语料，且主要做词汇、文字的研究，范围很窄。即便如此，里面也仍有不少没搞清楚的地方。记得有学者说，做唐代研究，就当把唐代的书一一读过。陈尚君先生曾问我：敦煌文献，你全都读过了吗？实在汗颜，我读过的敦煌写本其实非常有限，更不要说有唐一代所有的著作了。当我学习蒋绍愚先生《汉语历史词汇学概要》、汪维辉先生《汉语核心词的历史与现状研究》时，我常对自己说：要尽可能拓宽范围，内容也不能仅限于词汇，语法、语音也要兼顾；时段上，尽量打通，对某些问题应做通史的研究；不能只重视汉语的历时演变，也要关注方言的共时分布；还要注重理论方法的运用、规律的总结，等等。总之，蒋先生、汪先生关于汉语词汇史研究的最新成果，让我对“汉语史专业”的认识更加丰富明晰，知道自己的不足，尽可能去学习和弥补。

9. 回顾求学和科研道路，您是不是也走过一些弯路？有无经验教训？是否可以结合具体经历分享一下？

若说走过的弯路，其中确有不少惨痛的教训，感受最深的是下面两点：

第一，学好几门外语。敦煌学是一门国际性的学问，英、法、俄、美、日各国学者在这方面都有不少优秀的成果，尤其是日本学者，他们在历史、佛教、文学、语言（胡语）方面都有精深的研究。做敦煌研究，他们的成果是必须要参阅的。英、美论著，尚可勉强读懂；法、俄、日的则全然不会。语言的隔阂，成了继续深入研究的一大阻力。为了读懂日本学者的论著，现在我每天都要留出一定的时间来学日语。因此，也常常对学生说，如果可能，尽量学好一两门外语，尤其是日语。

第二，看到有用的资料要随手记下。做敦煌文献字词的研究，罕见的字例、词例异常珍贵。翻阅图录或研读相关论著时，偶尔看到一些正在搜集的字例和词例，惊喜之余，因未能及时将图录、论著的页码记下，便随手将书合上了。于是，只好在懊悔不迭中，重新逐页翻找，浪费了大把宝贵的时间。

10. 您是如何平衡自己的科研和日常生活的？您如何看待网络上传说的高校青年教师“007”（零点上班，零点休息，一周工作七天）的生活模式？您平常都会怎么放松身心呢？

我的日常生活比较简单，主要以科研、教学为主。网上传说的高校青年教师“007”的生活模式，可以理解。个人以为，不管什么生活模式，适合自己就行，但不宜过度透支身体。毕竟，唯有身体健康，才能更好地投入工作和生活。所以，我每周也会尽可能抽出时间去跑跑步，彻底放松一下自己。

11. 您对汉语史研究有何展望和期待？

当下有关汉语史的研究，在语音、词汇、语法方面都取得了突出的成就。以汉语历史词汇研究而言，疑难词语的考释，断代、专书词语的研究，以语义场为基础的常用词、核心词研究，词类（如副词、量词、助词等）研究，某类体裁文献的语言研究，词义的历时演变，汉语词汇化、语法化的研究，等等，既有个案的描写、解释，也有理论的探讨、总结，几乎每个方面都积累了大量的成果，可谓丰富厚重，令人应接不暇。

仔细审视以往的研究，其中仍留有一些尚待拓展的空间。譬如：每个历史阶段新出现了哪些文字、词汇和读音，这些字、词、音与原有的字、词、音之间有怎样的关系，它们共存、分化、更替、消亡、沿用的真实情景是怎样的？为什么有的消失了，有的一直沿用至今，什么因素导致了这样的格局？从文字来说，徐铉校订《说文解字》时，增收了一批"新附字"，这些字什么时候出现的？"新附字"之外，未被收录的新见字还有哪些，它们怎么来的？以这些字记录的词语是否都是新词，其间的字词关系是怎样的？《字源》解决了大部分古文字的来源，然而中古、近代汉语阶段新出现的文字、词汇、语音的情况，以及它们彼此之间的对应关系，则还有待做具体详实的调查和研究。

总之，汉语史上各个阶段新出现的每一个字、词、音，都是值得深究的，都可以从"史"的角度去探求它们的生命轨迹。

主要论著目录

（一）著作

张小艳 2007《敦煌书仪语言研究》，商务印书馆。

张小艳 2013《敦煌社会经济文献词语论考》，上海人民出版社。

（二）论文

张小艳 2001《杨万里诗助词“来”的用法研究》，《湖州师范学院学报》第 1 期。

张小艳 2001《杨万里诗动态助词研究》，《井冈山师范学院学报》第 2 期。

张小艳 2001《〈汉语大词典〉近代汉语条目补正》，《湖州师范学院学报》第 4 期。

张小艳 2003《“寐”字考》，《语言研究》第 1 期。

张小艳 2003《〈宋高僧传〉补校》，《湖州师范学院学报》第 2 期。

张小艳 2003《删字符号卜与敦煌文献的解读》，《敦煌研究》第 3 期。

张小艳 2004《“心”旁误作“辵”旁例释》，《古汉语研究》第 2 期。

张小艳 2004《敦煌文献中所见“门状”的形制》，《文献》第 3 期。

张小艳 2004《敦煌写本书仪语词选释》，《湖州师范学院学报》第 3 期。

张小艳 2004《试论敦煌书仪的语料价值》，《浙江与敦煌学——常书鸿先生诞辰一百周年纪念文集》，浙江古籍出版社。

张小艳 2005《敦煌写本书仪的文体特色及其在近代汉语词汇研究上的价值》，《敦煌吐鲁番研究》第8卷，中华书局。

张小艳 2005《敦煌书仪误校示例》，《文史》第2期。

张小艳 2005《试论体裁语言研究对辞书编纂的意义》，《浙江大学学报（人文社科版）》第5期。

张小艳 2005《“虬车”考》，《湖州师范学院学报》第5期。

张小艳 2006《敦煌社会经济文书语词辑考》，《出土文献与古文字研究》第1辑，复旦大学出版社。

张涌泉 张小艳 2007《字海释疑铸新篇——读杨宝忠〈疑难字考释与研究〉》，《古汉语研究》第1期。

张小艳 2008《杨宝忠〈疑难字考释与研究〉建言》，《汉语史学报》第7辑，上海教育出版社。

张小艳 2008《敦煌籍帐文书释词》，《出土文献与古文字研究》第2辑，复旦大学出版社。

张小艳 2008《论语体转换对词义的影响——以书札用语为例》，《古汉语研究》第2期。

张小艳 2008《敦煌写本〈俗务要名林〉字词笺释（一）》，《语言研究辑刊》第5辑，上海辞书出版社。

张小艳 2008《敦煌文献疑难字考释五则》，《中国文字学报》第2辑，商务印书馆。

张小艳 2008《唐五代韵书与敦煌文献的解读》，《敦煌研究》第5期。

张小艳 2010《敦煌邈真赞校读记》，《出土文献与古文字研究》第3辑，复旦大学出版社。

张小艳 2010《敦煌写本〈俗务要名林〉字词笺释（二）》，《语言研究集刊》第7辑，上海辞书出版社。

张小艳 2011《敦煌籍帐文书字词笺释》，《敦煌吐鲁番研究》第12卷，上海古籍出版社。

张小艳 2011《敦煌变文疑难词语考辨三则》，《中国语文》第5期。

张小艳 2011《敦煌本〈佛说佛名经〉（二十卷本）字词辑考》，《出土文献与古文字研究》第4辑，上海古籍出版社。

张小艳 2012《“坐社”与“作社”》，《敦煌研究》第4期。

张小艳 2012《〈佛说相好经〉校录补正》，《敦煌学辑刊》第3期。

张小艳 2013《敦煌契约文书词语辑考》，《丝路历史文化研讨会论集（2012）》，新疆科学技术出版社。

张小艳 2013《敦煌社邑文书词语辑考》，《敦煌吐鲁番研究》第13卷，上海古籍出版社。

张小艳 2013《“魁”与“盔”——中古名物系联例释》，《复旦学报（社会科学版）》第4期。

张小艳 2013《“不办承料”辨正》，《文史》第2期。

张小艳 2013《敦煌佛经疑难字词辑释》，《中国训诂学报》第2辑，商务印书馆。

张小艳 2013《吐鲁番出土文书词语考释三则》，《中国语文》第6期。

张小艳 2013《敦煌佛教疑伪经疑难词语考释》，《出土文献与古文字研究》第5辑，上海古籍出版社。

张小艳 2014《敦煌本〈盂兰盆经赞述〉两种辨正》，《文献》第6期。

张小艳 2014《类书引经研究的典范之作——读〈《初学记》引经考〉》，《宁波大学学报（教育科学版）》第6期。

张小艳 傅及斯 2014《敦煌本“晋译五十华严”残卷缀合研究》，《浙江师范大学学报（社会科学版）》第6期。

张小艳 2014《稽古寻例三十载，写本文献铸成“学”——读〈敦煌写本文献学〉》，《敦煌学辑刊》第6期。

张小艳 2014《敦煌社会经济文书疑难词语辑考》，《2013敦煌、吐鲁番国际学术研讨会论文集》，台南成功大学中国文学系印行。

张小艳 2015《敦煌佛经疑难字词考辨三则》，《出土文献与古文字研究》第6辑，上海古籍出版社。

张小艳 2015《敦煌本〈众经要揽〉研究》，《敦煌吐鲁番研究》第 15 卷，上海古籍出版社。

张小艳 2015《杏雨书屋藏〈天复八年（909）吴安君分家遗书〉校释》，《丝绸之路民族文献与文化研究》，甘肃教育出版社。

张小艳 2015《敦煌本〈父母恩重经〉残卷缀合研究》，《安徽大学学报（哲学社会科学版）》第 3 期。

张小艳 傅及斯 2015《敦煌本唐译"八十华严"缀合研究》，《浙江社会科学》第 6 期。

张小艳 2015《敦煌本〈新菩萨经〉、〈劝善经〉、〈救诸众生苦难经〉残卷缀合研究》，《复旦学报（社会科学版）》第 6 期。

张小艳 2015《敦煌疑伪经四种残卷缀合研究》，《宗教学研究》第 4 期。

张小艳 2016《敦煌疑伪经四种残卷缀合研究》，《敦煌研究》第 1 期。

张小艳 2016《敦煌疑伪经三种残卷缀合研究》，《浙江大学学报（人文社会科学版）》第 3 期。

张小艳 2016《"驴纣乃是孔目"释疑》，《中国语言文学研究》春之卷，社会科学文献出版社。

张小艳 2016《敦煌本〈大通方广经〉残卷缀合研究》，《佛教文献研究》第 2 辑（佛教疑伪经研究专刊），广西师范大学出版社。

张小艳 2016《河西出土随葬衣物疏疑难字词考释》，《瓜州锁阳城遗址与丝绸之路历史文化研究》，甘肃教育出版社。

张小艳 2016《汉文〈善恶因果经〉研究》，《敦煌吐鲁番研究》第 16 卷，上海古籍出版社。

张小艳 2017《敦煌疑伪经六种残卷缀合研究》，《文献》第 1 期。

张小艳 2017《说"傻"》，《汉语史学报》第 17 辑，上海教育出版社。

张小艳 2017《敦煌变文校读札记》，《汉语史学报》第 18

辑，上海教育出版社。

张小艳 2017《〈佛说如来八相成道经变文〉校注》(《敦煌变文全集》项目组，张小艳执笔),《中国俗文化研究》第14辑，四川大学出版社。

张小艳 2017《〈敦煌医药文献真迹释录〉校读记》,《敦煌吐鲁番研究》第17卷，上海古籍出版社。

张小艳 2018《敦煌小说疑难词语解诂》,《中国训诂学报》第3辑，商务印书馆。

张小艳 刘娇 2018《敦煌字书校读札记》,《出土文献与古文字研究》第7辑，上海古籍出版社。

张小艳 冯豆 2018《敦煌变文疑难字词辨释》,《敦煌学辑刊》第3期。

张小艳 2018《"伎俩"探源》,《历史语言学研究》第12辑，商务印书馆。

张小艳 2018《俄弗275号写经非敦煌遗书辨》,《中古中国研究》第2卷，中西书局。

张小艳 2019《敦煌佛教疑伪经词语考释五则》,《中国语文》第1期。

张小艳 2019《敦煌佛教疑伪经疑难字词考释》,《敦煌吐鲁番研究》第18卷，上海古籍出版社。

张小艳 2019《敦煌祭文疑难字词校考》,《出土文献与古文字研究》第8辑，上海古籍出版社。

张小艳 2019《敦煌佛教疑伪经亟待整理》,《中国社会科学报》12月13日第6版。

张小艳 2020《"栗六"考源》,《辞书研究》第1期。

张小艳 2020《敦煌变文疑难词语校释》,《中国语文》第6期。

张小艳 2020《敦煌赋字词校释》,《出土文献综合研究集刊》第11辑，巴蜀书社。

赵彤

在日常学习中培养对问题的敏感

赵彤

男，1973年生，内蒙古呼和浩特人。1992年考入北京大学中文系，2003年获得博士学位。曾任中国人民大学文学院讲师、副教授，现任北京大学中文系长聘副教授、北京大学中国语言学研究中心研究员、计算语言学教育部重点实验室研究员、博士生导师。

主要研究领域是汉语史，专业特长是汉语音韵学。目前的研究重点是近代北京话语音发展史。独立和合作撰写了多部教材和专著，发表论文20余篇，参与《辞源》第三版的修订工作，为《中国大百科全书》和荷兰博睿学术出版社（Brill）出版的*Encyclopedia of Chinese Language and Linguistics*（《中国语言和语言学百科全书》）撰写词条。

1. 请介绍一下您求学、研究的经历和治学领域。

我是 1992 年考入北京大学中文系的，最初学的是古典文献学。由于从小学过书法和篆刻，繁体字和一般的小篆差不多都已经掌握了，所以在专业上还算有些优势。大学二年级时，王洪君老师在语言学概论课上布置过一个方言语音比较的作业，大概是关于中古见系字的。我回答的是广州话读舌根音代表了原始形式，其他方言读舌面音是发生了“颚化”。现在还依稀记得当时“颚化”这个概念不知是从哪儿冒出来的，王老师当时好像还没讲到这个概念，大概是从哪本书里看到的。据王老师说，前面几届的学生中还没有人答出这个题目。其实自己当时对于历史比较法和语音演变的规律并没有多少了解，回答那道题也只是根据朦胧的感觉，不过也就是从那时候起对历史语言学产生了兴趣。大学三年级时，唐作藩先生给我们讲了音韵学。我一下子就迷上了这门学问，觉得研究汉语的古音实在太有意思了，为了能继续学习音韵学，后来索性申请转到了汉语言学专业。

最初开始学习汉语语音史，受历史比较法的影响比较大，而且接受了《切韵》是综合音系的观点，所以希望运用历史比较法从一个一个的方言做起，逐步构拟原始汉语。本科的毕业论文《从山西方言看古代西北方音的知照系声母》是耿振生老师指导的，就是这种思路的一个尝试。我祖籍是山西忻州，生长在呼和浩特，但是对山西一直有着特殊的感情，所以从山西方言入手是出于这方面的原因。还有一个原因是山西方言的资料在当时相对丰富。这篇文章后来修改以后发表在《语文研究》2001 年第 4 期，题目是《山西方言的知照系声母》，这也是我正式发表的第一篇学术论文。

本科毕业以后继续在北大学习，硕士和博士都是师从张双棣老师。张老师继承了王力先生的传统，对学生的不同想法非常包容，鼓励学生创新。我的硕士论文《汉代方音研究》还是延续了从方言入手研究语音史的思路，从扬雄《方言》和许慎《说文》中找出一部分“标音字”，通过标音字和本字的比较，尝试构拟汉代方言的语音差异和早期共同汉语的语音特点。这项工作存在不少困难：首先是材料过于零星，难以建立系统的语音对应；其次是标音字使用的语音参照系本身并不清楚；第三是汉字不大适合用来标音，通过汉字标音材料研究语音不够精确。对于这些困难，论文并没有找到有效的解决方法，所以这个尝试并不是很成功。硕士论文写作期间，张老师在韩国讲学，具体的指导是由张猛（字济宽）老师负责的。济宽师是中文系少有的电脑高手，不仅在论文的写作上给了我精心的指导，在电脑应用方面也让我深受启发。

读博士的时候，因为研究古代方音找不到突破口，曾经想做汉藏比较研究。那时刚好历史系的几位同学从民族大学请了周季文老师来教藏语，于是我就跟着学了一年的藏语。学藏语的时候发现藏文音节配合上的一些特殊现象，写了一篇《藏语声母演变的几个问题》，发表在《语言学论丛》第26辑。当时也读了一些汉藏比较的论著，觉得还没有建立起严格的语音对应。在方法上，通常的做法是拿上古汉语跟藏文进行比较，而上古汉语本身还有很大的不确定性，所以这种比较先天就是存在缺陷的。另外，要想把研究推向深入，还应该对藏语的历史有一定的了解。比如通常把汉语的“五”***ŋa** 跟藏文的 **lŋa**“五”看作是同源词，可是这两个形式算得上是严格的对应吗？藏文的这个 l- 是原始汉藏语中就有的，还是后来产生的？如果类似这样的问题不能搞清楚，汉语和藏语的关系也就无法得到圆满的解释。

正当迷惘的时候，我看到了郭店简和上博简第一册（后来写论文的时候又出了第二册），如获至宝。这些材料带有战国楚地的特征，又可以同传世的《楚辞》等文献相对照，为研究上古楚方言的语音提供了可能，于是就决定写《战国楚方言音系研究》。古文字的材料很难读，论文写作期间经常去哲学楼的古文字资料室查资料，并向陈剑、董珊、张富海几位古文字专业的师兄弟请教，尤其是陈师兄，印象中他好像整天都在那里。正是由于他们几位的帮助，我的论文在材料方面避免了很多错误。论文发现了一些楚简中的音韵特点，有些可以与传世楚系文献相互印证，这就比先前从零散的材料得出的结论要可靠一些，至于是否都能成立还有待于将来的检验。

2003 年博士毕业后，我进入中国人民大学文学院工作，2017 年调入北京大学中文系工作。多年来，我主要从事音韵学研究，最初的兴趣比较偏向于上古音，近年则主要关注近代音。

2. 目前正在从事什么研究？将来有何科研规划？

目前主要在做近代北京话语音史的研究，计划写一部《普通话语音史》。2010 年前后，我参与了殷国光老师主持的《汉语史纲要》的编写工作，主要负责语音史部分。在撰写语音史的过程中，我发现近代音部分仍然有很多没有解决的问题，而且我们对于汉语语音发展过程的认识总体上还是粗线条的。相对而言，近代音在时代上比较晚，材料也比较丰富，有可能得出比较细致可靠的结论，以此为基础再上溯汉语更早的历史也就更加可靠。近年来出版的近代北京话的原始资料也比较多，比如首都师范大学出版社出版的《明、清、民国时期珍稀老北京话历史文献整理与研究》和北京大学出版社出版的《早期北京话珍本典籍校释与研究》这两部丛书，也为我们对北京话语音史做更细致的研究提供了条件。

对于近代北京音的历史，我们初步的看法是，作为普通话语音基础的现代北京音，是元代以来在北京口语音的基础上不断吸收读书音形成的。因此，要研究近代北京话语音发展的历史，首先需要弄清楚读书音和口语音相互影响的模式；在此基础之上，再从音系和字音两个方面梳理北京语音从元代到现代的演变，才能够得到近代北京语音发展的全貌。

除了《普通话语音史》以外，近两年在讲授古音学课的过程中对于古音学史有一些新的认识，希望能写一部关于古音学史的著作。更长远的计划是写一部完整的《汉语语音史》。

3. 在您求学和研究过程中，对您成长影响较大的著作和学者有哪些（哪几位）？

我觉得自己很幸运，读书时遇到了很多很好的老师，每位老师都有自己的特点，从他们身上学到了很多，不可能一一细数了。

我最初在古典文献专业学习，后来一直追随张双棣老师，张老师主要从事古文献和古汉语辞书方面的研究，所以我在古文献方面的训练得益于文献专业的各位老师和导师张老师。前面也提到了，我对音韵学的兴趣，其实是从对历史语言学的兴趣开始的。本科期间出于兴趣自己学习了徐通锵老师的《历史语言学》和梅耶的《历史语言学中的比较方法》，特别崇尚历史比较法，整个求学期间的思路差不多都是希望用历史比较法解决汉语史的问题。

说到徐老师，写本科毕业论文的时候要参考潘家懿先生在“晋语国际研讨会”上宣读的论文《从〈方言应用杂字〉看乾隆时代的晋中方言》，得知徐老师那里有这篇论文，就打电话向徐老师借阅。当时我只是一名普通的本科生，也没有上过徐老师的课，可是徐老师很爽快地就答应了。不止是徐老师，从读书期间到工作以后，得到老师们的帮助太多了，心中常常感念，也希望自己能够成为像他们一样的老师。

历史比较法是经典的研究方法，但是有其适用范围。读书时虽然也接触过词汇扩散和有序异质理论，但是理解不深。近年来，结合自己的教学和研究，又重新学习了王士元和拉波夫的著作，重温了徐通锵、王洪君老师关于变异的著作，明白了语言演变的方式不止一种，那么研究方法也不可能只局限在比较法上面。有了这些认识之后，就希望能够突破历史比较法的束缚来研究汉语语音史，最近做的近代北京话语音史研究就是这方面的尝试。说到综合运用不同方法研究汉语史问题的著作，不能不提王洪君老师的《历史语言学方法论与汉语方言音韵史个案研究》。这部著作充分借鉴了西方历史语言学理论，并结合汉语研究的实际加以改造进而提出一些新的理论和方法，对于汉语语音史研究具有指导意义。

4. 如何发现并确定一个体量合适、有持续性的题目作为中长期研究对象？博士论文以外又如何拓展研究领域？

发现问题是研究者的基本素质之一。培养对问题的敏感应该成为日常学习的一部分。对于某一个理论或体系，不是简单地接受，而是要知其所以然，真正理解它的论证过程，并亲自动手去实践，这样才能真正理解它解决了哪些问题，还存在哪些不足。看到它的不足，才能激发出解决问题的愿望。比如有一种流行的说法：普通话零声母音节开头的喉塞音或近音出现的环境互补，可以归纳为一个音位。王理嘉老师在给我们上音系学课时提出一个问题：如果把音节开头的喉塞音和近音合并为一个音位，结果会导致“安、烟、弯、冤”都是 /an/，就无法区别了。其实这里面还有不少问题可以继续深挖，比如：普通话音节开头的喉塞音和近音究竟是不是互补的？互补是不是就可以归纳为一个音位？

至于“体量适合”，从我个人的经验来看，问题总是一个接着一个的，研究一个问题的时候往往会或多或少牵出其他的问题，从这些问题中总能够找到适合的课题。博士论文通常研究的是较大的问题，涉及的问题往往比较多，从中选择值得进一步深入研究的课题应该并不难。

5. 对于汉语史研究而言，材料和理论都很重要，但硕博士研究生在有限的学习期限内对熟悉材料和掌握理论常常觉得顾此失彼，您对此有何建议？

对于汉语史研究来说，首先应该重视材料，这是研究对象的性质决定的。汉语史研究的对象是“死”的，主要的方法应该是归纳。我想借用古音学上“考古”和“审音”的关系来谈谈这个问题。

大致来说，考古是偏重材料的，审音则是偏重理论的。从古音学的实践来看，考古是基础，古音系统首先是通过考古建立起来的，没有哪一位古音学家能够脱离这个的基础来谈审音。相反，过度审音却可能会偏离真相。比如戴震，由于过分追求阴阳入三声相配的平衡，结果是牺牲了段玉裁已经分开了的真、文和幽、侯。当然，审音的作用也绝不容忽视。如果能够立足于考古的成果，从真、文和幽、侯的分别出发，就有可能发现相配的脂、微和冬、东的区别。

另外，对于理论，也没有必要一味地求多求新，应该先掌握经典的理论。对于经典的理论做到能够熟练运用，最好是能够把它用到“极致”，才能够发现它的不足，再去学习新的理论也就容易有针对性，知道想要去解决什么问题。

6. 对初涉汉语史学习和研究的硕博士研究生来说，您觉得哪些学术训练是必要的？在学术训练的过程中，应该具备哪些基本素质？

对于汉语史研究来说，最重要的训练有两个方面：一是需要阅读大量的古书，尤其是没有标点的刻本、写本，乃至出土的简帛资料。如果不能独立地读懂古书，不论是研究语音、词汇、语法还是文字，一切的研究根本都谈不上。二是学习现代语言学的理论。如果没有理论的统摄，看到的就只能是散沙和乱麻。

汉语史研究虽然面对的是“死”的材料，但是同样需要我们关注活的语言。只有多关注活的语言，才能对语言问题有敏锐的感觉。另外，关注活的语言还可以帮助我们避免盲目地相信书本。比如有的教科书说“我们”弱读为

wom [uom]，可实际上北京人口中是 [m̩mə (n)]，可以听听《我爱我家》里韩影饰演的和平母亲的发音。

再有，我们常说“功夫在某某之外”，汉语史研究也不例外，应该多关注相关领域的研究。像鲁国尧先生和何九盈先生分别从《利玛窦中国札记》和黄嘉略《汉语语法》中发现的关于官话的材料就是这方面的典范。

7. 在读硕博士研究生如果以学术研究为志业，必然面临发表论文的问题，在论文选题、撰写、投稿及提高命中率方面，可否介绍一下经验？

我个人认为博士生的主要任务应该是完成必要的课程学习和博士论文的写作，在读期间发表论文不应该是强制的要求。不过现状是博士生确实都面临这方面的压力。选题方面，我个人觉得，刚开始写学术论文最好选择比较具体的问题，避免大而无当。至于命中率，我自己的文章也经常被拒，这方面似乎没有什么有价值的经验可以分享。文章被拒有各种原因，首先还是多从自己身上找原因，如果有审稿人的意见，可以对照着检讨一下自己的不足。如果审稿人没有理解你的意思，那说明你在写作上可能还需要改进。当然，你可能无法避免遇到个别容不得异见的审稿人，这也不必气馁，换一个刊物接着投就是了。

这些年为各种刊物也审过不少稿子，从审稿人和读者的角度，我觉得以下几个方面或许可以留意。

第一，格式要清楚，尽量避免错字和病句。作为语言专业的审稿人通常对错字和病句特别敏感，一篇文章内容再好，如果这方面不注意也会大打折扣。

第二，摘要应该能够简明地概括文章的主要内容，体现文章的创新之处。这可能会决定审稿人对文章的兴趣和总体认识。

第三，表达要尽可能准确，避免似是而非、不知所云的说法。比如有的文章说采用的是“理论和材料相结合”的方法。理论和材料相结合应该是任何科学研究最基本的要求，所以这个说法既含糊又体现不出什么新意。

第四，批评他人观点的地方应该注意措辞。学术讨论是公平的，但是也应该以尊重为前提，没有尊重也就谈不上公平。

8. 请问您进入汉语史专业的初衷是什么？一路走来，您对汉语史专业的认识有没有什么变化？

从事这个工作完全是出于热爱。我们经常说“不要把爱好变成职业”。的确，一旦成为赖以谋生的手段，就免不了受各种功利因素的影响。不过，这也毕竟是最大限度地把主要的精力投入到了热爱的事业上，应该还是最好的选择。就我自己来说，一路走来，一直觉得自己很幸运，遇到了很多好老师，又赶了新材料不断涌现的时代。

要说认识上的变化，主要是在观念上。过去受历史比较法的影响比较深，总是试图用规则音变解释汉语史的问题。现在越来越清楚地认识到语音演变的途径不止一种，那么考虑问题也就不能按照一个模式，如果完全用一种思路去考虑问题可能结果反而离真相越来越远。

9. 回顾求学和科研道路，您是不是也走过一些弯路？有无经验教训？是否可以结合具体经历分享一下？

弯路可能还谈不上，有时可能会走一些岔路。有的是主动的，比如自己在做某个课题的时候岔到别处去了。有的可能是被动的，比如工作的需要。抛开功利的目的，我觉得各种探索和学习都是有益的，如果善于发掘问题，则可能有意外的收获。我比较喜欢用数据库来整理资料，而古文字的材料处理起来困难比较多。为了解决做数据库遇到的难题，我就自学了一些数据库的知识，知道了“实体联系模型”，对关系数据库有了更深的理解，还写了一篇《基于关系数据库的汉字构形分析及其应用》。又比如由于音韵学教学的需要，经常需要举广州话的例子，在香港科技大学访学期间又从张敏老师的课上知道了《分韵撮要》这本粤方言韵书，所以我对粤方言的历史产生了兴趣，后来写了两篇关于粤方言语音史的文章。所以我觉得只要认真做一件事，总是会有收获的。

要说教训，最遗憾的是古书读得太少。我虽然最早在古典文献专业学习，但是转到汉语专业之后音韵学和语言学方面的书读得多一些，古书就读得很少了。好在工作以后一直教古代汉语课，还参与编写古代汉语教材，算是稍微有一些弥补，但是随着年龄的增长，记忆力比读书时差多了，读古书的效果也就差多了。现在虽然各种古籍数据库越来越多，检索也越来越方便，但是检索并不能代替阅读，只有大量的阅读才能培养出“语感”。

10. 您是如何平衡自己的科研和日常生活的？您如何看待网络上传说的高校青年教师“007”（零点上班，零点休息，一周工作七天）的生活模式？您平常都会怎么放松身心呢？

各行各业都有自己的辛苦，不身在其中恐怕都难以体会。高校教师看起来好像不用坐班，还有寒暑假，但是没有上班时间就意味着没有下班时间，任何时候都是工作时间。青年教师面临考核、晋级等问题，压力尤其大，“007”并非是夸张。记得刚工作不久有一次去看望王福堂和王洪君两位老师，谈话间我说到自己平时做事特别慢，后来就又聊到学术的话题，王洪君老师就说：“你脑子里净想着这些问题，做事能不慢吗？”这大概是没有办法的事情。做这个工作，如果一个问题没想明白，就总是放不下，有时候甚至做梦都在想。

我自己也常常处在一种焦虑的状态，所以要说如何放松身心，也并没有什么好的经验。原来的爱好还算比较多，喜欢书法、篆刻、围棋、乒乓球、羽毛球。工作以后，这些爱好慢慢地差不多也都放弃了。最近几年，调节身心的主要办法就是跑步。一直想多抄抄古书，一边练书法，一边读古书，可以一举两得，但是到现在还没实现。虽然辛苦，但是我自己很知足，从事的是自己喜欢的事业，比起很多为了生存就已经拼尽全力的人，自己已经是生活在蜜罐里。

11. 您对汉语史研究有何展望和期待？

汉语史研究涉及的问题很多，我自己主要对语音史关注和了解得多一些。个人的感觉是，近些年语音史研究在具体问题上取得的成绩比较多，而总结汉语语音演变规律和在宏观上探讨汉语语音演变过程的研究还相对薄弱。所以，对已有的研究成果进行总结，丰富和完善整个汉语语音发展史是很值得期待的。

主要论著目录

（一）著作

赵彤 2006《战国楚方言音系》，中国戏剧出版社。

林焘主编 赵彤（撰写第二章）2010《中国语音学史》，语文出版社。

（二）教材

殷国光 赵彤 2009《古代汉语》，中国人民大学出版社；第二版，中国人民大学出版社，2016 年。

殷国光 龙国富 赵彤 2011《汉语史纲要》，中国人民大学出版社；第二版，中国人民大学出版社，2016 年。

赵彤 2015《汉语音韵学概论》，中国人民大学出版社。

黄德宽主编 赵彤（撰写第一课）2015《古代汉语》，高等教育出版社。

（三）论文

赵彤 2001《山西方言的知、照系声母》，《语文研究》第 4 期。

赵彤 2002《藏语声母演变的几个问题》，《语言学论丛》第 26 辑，商务印书馆。

赵彤 2004《上古汉语的清鼻、流音声母》，《音韵论丛》，齐鲁书社。

赵彤 2004《利用古文字资料考订几个上古音问题》，《语言研究的务实与创新——庆祝胡明扬教授八十华诞学术论文集》，外语教学与研究出版社。

赵彤 2005《上古音研究中的“内部比较法”》,《语文研究》第2期。

赵彤 2005《以母的上古来源及相关问题》,《语言研究》第4期。

赵彤 2006《郭店楚简〈老子〉乙组“闭其门”章新解》,《南阳师范学院学报(社会科学版)》第1期。

赵彤 2006《中古舌根声母字和双唇声母字在战国楚系文献中的交替现象及其解释》,《中国语文》第3期。

赵彤 2007《〈分韵撮要〉的声母问题》,《语文研究》第1期。

赵彤 2007《试论古音研究中离析的方法》,《语苑撷英(二)——庆祝唐作藩教授八十华诞学术论文集》,中国大百科全书出版社。

赵彤 2008《从楚简中所反映的一处语流音变看上古音拟测的几个问题》,《中国音韵学》,南京大学出版社。

赵彤 2008《战国楚竹书〈彭祖〉篇补释》,《语言论集》第5辑,中国社会科学出版社。

赵彤 2009《上古汉语后元音的构拟》,《语言论集》第6辑,中国社会科学出版社。

赵彤 2011《能否根据楚系文献重建上古楚方言音系》,《语言学论丛》第44辑,商务印书馆。

赵彤 2014《“牸”字考辨》,《语言学论丛》第49辑,商务印书馆。

赵彤 2015《轻唇化音变两个“例外”的解释》,《语言科学》第1期。

赵彤 2015《基于关系数据库的汉字构形分析及其应用》,《语言文字应用》第3期。

赵彤 2015《方言考本字二则》,《语言之旅——竺家宁先生七秩寿庆论文集》,台湾五南出版社。

赵彤 2015《粤方言语音史的几个问题》,《语言学论丛》第52辑,商务印书馆。

赵彤 2016《辞书注音商榷四则》,《文献语言学》第 2 辑，中华书局。

项梦冰 潘秋平 赵彤 2016《新加坡普宁话音系》,《南洋学报》(新加坡) 第 70 卷。

赵彤 2017《谐声、假借和通假的语音性质》,《古文字与汉语历史比较音韵学》，复旦大学出版社。

赵彤 2017《利用出土文献研究上古音的“系联比较法”》,《中国文字学报》第 8 辑，商务印书馆。

赵彤 2018《〈等韵图经〉果摄和拙摄在清代的演变》,《语言学论丛》第 58 辑，商务印书馆。

赵彤 2019《从汉语史看音变过程的几种模式》,《中国语文》第 1 期。

郑伟

立足专长　触类旁通

郑伟

1979年10月生，江苏常州人，华东师范大学中国语言文学系教授，主要从事汉语历史语言学、南方少数民族语文等领域的教学与科研工作。

科研成果获国际中国语言学会“青年学者奖”（YSA on MJH）、中国社会科学院青年语言学家奖、上海市哲学社会科学优秀成果奖、教育部霍英东基金会高校青年教师研究基金等奖励。曾入选上海市“曙光学者”、上海市“社科新人”和国家“万人计划”青年拔尖人才项目。

非常感谢浙江大学汉语史研究中心的热情相邀，要我谈一些自己学习和研究汉语史的个人经验。我觉得自己在汉语史研究这一领域，还只能算作一名不老不新的小兵，尚处于摸着石头过河的阶段，并没有什么值得称道的成绩。汉语史学科内部分类较细，我个人在汉语语音史方面，花了相对较多的时间和精力，所以接下来会在这一领域多说几句。不妥之处，还请指正。

1. 请介绍一下您求学、研究的经历和治学领域。

我于 2002 年获苏州大学汉语言文学学士学位（在常熟理工学院中文师范专业学习）后，旋即进入广西民族大学中国少数民族语言文学专业攻读硕士学位，主要是跟着韦树关、张晓勤教授学习汉语与侗台语的比较研究、汉语方言学，也跟着覃国生、韦达、张增业等教授学习壮泰语文。对我来说，非汉语的学习和研究是一个全新的领域，后来的学术研究大都也得益于此。

2004 年暑假，我和潘悟云教授联系，他告诉我，2005 年开始，他将在复旦大学中文系语言学及应用语言学专业招收博士研究生，并且鼓励我报考。在 2005 年 3 月的博士生入学考试中，我取得了还算不错的成绩，得以顺利入学，开始了博士阶段的学习。

凑巧的是，裘锡圭老师、沈培老师、陈剑老师在那一年从北京大学中文系调到了复旦大学中文系，而且开了像“古文字学”“甲骨学”“古文字专书研读”这样的专业课程。我完整地听了这些老师的课，并且交了期末作业。记得当时的期末小论文得到了裘先生的肯定，也厚着脸皮要到了裘先生的签名赠书，至今想来，仍然觉得备受鼓舞。

2. 目前正在从事什么研究？将来有何科研规划？

我当年的博士论文题目是关于吴语太湖片的音韵演变，但一直对汉语语音史保持着浓厚的兴趣。2008—2017年近十年时间里，出版了《吴方言比较韵母研究》《吴语虚词及其语法化研究》两本小书，吴语的共时与历时研究方面都算是告一段落，当然在此期间也发表了若干篇汉语语音史领域的论文。

目前的研究重点，基本上是汉语语音史和南方少数民族语文两个方面，同时通过华东师范大学中文系语言认知与演化实验室的团队合作，尝试从心理语言学、演化语言学等跨学科角度，对具体语言里音系结构演变的问题，开展一些实证性研究。这些研究基本上是以具体项目带动科研、教学工作的方式展开，所以语料调查、语料分析、实验设计等相对来说比较有针对性。至于比较具体的题目，包括了西南少数民族类汉字古籍资料的田野调查与语料整理，如何在汉语语音史领域开拓新的研究资料，元明戏曲理论与南方官话的关系等等。

3. 在您求学和研究过程中，对您成长影响较大的著作和学者有哪些（哪几位）？

因为我自己的研究主要还是集中在汉语语音史方面，所以要说到对我影响比较大的前辈学者的著作的话，主要还是这一领域的书吧。比如说高本汉的《中日汉字分析字典》（1923）、《汉语词类》（1933）、《汉文典》（1940/1957）、《中国声韵学大纲》（1954）等都应该是必读书，虽然高本汉的研究有他的局限性，比如说他很排斥音位分析，但是他在汉语语音史上的贡献是不可磨灭的。此外，像蒲立本的《上古汉语辅音系统》(1962)、《中古汉语：历史音韵学研究》(1984)、雅洪托夫《汉语史论集》(1986)等国外学者的著作，都是经典著作。

国内的学者，值得细读的论著就更多了。戴震、段玉裁、钱大昕等清代朴学大家的书就不用说了，像章太炎《国故论衡》《太炎文录续编》《国学讲演录》，《黄侃论学杂著》(1964)和《文字声韵训诂笔记》(1983)，王力《汉语史稿》(上册，1957)和《龙虫并雕斋文集》(1980—1982)、周祖谟《问学集》(1966)和《唐五代韵书集存》(1983)、李方桂《上古音研究》(1971)、周法高《中国语言学论文集》(1975)和《中国音韵学论文集》(1984)、黄笑山《切韵与中唐五代音位系统》(1995)、麦耘《音韵学概论》(1997)、《丁邦新语言学论文集》(1998)、《俞敏语言学论文集》(1999)、潘悟云《汉语历史音韵学》(2000)、郑张尚芳《上古音系》(2003/2013/2019)等论著，各有侧重，研究的问题和方法也各有不同，均有可取之处，这些都是我时常翻阅的案头书。

需要说明的是，这里并不是要开列一份汉语语音史学习的基本书目，挂一漏万在所难免。这里列出的也只是我想到的、印象较为深刻的若干部而已。但如果说只能选一部我最喜欢读的，那我会选王国维的《观堂集林》。

4. 对于汉语史研究而言，材料和理论都很重要，但硕博士研究生在有限的学习期限内对熟悉材料和掌握理论常常觉得顾此失彼，您对此有何建议？

我个人的感觉是，相对于汉语词汇史和语法史来说，语音史的研究和现代方言的关系可能更加密切。这个意思是说，如果要全面掌握汉语语音史，我们必定离不开对汉语方言的认识。同学们常常会问的一个问题就是，母语方言的优势对学习语音史来说，真的很重要吗？北方的同学能研究语音史吗？我的回答是，方言背景当然很重要，但也没那么重要。如果说你的方言比较存古，那么你自己就相当于一部行走的韵书（笼统地讲，不同的方言代表了不同时代的韵书），但是很可惜，能很好地利用母方言优势，在汉语语音史领域有所成就的同学并不是很多。

原因其实还是基本观念的问题。举例来说，闽方言区的同学，可能会觉得，闽语这么复杂，我就把自己的方言调查描写清楚就行了。就汉语方言学学科而言，这当然很有必要，而且是不可跳过的前提；但是，如果要对方言做更深刻的剖析，还是得多一个汉语语音史的窗口。比如我们需要知道，方言音系里的某个变化，有什么汉语音韵史的背景，两者是什么关系，建立怎样的联系，怎样建立联系？

对于来自北方方言区的同学，我会建议他们多从中古以后的音韵史资料入手，既联系自身方言，也充分重视南方方言（尤其是读书音）和各种汉字音资料（包括南方民族语中的汉借字），从声韵调层面的具体问题入手，“剖析毫厘，分别黍累”，提高驾驭材料和分析材料的能力，在具体实践中加深对汉语语音史的认识。比如近年来看到任教于青岛农业大学的宋兆祥兄将《切韵》前后的音系与现代闽语做了深入的比较，写出了多篇专题性论文，令人印象深刻。但总的来说，历史音韵和方言音韵相结合的研究，还有很大的拓展空间。

5. 对初涉汉语史学习和研究的硕博士研究生来说，您觉得哪些学术训练是必要的？在学术训练的过程中，应该具备哪些基本素质？

我想以我的两位在读博士生为例简单谈一下这个问题。他们其中一位来自武汉大学国学院，本硕阶段的专业是古典文献学，另一位来自山东大学文学院，本硕阶段的专业是汉语方言学。看起来这两位同学的专业背景，似乎找不到共同点，但其实不然，因为至少大家都是以语音为研究对象的，只不过一个是历代韵书中的历史音韵，一个是齐鲁大地上的方言音韵。对于前一位同学，我期待他结合能结合明清以后的番汉译音语料（如《安南译语》《占城译语》等）和现实语料（如南亚语、南岛语等），梳理这些语料所反映出的汉语语音史信息。对于后一位同学，我希望她能结合目前学界对汉语南北官话的研究，利用日本近世唐话等域外资料，把明清以后南方官话与现代南方方言之间的源流关系分析地更加具体、透彻一些。这两位同学有个共同的语言上的优势，就是比较熟悉日文，而两人的学习与研究恰恰需要阅读不少日文的资料。比如越南史研究领域的大家陈荆和先生，氏著《安南訳语の研究》（1966—1968）就是用日文发表的（初稿曾以中文形式发表于 1953—1954 年的《台大文史哲学报》）。

所以说，找到一个适合自己的题目，同时又能利用自身的优势，这样能够比较顺利地完成自己的学位论文。在选题和写作的过程中，广泛涉猎、多方思考是很有必要的。选准了一个题目之后，要善于将“核心战”和“外围战”结合起来。常常会听到一些同学抱怨，感觉自己写的论文没有新意。在我看来，乏善可陈的原因很多，写作思路太单调恐怕是重要的一点。对语言现象的描写和解释不够深刻、丰满，读起来自然会觉得无趣。从结构分析的角度出发，在描述和分析某个语言现象时，我们至少可以努力做到两点，一是看一看与现象 A 有关的现象还有哪些（比如相关音类间的分合关系），这些相关性是如何形成的，以及如何描述它们之间的结构关系等；二是须从动态发展的角度，说明现象 A 在语言变化中扮演了什么角色，在时代或地域层面上，展开广泛比较，站得高，才能看得真切。

6. 在读硕博士研究生如果以学术研究为志业，必然面临发表论文的问题，在论文选题、撰写、投稿及提高命中率方面，可否介绍一下经验？

这个问题最直面惨淡的现实，实在不好回答，而且我对所谓的选题、撰写、投稿及提高命中率方面的经验也谈不出有建设性的建议来，毕竟“屡败屡战”是个不争的事实。

如果说一定要谈一些经验的话，我想一个好的选题和一种新鲜的材料对于硕博士生来说至关重要。提出问题是一项研究的开始，问题意识是第一生产力。那么问题来了——怎么找问题？有的同学，书读了很多，但还是写不出文章来，就是在于找不到可以研究的问题。当然，每个人天资有别，悟性不同，不是每个人都能像王国维那样，十年一次大换血（我指的是研究领域）。但是，勤思考能补拙，是一定没错的。不要只懂得埋头看书，也要懂得抬头思考。我的经验是，平时用小的手账本或卡片（可用 16 开或 A4 空白纸横竖一裁四）摘录读书过程中碰到的有用资料，再随页附记当时想到的问题。卡片要按材料或问题的性质，及时加以分类。卡片的好处是可以随时重组，比记事本好用，但缺点是显得零散，所以及时整理非常重要。限于水平，这里只能提供一个积累问题、从而发展为论文选题方面的浅见，其他问题就不再多说了。

新鲜的材料可遇不可求，之前听张玉来教授的高足、任教于河南师大文学院的孙志波副教授说，他常常能在孔夫子旧书网找到孤本韵书，于是能为人所不能为，写出不错的文章来。但这等好事，并不是天天能碰到。所以，在目前的形势下，主要还是应充分发掘现有的材料，用带着问题的眼光，上穷碧落下黄泉，动手动脚找语料。从这个意义上，更仔细地审视现代方言材料，也就变得更加有必要了。

顺便一提，最近读王汎森《天才为何成群地来》（社科文献出版社，2019），该书收录了作者的两篇讲稿《如果让我重做一次研究生》《再谈假如我是一个研究生》，虽然主要是从史学立论，但也颇适合语言学，值得找来读一读。历史学、语言学都是以材料为头等大事的学科，像严耕望《治史三书》对学术论文写作同样有参考价值，而且篇幅宏大，论述细密。

7. 请问您进入汉语史专业的初衷是什么？一路走来，您对汉语史专业的认识有没有什么变化？

很惭愧，读中文专业只是当年高考严重“豁边”加上志愿填报欠妥的结果，所以谈不上什么初衷。不过，在语言学与文学两个大方向之间，选择前者，确实是从来就没有后悔过的。原因也很简单，无非两个字——热爱。所以说还是那句话，兴趣是最大的老师。从事汉语历史语言学的研究，可以获得剥茧抽丝后逼近历史真相，将不同时代或地点的材料用某种逻辑推演从而联系在一起后的成就感，这一点相信是从事中国文学研究的朋友们无法体会到的。

汉语语音史跟中国语言学的其他分支学科一样，包容性是很强的。中国境内语言现状和历史的研究牵涉了很多材料、方法和理论。每个人一辈子能做的都可能只是其中很小的一个方面。我个人的研究比较侧重于把汉语与非汉语、出土文献和传世文献、汉语史材料和现代汉语相结合。虽然汉语史语音研究也面临一些新的挑战，比如说缺少新鲜的材料，不同材料之间如何整合等，但我觉得基本的研究思路是不会有什么大的改变的，那就是先全面占有和观察材料，尽可能地全面描写和分析材料，从而用一般的、较普遍的“道理”来解释材料。观察、描写、解释三者，并无高下之分，只是不同的阶段可能需要有不同的方法论工具，比如到了解释的阶段，如果能够结合跨学科的研究手段，相信可以事半功倍。

8. 回顾求学和科研道路，您是不是也走过一些弯路？从中有无什么经验教训？是否可以结合具体经历分享一下？

回首自己的求学道路，在各个学习阶段，能得到同行师友的大力支持，让我备感幸运。每个人受自身学习经历的限制，不可能十项全能，既有长处，也有短板。我颇觉得遗憾的一点，就是没有在硕士、博士期间，深入掌握一到两门外语和民族语文。从事中国语言学研究，绕不开欧洲、日本学者在十九世纪中后期至二十世纪中期的研究成果，都是用法、德、俄、日文撰写的。我们可以举出一长串的名字，如孔好古、沙昂克、沙畹、伯希和、马伯乐、奥德里古尔、戴密微、大矢透、冈井慎吾、藤堂明保、赖惟勤、毛利瑟、伊凤阁、聂历山、克恰诺夫等等。要了解这些学者的研究成绩，光读英文是不够的。又如西夏学、蒙古学、藏学、梵学等，对汉语语音史的深入研究有极大的帮助，要熟练掌握这些语言文字，也需要投入大量的精力。希望比我年轻的研究生，能够选择其中一到两门外语和少数民族语文，做深彻的学习和了解，而不是仅仅停留在翻字典、翻词典的水平。

这里想给年轻的汉语史同行推荐一部最近出版的、由清华大学中文系沈卫荣教授所写的《回归语文学》(上海古籍出版社，2019)。沈先生的研究领域是包括西藏历史、藏传佛教等在内的西域语文、历史研究，跟汉语史相比有诸多不同，但是作者在这本篇幅不大、装帧精美的书里，以轻松而严谨的文笔进行现身说法，告诉读者应该重视语文学的方法，重视工具性的外语和民族语文的学习。

9. 您是如何平衡自己的科研和日常生活的？如何看待网络上传说的高校青年教师“007”(零点上班，零点休息，一周工作七天)的生活模式？您平常都会怎么放松身心呢？

众所周知，大学老师的上班时间是不固定的，根本谈不上工作和休息的明确界限。尤其是如今这样的非常时期，包括本硕博在内的教学任务反而比以前更加繁重，这学期各种与教学、科研、答辩、评审等有关的网络会议更是一个接着一个。怎么样才能劳逸结合？相信各人有各人的兴趣所在，不好一概而论。就我自己而言，比较喜欢读各种文人、学者的日记、书信、传记和历史（尤其是思想史）、考古之类的闲书作为消遣，既能放松紧张的神经，也能了解自己感兴趣的东西，所以费脑的书就不会再看了。太休闲、太矫情的现代文学小说不在阅读之列，但夏志清、庄信正与张爱玲的通信集之类，读来倒也颇有兴味。

10. 您对汉语史研究有何展望和期待？

我自己还只是汉语史研究队伍里的一名后辈，谈不上对未来汉语史研究的期待。从博士班毕业到今年，差不多十二年，我倒觉得可以对在读的硕博士生提出一点期待，或者说，与年轻同行共勉吧。

第一，抓住主线，拓宽视野。千万不要搞词汇的就不管音韵，搞语法的就不理词汇。画地为牢，不利于自己的学术成长。以我个人为例，我自己的研究主线只有一个，那就是语音史，但同时我也会比较关心其他相关领域（包括非汉语）的研究成果。近年来，吴福祥教授的汉语语法史、语法化研究，汪维辉教授的汉语常用词演变研究等，都是纵横捭阖、气势恢宏的经典案例。总之，要有看家本领，同时也要“解放思想”。

第二，加强交流，相互学习。每个人的精力及所见有限，俗话说“独学无友”，经常和校内外同学一起互通信息，交流心得很重要。就我自己而言，基本上每周都有机会跟教研室的年轻同事相互切磋。同道中人不用太多，高谈阔论更是应该避免，开门见山提出问题，摆出思路，跟三五学友一道，讨论语料、行文逻辑、论点和论据，完善写作思路，自己能有提高，对他人也能有所启发。现在网络发达，又碰上疫情，正好能以多快好省的方式，在学术上争取更大的提升。

第三，尊重他人研究成果，鼓励善意友好的批评。这里想讲两层意思，第一层意思，年轻的硕博士生，外语水平相对较好，一定要及时关注与自身研究方向有关的国际学术的前沿与动态，不能因为语言的隔阂，就理所当然地认为国外学者的研究跟自己无关。上面提到的汪维辉教授，他的老师张永言教授，以及张永言教授的老师闻宥教授，他们都是汉语史研究的大家。从他们早年的书信来往中可以明显地感受到，他们对国外研究动态非常关心，即便是在特殊年代。闻宥教授致张永言教授的一批书信，可在王元化先生主编的辑刊《学术集林》（卷五、卷六）里读到。当然也要反对另一种倾向，那就是明明看过别人的东西，随便拿来用，且故意不注明出处，这样有违学术道德。第二层意思，语言学说到底还是一门经验学科，连充分依赖实验数据的理工科研究，也可能因为数据采集、实验步骤、技术路线、实验环境等种种细节而产生不同甚至相反的研究结论，更何况语言学呢？所以，批评前人研究的同时，也勿忘自己正踩在前人的肩膀之上，学术争鸣须怀抱敬意与善意。

主要论著目录

（一）著作

郑伟 2012《汉语音韵与方言研究》，上海三联书店。

郑伟 2013《吴方言比较韵母研究》，商务印书馆。

郑伟 2017《吴语虚词及其语法化研究》，上海教育出版社。

郑伟 2018《音韵学：方法和实践》，上海古籍出版社。

（二）编著

郑伟主编 2016《边界方言语音与音系演变论集》，中西书局。

（三）论文

郑伟 2004《古壮语地名"武缘""无虞"试释》，《三月三·少数民族语文》第6期。

郑伟 2005《常州方言的指示代词》，《吴语研究——第三届国际吴方言学术研讨会论文集》，上海教育出版社。

郑伟 2006《说上古汉语的"洗"》，《语言研究》第4期。

郑伟 2007《汉语和藏语的"来"》，《民族语文》第2期。

郑伟 2007《古代楚方言"䆉"字的来源》，《中国语文》第4期。

郑伟 2007《吴语早期文献所见的"等"字句》，《中国语文研究》6卷2期。

郑伟 2008《古吴语的指代词"尔"和常熟话的"唔"[$ŋ^{23}$]——兼论苏州话第二人称代词的来源问题》，《语言学论丛》第37辑，商务印书馆。

郑伟 2008《闽语、侗台语给予义“与”字的音韵层次及年代问题》,《语言科学》第3期。

郑伟 2008《常州话的体助词“则咧”和“好则”》,《吴语研究——第四届国际吴方言学术研讨会论文集》,上海教育出版社。

郑伟 2009《从侗台语看汉语的复声母》,《民族语文》第2期。

郑伟 2009《吴语太湖片果摄的演化模式和历史层次》,《语言科学》第4期。

郑伟 2009《切韵侯尤韵在太湖片吴语中的演变》,《汉语史学报》第8辑,上海教育出版社。

郑伟 2010《论北部吴语与闽语的历史联系——几个词汇上的证据》,*Journal of Chinese Linguistics* 38卷1期。

郑伟 2010《早期和现代吴语中“上”的完成体用法》,《方言》第1期。

郑伟 2010《吴语太湖片曾梗摄字的读音及其演变》,《南开语言学刊》第1期,商务印书馆。

郑伟 2011《吴语音韵史中白读音的保守与创新》,《语言科学》第1期。

郑伟 2011《〈切韵〉寒韵字的演变特征与现代吴语》,《中国语文》第4期。

郑伟 2011《探索不同材料所反映的汉语以母字的音变》,《语言研究》第4期。

郑伟 2011《先秦两汉文献所见楚语词札记》,《汉语史学报》第11辑,上海教育出版社。

郑伟 2011《书评:*The Chinese Rime Tables: Linguistic Philosophy and Historical-comparative Phonology* by Branner(2006)》,《东方语言学》第9辑,上海教育出版社。

郑伟 2011《从比较音韵论杭州语音的历史层次》,《中国语言学集刊》5卷1期。

郑伟 2012《“支微入虞”与现代方言》,*Language and*

Linguistics 13 卷 5 期。

郑伟 2012《安徽当涂湖阳吴语词汇》,《东方语言学》第 12 辑，上海教育出版社。

郑伟 2012《自然音变与音变类型：边近音 l 的演化方式》,《中国语言学集刊》6 卷 2 期。

郑伟 2013《论〈切韵〉麻韵和佳韵在吴方言中的演变与分合》,《汉学研究》(台湾)31 卷 1 期。

郑伟 2013《〈切韵〉重纽字在汉台关系词中的反映》,《民族语文》第 4 期。

郑伟 2013《早期和现代吴语中的指示词“能”及相关问题》,《汉语史学报》第 13 辑，上海教育出版社。

郑伟 2013《历史音变规律与方言地理分布类型》,《语言研究集刊》第 11 辑，上海辞书出版社。

郑伟 2014《当涂湖阳方言的体貌标记“啊”》，卢小群等主编《汉语方言时体问题新探索》，中央民族大学出版社。

郑伟 2014《论古汉语核心词“咬”》，潘悟云主编《高山流水：郑张尚芳教授八十寿诞庆祝文集》，上海教育出版社。

郑伟 2014《〈事林广记〉音谱类〈辨字差殊〉若干音韵条例再分析》,《汉语史学报》第 14 辑，上海教育出版社。

郑伟 2015《汉语方言语音史研究的若干理论与方法：以吴语为例》,《语言科学》第 1 期；又转载于人大复印资料《语言文字学》2015 年第 7 期；部分内容又转载于《高等学校文科学术文摘》2015 年第 3 期。

郑伟 2015《中古以后麻佳同韵的类型及其性质》,《中国语文》第 3 期。

郑伟 2015《吴语与南部江淮官话音韵比较研究中的几个问题》,《语言学论丛》第 51 辑，商务印书馆。

郑伟 2015《灰泰入虞的地理分布与音变过程》,《历史语言学研究》第 9 辑，商务印书馆。

郑伟 2015《从空间到时间：早期和现代吴语中的一类时间表达词》,《语言研究集刊》第 15 辑，上海辞书出版社。

郑伟 2016《八思巴字译音等材料中汉语重纽唇音字的语音表现》,《汉语史学报》第16辑，上海教育出版社。

郑伟 2016《当涂湖阳方言趋向补语“啊”的功能演变：语法化和语言接触的观察》,《南开语言学刊》第1期，商务印书馆。

郑伟 2016《当涂吴语韵母元音的高化及后续演变》,《方言》第3期。

郑伟 2017《中古鼻音与擦音声母字在早期汉语中的语音交替》,《语言研究集刊》第17辑，上海辞书出版社。

郑伟 2017《试释宋本〈玉篇·五音之图〉与“宫商”“五姓”之名》,《华东师范大学学报（哲学社会科学版）》第1期。

郑伟 2017《汉语方言指示词“尔”的共时分布与历史来源》,《语言科学》第1期；又转载于人大复印资料《语言文字学》2017年第7期。

郑伟 2017《上古音研究中的分等依据、谐声及通假问题》,朴慧莉等编《古文字与汉语历史音韵学》,复旦大学出版社。

郑伟 2017《试论〈同文备考〉所见的若干声韵特点》,《历史语言学研究》第11辑，商务印书馆。

郑伟 2017《古壮字的汉字借音声旁与中古后期的韵母演变》,《中国文字研究》第26辑，上海书店出版社。

郑伟 2018《方块壮字的汉字借音声旁与中古韵图的内外转》,《古汉语研究》第1期。

郑伟 2018《释古越语“市（姊）”及相关音韵现象——兼论〈颜氏家训〉“南染吴越”的词汇表现》,《中国语文》第2期。

郑伟 2018《“南染吴越、北杂夷虏”与魏晋南北朝汉语的地理差异》,《厦大中文学报》第5辑，厦门大学出版社。

郑伟 2018《“匣入喻三”与南朝江东方言》,《语言学论丛》第57辑，商务印书馆。

郑伟 2018《现代方言“支微入虞”的相对年代》,《中国语言学报》第18期，商务印书馆。

郑伟 2019《守古与维新：古音研究三百年》,《读书》第2期。

郑伟 2019《中古音韵的文献资料及其价值》,《辞书研究》第2期。

郑伟 2019《音系区别特征与汉语语音史研究的结构分析方法》,《华东师范大学学报（哲学社会科学版）》第2期；又转载于人大复印资料《语言文字学》2019年第8期。

郑伟 2020《女仙吴彩鸾与唐代功令的民间语境》,《读书》第4期。

郑伟 2020《简帛〈老子〉通假字音韵释例》,《语言科学》第5期。

郑伟 2021《胡适与高本汉：文言、口语之辨的方法和旨趣》,《读书》第4期。

Zheng, Wei 2015 *The historical relationship between northern Wu and Min dialects from the perspective of comparative phonology. Journal of Chinese Linguistics* 43.1A.

Zheng, Wei 2015 *The Change of palatal* [*j*] *to labiodental* [*v*] *in ancient Chinese. Bulletin of Chinese Linguistics* 8.2.

Zheng, Wei 2016 *Hui Tai Ru Yu and related matters.* In Pang-hsin Ting and Samuel Hung-nin Cheung (eds.) *New Horizons in the Study of Chinese Languages: Dialectology, Grammar, and Philology.* The Chinese University of Hong Kong.

郑贤章

学有新获，研有新得，兴趣才不会消退

郑贤章

男，1972年生，湖南南县人。1991—2002年在湖南师范大学文学院先后获得文学学士、硕士、博士学位，2005—2007年在复旦大学中国语言文学博士后流动站从事博士后研究工作。现为湖南师范大学文学院教授、博士生导师、“长江学者奖励计划”特聘教授、“长江学者奖励计划”青年学者、国家核心刊物《古汉语研究》执行主编、国家社科基金重大项目首席专家、中国文字学会常务理事、近代汉字研究会副会长、中国语言学会理事、中国训诂学会理事、中国敦煌吐鲁番学会理事。

主要从事近代汉字、佛经语言、汉语词汇研究。已出版专著4部，在《中国语文》《语文研究》《古汉语研究》等学术期刊上发表论文60余篇，主持国家社科基金重大项目1项，一般项目2项，曾获教育部人文社科优秀成果二等奖、中国社会科学院青年语言学家奖二等奖、北京大学王力语言学奖二等奖、湖南省社科优秀成果奖、湖南省高等学校省级教学优秀成果一等奖。

1. 请介绍一下您求学、研究的经历和治学领域。

我出生在湖南南县的一个农民家庭，祖籍在湖北监利，20 世纪 50 年代监利发大水，父亲逃难至湖南，后来就在湖南安了家。家里很穷，从小我们就需要干农活，放牛、喂猪、砍柴、插秧、扳禾、挖红薯、扳鱼、摘棉花、纠把子，样样都干过。跳出农村，吃上国家粮，成了我那时读书求学最大的动力与梦想。

初中升高中时，成绩达到了师范类中专线，吃国家粮的梦想本可就此实现，然而面试时尽管自我感觉不错，但最终没能录取，只好去了县一中读高中。后来我才知道，那时读中专竞争非常激烈，没有一定背景，要录取还真不容易。塞翁失马，焉知非福。我高中期间非常勤奋，但因数学成绩不好，心想能考上大专也就满足了。不曾想，1991 年国家启动高考“三南改革”，湖南、海南、云南三省将过去高考的文理科分组变为文史、理工、医农和地矿四类，每类只考 4 门。我选择的是文史组，竟然不需要考数学，就这样我比较幸运地考入湖南师范大学中文系读汉语言文学本科专业。那时读师范，学费、住宿费等全免，每个月学校还发给我们 50 多元的生活费，感谢那个时代，让我们这些农民子弟能顺利完成学业。

大学期间，我比高中还刻苦，寒暑假基本上没有回去，1995 年保送本校汉语言文字学专业硕士研究生，1998 年毕业留校，1999 年考取本校汉语言文字学专业博士，2002 年毕业继续留校任教，2005 年进入复旦大学中国语言文学博士后流动站从事博士后工作，2007 年出站。

我的大学求学经历比较简单，本科、硕士、博士三个阶段都是在同一所学校，但这中间有很多个“意外”。高考填报志愿，本想读历史，却被调到中文；读本科的时候，早早就准备报考法律方面的研究生，没有想到大四时获得免试攻读研究生的机会；选择读研的方向时，第一志愿报的是古代文学，没想到录到了古代汉语；硕士毕业那年本想报考外校的博士，没想到本校的汉语言文字学博士点同年获批，学位点的几位先生说，你就不要报考外校了，报考我们点的首批博士吧，首批有"历史意义"，随后我就成了我们学校汉语言文字学博士点古代汉语方向的第一位博士，同时也成了文学院招生培养的第一批博士中的一员。经历了这一系列的"意外"，我深深感觉到命运有时是不可抗争的，因缘而起，随遇而安也许就是最好的选择。

读研期间，导师李维琦、蒋冀骋先生要求我们多读上古文献，多读文字、音韵、训诂方面的论著，打好基础。毕业论文我选择了《汉书》颜师古注作为研究对象，得到了导师的鼓励与肯定。感谢那个时代，没有手机等电子产品，我们每天可安安静静地待在图书馆、教室看纸质本文献。读博期间，我开始时选择汉文佛典文字作为研究对象，后来发现题目比较大，短时间内难以完成，转而选择以收录汉文佛典疑难字为特色的《龙龛手镜》作为研究对象。从事博士后工作，我选择了另外一部以收录汉文佛典难字为主的《新集藏经音义随函录》(《可洪音义》) 作专书研究。近 20 年来，我主要从事写刻本汉文佛典语言文字、历代字韵书研究。

2. 目前正在从事什么研究？将来有何科研规划？

目前，我主要围绕国家社科基金重大招标课题"历代汉文佛典文字汇编、考释及研究"开展研究。这个课题规模比较大，源自读博时的想法，那时能获得的汉文佛典文献比较有限，时间不够，时机也不成熟，现在条件好多了，也有时间来认真完成20年前的这一想法。至于将来还有什么研究计划，目前还没有细想过，也许一辈子都会深耕在佛经语言、近代汉字研究领域，也许搞完这个课题，再另起炉灶，一切随缘。

3. 在您求学和研究过程中，对您成长影响较大的著作和学者有哪些（哪几位）?

“学贵得师”，“师也者，犹行路之有导也”。在我求学、研究的路上，对我影响最大的是我的三位导师。

李维琦先生是我的硕士导师，在本科期间教过我“音韵学”选修课，是我从事古代汉语研究的启蒙老师，我后来从事汉文佛典语言文字研究也是直接受先生的影响。李维琦先生是著名的语言学家，研究的领域非常广，涉及训诂学、修辞学、文字学、音韵学、词汇学、方言学、文献学等多个领域，学术著作有《修辞学》《古汉语同义词修辞》《祁阳方言研究》《中国音韵学研究述评》《佛经释词》《佛经续释词》《佛经词语汇释》等，还整理点校过《经传释词》《国语》《战国策》《公羊传》，注释翻译过《穀梁传》《国语》《左传》等。李先生是那种真正把治学当作快事而“不知老之将至”的学者，年近90高龄时，仍笔耕不辍，2017年还出版了《周易古经易解》，发表了考释甲骨文的论文。李先生既重视传统小学，又善于借鉴吸收国外语言学理论，曾引进苏联的同义学说，致力构建一个古汉语的修辞学新体系，是“湘派修辞学”的代表人物。李先生重视新材料的挖掘，从20世纪80年代开始利用佛典语料开展汉语史研究，是佛经语言研究，尤其是佛经词汇研究的代表人物。

李先生教导我们，为学要善假于物，利用新技术、新手段，往往可事半功倍。李先生与时俱进，时刻关注时代的变化，接受新鲜事物的能力特别强，20世纪90年代，年过花甲的他创立了一套能快速输入汉字的输入法，建立了可检索的包含56部佛经的语料库，利用这个语料库，他先后撰写了《佛经释词》《佛经续释词》。我最初就是从先生的这个语料库接触到佛经，然后阅读纸质本《大正新修大藏经》的。

李先生常常为我们讲教研室前辈学者杨树达、周秉钧先生是如何治学树人的，讲做学问既要有面，也要有点，要以点带面。杨树达先生以《汉书》为点，写出了《汉书窥管》，其甲骨文、金文研究，其语法、修辞研究大量引用《汉书》作为书证，周秉钧先生以《尚书》为点，写出了《尚书易解》，其《说文》研究，其训诂、词汇研究也常常引用《尚书》为证。前辈学者的这一做法深深地影响了我们，我们也希望通过专书的研究来逐步扩大自己的研究范围。

蒋冀骋先生是我的硕士、博士导师，本科就教过我们“古代汉语”。蒋先生的研究领域也非常广，涉及文字学、训诂学、音韵学、词汇学、敦煌学、语法学等多个领域，学术著作有《说文段注改篆评议》《近代汉语词汇研究》《近代汉语纲要》《近代汉语音韵研究》《敦煌文书校读研究》《敦煌文献研究》等。蒋先生带研究生，是不指定研究方向与研究领域的，不要求学生跟自己的研究领域一致，要研究生自己从读书中发现问题，寻找研究对象，给了学生充分自主研究的自由，正因为如此，其所带学生不拘一格，从事文字、音韵、训诂、语法、词汇、方言研究的都有。蒋先生强调研究必须有创新，大胆假设，小心求证，一篇文章必须有自己的心得，不能只是简单重复前人的东西。蒋先生鼓励学术争鸣，曾在书中引用亚里斯多德的话“吾爱吾师吾更爱真理”，学术是公器，正常的学术批评有助学术的发展与繁荣。求学期间，每次向先生汇报读书体会时，先生问得最多的是读这本书发现了什么，这本书有什么问题没有。先生通过这种方式，不断增强我们读书时的问题意识，这方面的训练对我们的求学之路影响很大。学问能做到什么程度，就看你能发现多少问题，能解决多少问题。

吴金华先生是我的博士后导师，是当代著名的语言学家，是一位纯正的学者。先生毕生致力于《三国志》的整理与研究，将专书研究做到极致，同时又不拘泥于此，专精与广博融合，材料与理论并重，为中古汉语研究，乃至整个汉语史的研究作出了突出贡献。先生治学极为严谨，有一次，《古汉语研究》要刊发先生的一篇论文，编辑文章的过程中，先生10余次告知编辑部，文章要改一下，还要改一下，直到编辑部告诉先生文章胶片都已出来，实在不能再变动了，何况文章并无质量问题。

三位先生对待学问的严谨态度，追求真理的执着精神，爱生如子的高尚境界，潜移默化地影响着我们，令我们终身受益。求学路上能遇到一位上面提到的先生就非常幸运了，我是幸运中的幸运者，成了三位先生的学生。

在求学、研究的路上，对我影响较大的著作除了三位导师的，还有许慎《说文解字》、颜师古《汉书注》、王念孙《读书杂志》《广雅疏证》、段玉裁《说文解字注》、马瑞辰《毛诗传笺通释》、杨树达先生的《汉书窥管》、王力先生的《汉语史稿》、郭在贻先生的《训诂学》《训诂丛稿》、蒋礼鸿先生的《敦煌变文字义通释》、裘锡圭先生的《文字学概要》、项楚先生的《王梵志诗校注》、黄德宽先生的《汉语文字学史》、张涌泉先生的《汉语俗字研究》《汉语俗字丛考》、杨宝忠先生的《疑难字考释与研究》等。这些书都是语言文字学名著，我大都精读过，有的还读过几遍。它们或为我指明了研究方向，或为我提供了材料，或为我打开了研究思路，或为我提供了研究理论与方法。

4. 如何发现并确定一个体量合适、有持续性的题目作为中长期研究对象？博士论文以外又如何拓展研究领域？

作为学生，要认真对待求学路上的每一个阶段。学位论文的选题至关重要，要尽量做到硕士论文经过修改扩充后能出一本书，博士论文能出一本书，如果读博士后，博士后出站报告能再出一本书，如此，基本上可以在学界立足了。要知道，学位论文有导师、学位点老师的指导，有外审专家的评审，还经过了公开的答辩，能通过，大多数质量还是有保障的，自己的研究水平如何是可以从中得到体现的，不少学者的成名作或代表作就是其学位论文。

我们常常发现有些学生学位论文写得不错，但写完后题目就再没研究空间，算是写死了，毕业后只能重找题目，另起炉灶。人的精力是有限的，频繁地更换研究领域与研究方向，学问难以做得精深。如何发现并确定一个好的可持续研究的题目，这跟每个研究者自身的经历与条件有关，读了多少书，读了谁的书，导师是谁，思维习惯怎样，性格如何，经济条件好否，这些都会影响自身在选题上的判断。以下几个方面，我个人感觉在选题时是需要考虑的。

要重视所选材料的量，一般来说，某类材料现有或预期发现的量大，其可供持续研究的时间会相对长些；要重视所选材料的质，有些材料虽然体量大，但可供研究的语言文字问题少，这也会影响研究的持续性；要重视所选材料的新，新的材料往往是学界没有或很少研究过的，你发现并拥有了这样的材料，是比较容易出成果的。如果一种材料数量大，语言文字问题多，又是新发现的，其必然会推动语言文字研究走向新的繁荣。如敦煌莫高窟藏经洞中的敦煌写本文献的发现，对 100 年来的语言文字研究产生了深远的影响，成就了一大批杰出的学者。

是不是某种材料数量少又不是新的就不能作为研究对象了呢？也不尽然。不断学习新的理论，掌握新的研究方法，这也是让题目能持续研究下去的一种途径。同一种材料，同一个语言文字现象，如采用不同的理论与方法去研究，可能会有新的发现，新的解释。掌握了某种或多种理论与方法，并能娴熟地运用的话，就可以将自身的研究从这种材料延伸到另外一种材料。如此，可能会有“山穷水尽疑无路，柳暗花明又一村”的感觉。

5. 对于汉语史研究而言，材料和理论都很重要，但硕博士研究生在有限的学习期限内对熟悉材料和掌握理论常常觉得顾此失彼，您对此有何建议？

对于汉语史研究而言，材料与理论不是二选一的单选题。材料是问题的源泉，也是解决问题的依据；理论可以帮助发现问题，也可以用来指导解决问题，为解决问题提供思路与方法，提供逻辑推理的依据。每一门学问都有其必须阅读的材料和需掌握的理论。

具体到汉语史的某一个研究领域或研究方向，两者的权重可以有所不同。读研期间，可根据自己的兴趣与能力，根据导师的指导，选择性地阅读材料，选择性地掌握某些理论。不贪全，但求精。在基本的专业知识具备后，钻研材料可写出好文章，重视理论也可写出好文章，将两者结合更能写出好文章，不必在两者之间过于纠结。研究时不唯材料而堆砌材料，也不唯理论而空谈理论。

6. 对初涉汉语史学习和研究的硕博士研究生来说，您觉得哪些学术训练是必要的？在学术训练的过程中，应该具备哪些基本素质？

读研期间，哪些学术训练是必要的，哪些素养是应备的，不同学科，不同领域会有不同的要求，不同的导师也会有不同的做法。

学术训练方面，我们读研的时候，上文字课，导师要我们熟读《说文解字》，学写书中小篆，掌握常用汉字的形体结构和本义。上音韵课，导师要我们把《广韵》3800多个小韵填入他设计的声韵调表中，以此来熟悉反切上下字，了解类隔、重纽现象，了解声韵之间的配合等。上训诂课，导师要我们读《读书杂志》，读的时候不要急于看王念孙的论证，先看自己能不能发现他所要考证的那句话中的问题，问题发现了，自己试着去考证，看自己的论证与王念孙的有什么不同，差距在哪，通过这种方式来熟悉了解王念孙的训诂方法与训诂思想，培养问题意识。搞词汇研究、语法研究的也会有相应的学术训练，我们可多读一些这方面的名家的论著，从中学习借鉴一些他们的研究思路与研究方法。

学术素养方面，做学问要树立问题意识，读书要有目的性，不只是简单地去记忆书中的知识与内容，要善于从中发现问题，提出问题，能举一反三，问题一时解决不了也不要紧，及时用本子把它记下来，也许今后它就是一个很好的选题。做学问要有恒心，吃得苦，耐得住寂寞，要见贤思齐，取长补短，懂得包容。

7. 在读硕博士研究生如果以学术研究为志业，必然面临发表论文的问题，在论文选题、撰写、投稿及提高命中率方面，可否介绍一下经验？

我们那时读研，导师强调先多读书，把基础打好，不要急于发文章，积累多了，发文章就是水到渠成的事。现在时代变了，“述而不作”对今天的研究生来说似乎行不通了，不发文章，毕业、就业乃至生存都会面临困难。以前导师只需负责指导学生读什么书，怎么读书，现在还要指导学生如何投稿，如何提高命中率。估计学生并不想这样，导师更是无奈。

投稿命中与否，与稿件的质量有关，也与研究的领域有关。一般来说，研究语言的比研究文学的难发文章，研究汉语的比研究外语的难发文章，研究古代汉语的比研究现代汉语的难发文章，研究传统小学的比研究现代语言学的难发文章，这都是由刊物的多寡及其办刊的导向决定的。有一次我推荐一篇文字学方面的文章到某C刊学报，学报的编辑一看，好多字显示不出来，需要造字，或者要用图片字，他立马跟我说，这无法刊登，刊登出来会影响学报的整体美观，再者这样的文章又会有多少引用率啊。听后，我不再说什么，转头就走了。我们经常看到，有很多好文章，因为能发表的刊物太少，很难在有正式刊号的期刊上刊发，只能发表在以书代刊的杂志上，而以书代刊杂志上的论文在大多数高校教师职称晋升、绩效考核时是不认可的。这样的现状严重影响了学生投身学术研究的积极性与持久性。我们的硕士、博士生如果决心以学术为任，就要面对现实，沉下心来，板凳甘坐十年冷，先扎扎实实把专业知识学好，多读名家论著，密切关注学术动态，把握学术发展趋势，咬定青山不放松，围绕着自己感兴趣的领域深耕下去，持之以恒。要善于思考，勤于写作，敢于投稿，不怕失败，屡败屡战，直至成功。

投向期刊的论文，要注意学术规范，行文格式要符合期刊的要求。一篇文章完成后，自己可先问问自己，文章研究的是新材料吗？是学界关注重视的问题吗？论证时利用了新的材料没？有没有纠正前人的观点或者提出前人没说过的新的观点？论证是否采用了新的理论与方法？这些问题肯定性的回答越多，论文的质量就会越有保障。此外，不同的刊物，其办刊的宗旨不同，对稿件的喜好也不一样，投稿前，需要充分了解拟投刊物的用稿取向。这个可以从该刊物已发的文章去分析判断。

8. 您是如何平衡自己的科研和日常生活的？如何看待网络上传说的高校青年教师“007”（零点上班，零点休息，一周工作七天）的生活模式？您平常都会怎么放松身心呢？

网络上传说的高校青年教师“007”的生活模式有点夸张，但高校青年教师教学任务重，科研压力大，生活压力大，这是事实。他们在很多情况下是没有寒暑假，没有周末的。青年人有点压力不一定是坏事，生活过早安逸了，对学术的兴趣也许就会减退，毕竟人也是有惰性的。如何将压力变动力，这需要我们认真思考。要想尽办法保持对学问的热爱，如何保持，时常有获得感非常重要。在读书中要不断去发现问题，在研究中要不断去解决问题，不管问题的大小如何，不管问题的价值大小如何，学有新获，研有新得，兴趣才不会消退。有了研究的兴趣，研究就会变得相对轻松，你会发现一天不知不觉就过去了，忘记了疲惫。

当然，无论什么时候，都不要忘记适当地锻炼身体。在忘我的工作状态下，坐久了身体最容易出问题。学问重要，但不是生活的全部。每天能抽出一些时间搞户外锻炼，那是最好不过的。如果像我一样，喜欢宅在家里，不喜欢户外运动的话，那就听听音乐放松放松。我有一个习惯，喜欢做饭菜，常把做饭做菜当作是一种运动，一种乐趣，一种修炼，有时发现这真是一举两得的事，既让家人高兴，自己也得到了锻炼，时不时还有点成就感。在这样的心情下，去做点学问，不亦说乎？

9. 请问您进入汉语史专业的初衷是什么？一路走来，您对汉语史专业的认识有没有什么变化？您对汉语史研究有何展望和期待？

当初读古代汉语研究生，不是出于热爱，而是纯属“意外”，如果家里条件允许，我也许会放弃保送去考法律的，现在看着书柜里的法律书上密密麻麻做的笔记，还很有感触。研究生读了一段时间后，我发现自己的性格还比较适合干这一行，耐得住寂寞，能坐冷板凳，能在读书中发现一些问题，能从研究中感受到快乐，后来也就不再有其他的想法了。

我最初是在读王力先生的《汉语史稿》时接触“汉语史”这个概念的，从中知道了汉语发展的分期，知道了汉语史包含汉语词汇史、汉语语音史、汉语语法史。随着语言学的发展，研究领域不断增多，学科分类繁多，汉语史在学生的认识中还是很模糊的，它到底是学科、专业、研究方向、研究领域还是课程？汉语言文字、古代汉语与汉语史又是什么关系？时常有学生问起。角度不同，对汉语史的认识也会有异。从我个人来说，我主要研究的是文字，不属于严格意义上的汉语史领域，但研究文字的时候有时会涉及汉语的词汇、语音，甚至语法，汉字发展的历史与汉语发展的历史密切相关，正因为如此，这次浙大汉语史研究中心约我做个访谈，我才斗胆接受。

汉语史研究发展到今天，无论是微观研究还是宏观研究，无论是共时研究还是历时研究，无论是通史研究还是断代研究，都取得了丰硕的成果。汉语史未来如何发展，不好研判，我只知道越来越多的汉语现象会被发现与解释，越来越多的汉语发展规律会被揭示与总结，汉语各方面的“史”的脉络会越来越清晰。学问无止境，汉语史研究有着光辉的过去，也一定会有更美好的未来。

主要论著目录

（一）著作

郑贤章 2004《〈龙龛手镜〉研究》，湖南师范大学出版社。

郑贤章 2007《〈新集藏经音义随函录〉研究》，湖南师范大学出版社。

郑贤章 2010《〈郭迻经音〉研究》，湖南师范大学出版社。

郑贤章 2016《汉文佛典疑难俗字汇释与研究》，巴蜀书社。

（二）论文

郑贤章 1997《“掩涕”一词小议》，《古汉语研究》第2期。

郑贤章 1997《“相”字词性略论》，《武陵学刊》第2期。

郑贤章 1998《论段玉裁在〈说文解字注〉中的假借观》，《古汉语研究》第2期。

郑贤章 1999《〈汉书〉古今注考辨略例》，《中国语文通讯》第50期。

郑贤章 2000《刻本汉文佛典俗字的研究价值刍议》，《中国语文通讯》第55期。

郑贤章 2000《〈汉语大词典〉书证初始例试补》，《古汉语研究》第2期。

郑贤章 2001《〈龙龛手镜〉阙失略论》，《古汉语研究》第4期。

郑贤章 2002《〈龙龛手镜〉未识俗字考辨》，《语言研究》第2期。

郑贤章 2002《从汉文佛典俗字看〈汉语大字典〉的缺漏》，《中国语文》第3期。

郑贤章 2003《敦煌音义写卷若干俗字重考》,《敦煌研究》第1期。

郑贤章 2003《〈中华字海〉未识俗字考》,《古汉语研究》第2期。

郑贤章 2004《〈龙龛手镜〉俗字丛考(一)》,《古汉语研究》第1期。

郑贤章 2004《〈龙龛手镜〉所引〈经音义〉〈音义〉考》,《汉语史学报》第4辑,上海教育出版社。

郑贤章 2005《汉文佛典译音用字考释略例》,《中国文字研究》第6辑,广西教育出版社。

郑贤章 漆灏 2005《〈贤愚经〉语词札记》,《古汉语研究》第1期。

郑贤章 罗晓林 2005《〈龙龛手镜〉与大型字典的完善》,《汉语史学报》第5辑,上海教育出版社。

郑贤章 2005《〈可洪音义〉俗字札记》,《汉字研究》第1辑,学苑出版社。

郑贤章 2006《〈汉书〉旧注商榷若例》,《求索》第1期。

郑贤章 2006《以可洪〈随函录〉考汉语俗字若干例》,《古汉语研究》第1期。

郑贤章 2006《〈可洪音义〉与现代大型字典俗字考》,《汉语学报》第2期。

郑贤章 2006《汉文佛经词语例释》,《语言科学》第3期。

郑贤章 2006《汉语疑难俗字例释》,《语言研究》第4期。

郑贤章 2006《可洪〈随函录〉与汉文佛经校勘》,《古籍整理研究学刊》第5期。

郑贤章 2007《以可洪〈随函录〉考汉语俗字(续)》,《古汉语研究》第1期。

郑贤章 谷舒 2007《可洪〈藏经音义随函录〉与汉语俗字研究》,《湖南师范大学社会科学学报》第1期。

郑贤章 2007《汉语疑难俗字重考若干例》,《中国语文》第6期。

郑贤章 2009《〈汉书〉颜注失误例析》,《绍兴文理学院学报(哲学社会科学版)》第4期。

郑贤章 王赛波 2009《〈汉书〉颜注失误笺识》,《河池学院学报》第4期。

郑贤章 王赛波 2010《略论〈新集藏经音义随函录〉类化字》,《中国语文通讯》第89—90期(合刊)。

郑贤章 2011《汉文佛典疑难俗字札考》,《古汉语研究》第2期。

郑贤章 2011《〈集韵〉疑难字例释》,《语言科学》第5期。

郑贤章 2012《汉文佛典疑难俗字考释》,《合肥师范学院学报》第1期。

郑贤章 2013《汉文佛典疑难字笺识》,《贺州学院学报》第1期。

郑贤章 2013《〈龙龛手镜〉疑难注音释义札考》,《古汉语研究》第2期。

郑贤章 2013《从疑难字看新版〈汉语大字典〉的缺失》,《中国语文》第5期。

郑贤章 2014《〈玉篇〉疑难字例释》,《语言研究》第3期。

郑贤章 2014《高丽本〈龙龛手镜〉疑难注音释义札考》,《汉语史集刊》18辑,巴蜀书社。

郑贤章 2015《疑难字考释》,《语言科学》第4期。

郑贤章 2016《汉文佛典疑难字考辨》,《中国文字学报》第1期。

郑贤章 2017《佛经的翻译与传抄对汉字发展的影响》,《智慧中国》第9期。

郑贤章 2017《汉文佛典:谱写汉字研究新篇章》,《湖南师范大学社会科学学报》第5期。

郑贤章 张福国 2017《古代字书疑难注音释义考(二十六则)》,《语文研究》第1期。

郑贤章 2017《佛经的翻译与传抄对汉字发展的影响》,《中国社会科学报》8月22日。

郑贤章 左晋 2018《〈乾隆大藏经〉疑难字考》,《语言研究》第1期。

郑贤章 谭晓芳 2018《〈百喻经〉“真实”“真宝”异文考校》,《武陵学刊》第1期。

郑贤章 2018《〈新集藏经音义随函录〉同形字考辨》,《汉字汉语研究》第4期。

郑贤章 左晋 2019《〈新集藏经音义随函录〉“又音”与同形字考辨》,《中国文字研究》第2期。

郑贤章 张福国 2019《〈新集藏经音义随函录〉同形字札考》,《古汉语研究》第1期。

郑贤章 2020《〈新集藏经音义随函录〉辨字阙失考(三十则)》,《语文研究》第4期。

郑贤章 刘珏 2020《〈新集藏经音义随函录〉“又音”与同形字研究》,《语言科学》第4期。

郑贤章 2020《〈新集藏经音义随函录〉同形字续考》,《北斗语言学刊》第5辑,上海古籍出版社。

朱冠明

学语言越早效果越好

朱冠明

男，1973年生，湖北公安人。解放军外国语学院学士，复旦大学硕士、博士，北京大学、中国社会科学院语言研究所博士后，美国加州大学圣巴巴拉校区（UCSB）和香港教育大学访问学者。现为中国人民大学文学院教授，博士生导师，中国语言学会历史语言学分会常务理事、副秘书长。

主要研究领域是汉语词汇语法史和佛教汉语。发表论文50余篇，出版专著2部，主持并完成国家社科基金2项，现为国家社科基金重大项目“佛典语言的中国化”首席专家。2011年入选教育部新世纪优秀人才支持计划，2012年专著《〈摩诃僧祇律〉情态动词研究》获吕叔湘语言学奖一等奖，2015年入选教育部长江学者青年学者，2016年专著《先秦至中古汉语语法演变研究》获北京市第十四届哲学社会科学优秀成果奖二等奖。

1. 请介绍一下您求学、研究的经历和治学领域。

我 1990—1994 年在洛阳解放军外国语学院中文系读本科；1994—1997 年、1999—2002 年在复旦大学中文系分别读硕士和博士，师从胡奇光先生；2002—2005 年、2008—2010 年分别在北京大学中文系、中国社会科学院语言研究所从事博士后研究，合作导师是朱庆之先生和吴福祥先生。严格地讲，博士后阶段已经是工作经历而不算“求学经历”了，但幸运的是，这两期博士后期间，设站单位都没有给我安排具体的工作任务，我得以全心学习和研究，同他们的研究生一起听课、讨论、做作业，所以我把这两段也列了出来。这是我求学经历的简况，更详细的情况，我在“今日语言学”的一个访谈（2018 年 3 月 18 日）中做过介绍，这里不再重复。

硕士阶段我跟胡奇光先生学习传统小学，硕士论文做的是方以智《通雅》中的“謰语”考察。从读博士起至今，我所做的主要是以中古汉译佛典为主体的佛教汉语词汇语法研究，既有对佛经语言本身的研究，包括从语言接触角度对其中一些特殊词汇语法现象来源的探讨；也有将佛经语料作为出发点而向上古和近现代溯源探流的汉语词汇语法历史演变研究。

2. 目前正在从事什么研究？将来有何科研规划？

目前没有什么大的研究项目，主要是整理平时阅读和日常观察中发现的一些具体的词汇语法问题，有不少是已经收集过材料、进行过一些思考的，有的还以 PPT 形式在学术会议上作过报告。过去积攒了不少这样的半截子论文，打算接下来把它们写成完整的文章，比如《时间名词“现在”的来源及中国化》《汉语“可怜”义形容词的来源》《从趋向动词到起始标记》等等。

至于科研规划，其实我也没有正儿八经地规划过，一直是在按照自己的兴趣做一些相对零散的研究，而兴趣点也在不断地变化转移。如果说有一条主线的话，还是以中古佛典为中心，考察一些汉语词汇语法形式的来源和发展。说一下想到的近期打算做的事情吧，权且当作“规划”，从两个方面谈：

一是有几部书稿要完成。十多年以前，我参与了社科院语言所曹广顺先生主持的项目“佛经专书语法研究”，负责其中一部《正法华经语法研究》。这个项目早已结项，我其实也写出了初稿，但至今没有完稿，有一个重要原因是，这部佛经的文本问题太多，既涉及原典语问题，也涉及竺法护在翻译中的误译误用问题。如果没有包括梵汉对勘和同经异译对勘在内的全面的文本校勘（像辛嶋静志先生所做的《道行般若经校注》一样），利用现有文本做的专书语法研究难说可靠，而要做这样的校勘难度很大。另一部书稿，是想依照刘坚先生《近代汉语读本》和方一新、王云路先生《中古汉语读本》的模式，做一个《佛教汉语读本》，为社会各界提供一个包含各部类佛经和中土撰述的佛教读本，对其中难解的词语进行准确简明的解释。这项工作打算和浙江大学真大成教授来合作完成，目前也才开了个头，基本拟定了要选入的篇目。还有一部书稿是关于《燕京妇语》的。机缘巧合，我在旧书市场上买到一个《燕京妇语》的新的写本，抄写时间大概在清末。这个写本首尾完整，字迹清晰工整，质量相当好。北京大学出版社2018年出版过一个由陈颖、翟赟校注的本子，其底本由日本鳟泽彰夫先生收藏、好文出版2013年影印出版，这个版本字迹丑陋粗糙，但它是此前《燕京妇语》所见唯一的版本。两相对比，文字上也有一些差异。我打算将我发现的这个版本影印出版，并对两个版本做逐字的对勘整理。

二是研究取向上会略有调整。佛教汉语研究（包括我个人的研究），过去更多关注的是佛典语言中的特殊语言现象及其来源，以及对汉语发展造成的影响，近四十年来出了大量的研究成果，也对汉语史的研究起了巨大的推动作用。但佛教汉语研究还有另一个方面，就是来自佛典的那些词汇语法形式，如何一步一步融入汉语，从而“深入到汉语的血液里”（王力语）。简单地说，前者是对“来龙”的研究，后者是对“去脉”的研究，相对而言，后者的研究当前还比较欠缺。我把这“去脉”称为“佛典语言的中国化”，佛经翻译影响汉语正体现在那些具体的词汇语法形式中国化的进程中，其中国化的途径、规律和影响很值得研究，也当是汉语史研究的重要组成部分。我近年更多的精力和兴趣可能会放在这方面。

此外，我对“五四”以后现代汉语书面语的形成过程，也有越来越大的兴趣。一方面是现在的研究还比较薄弱，时间虽然不算久远，但很多问题我们却并不清楚。不久前我在一篇文章中考察“意味着”一词的来源，发现这个在 20 世纪 30 年代才在汉语中出现的词，竟然是“日化”（受日语影响）和“欧化”共同作用的结果，由此进一步认识到，汉语在 20 世纪初所受到的日语影响之大，可能远远超过我们的想象。我手头有一本 1901 年创刊的《京话报》首期，其刊载的内容是“紧要时事、确实新闻”，配合时局为朝廷作宣传。在今天看来，这种内容应该使用典范的“书面语”，但我们看看开篇《论创办这京话报的缘故》开头的一段话：

> 既作了咱们大清的百姓，可就要知道这忠君爱国的四个字怎么讲。你们大家伙想想，咱们太后同皇上，现在到了陕西，吃也没有好的，穿也没有好的，为了这些百姓，惹下这么大的乱子，带累他们母子二位，吃了多少的苦，怄了多少的气，还要替人家赔钱赔礼。你们到底知道不知道，这是谁的不是咧？

《京话报》正文通篇所用的都是这种北京口语，事实上，当时还并没有所谓规范的、成型的现代汉语书面语。这期《京话报》书后所载《创办京话报章程》所用的却是浅近的文言，说明本报“为开民智消隐惠（患）起见，故只用京中寻常白话”。半个世纪之后，中国解放了，巴金的《家》在1950年代初再版时，其中的欧化语言成分被作者尽力删除，小说语言呈现出我们今天较为熟悉的书面语面貌，这种语言既不是浅近文言，也不同于《京话报》的“寻常白话”。再读这一时期的《人民日报》，其语言也已经与现在的《人民日报》相差不大，这表明一种相对成熟的汉语书面语已经形成。这半个世纪所形成的这种书面语，到底吸收了多少白话、多少文言和多少外来的欧化、日化成分？其中社会政治因素起到多大影响？典范人物（如鲁迅、毛泽东等）的作品起到多大影响？这些都是很有意思的问题。当然，我对这个课题感兴趣还有另一方面的原因，就在于这一时期汉语受到了巨大的外来影响（王力先生认为这段时间汉语文法的变化之大，超过从汉至清的变化，主要就是因为“欧化”影响），这些外来影响主要是通过大量翻译西方（以及日本）作品而带来的，与中古时候因为翻译佛经而带来的梵语对汉语的影响非常相似，我们可以以今观古，加深对历史上发生的外来语影响汉语的认识。

3. 在您求学和研究过程中，对您成长影响较大的著作和学者有哪些（哪几位）？

一个人的成长离不开老师的引领和指导，很幸运的是在求学的各阶段，我都遇到一些很好的老师，在各方面给了我很多的帮助，对他们我一直充满感激。我在“今日语言学”的访谈中作了详细的介绍，这里不再赘述。

令我受益的著作不计其数，但想一想我读得最熟的还是这样几种：《语法讲义》（朱德熙）、《近代汉语研究概况/概要》（蒋绍愚）、《近代汉语读本》（刘坚）、《中古汉语读本》（方一新、王云路）；英文有两种：*Linguistic Categorization: Prototypes in Linguistic Theory*（John R. Taylor，1989/1995/2003）；*Exploring Language Structure*（Thomas E. Payne，2006）。这些书我都读过好几遍，现在也经常拿起来翻阅。我也把它们推荐给我的研究生，希望他们能够熟读。

4. 如何发现并确定一个体量合适、有持续性的题目作为中长期研究对象？博士论文以外又如何拓展研究领域？

关于选题，是一个常问常新的问题，很难回答。读《郭在贻文集》第四卷，有蒋绍愚先生致郭先生函第十通云：“大函已奉读，兄此次出一难题，实在不好回答。”看后文知道，这个难题就是关于博士生选题的。我很同意这个问题里面说的两点，即“体量合适”且“有持续性”（我以前称之为“延展性”）。在这个大原则之下，具体题目的选定，恐怕既要考虑个人的兴趣资质素养，也要考虑所选题目的研究现状。自己对哪方面感兴趣，往往在那方面读的书、受的训练就会更多更好一些，如果茫然一片，说明还不到选题的时候，要静下心来好好多读些书再说。同时对所选题目，要充分了解国内外相关研究现状，不建议选那种前人已经研究得相对充分的题目，否则自己修修补补，空间太小，除非真的有雄心和实力在理论、方法、材料上把前人研究推倒重来。前一段读到一篇写体标记“着、了、过”历史演化的博士论文，就存在这个问题，尽管作者下了很大功夫，有也所发现，但依然所得有限，差强人意。不过话说回来，即便了解了这些“选题原则”，大多数博士生在选题上还是会有困惑，因为毕竟是新手。好的选题往往还得益于导师或者其他比自己更成熟的学者的指点——有时真能起到“听君一席话，胜读十年书”的效果，虚心多向前辈学者请教很重要。

至于在博士论文以外的拓展，我相信在认真做完博士论文之后，每人都会清楚，在这一领域自己的研究还有哪些不足，还有哪些有价值的问题有待解决。就我个人而言，在做博士论文的时候就有两点感受特别强烈：一是应该学点梵文，否则无从知道佛典中的有关语言现象是否受到外来影响；二是除博士论文所写的情态动词外，佛典中还有大量有价值的词汇语法现象值得研究。我后来的研究基本上就是沿着这个认识的路子走的。汪维辉老师的博士论文做常用词演变研究做得非常成功，但我清楚地记得汪老师对我说过，他的博士论文最大的遗憾，就是没有充分利用汉语方言材料。后来他把词汇史研究同现代方言结合起来，纵横捭阖，别开生面，做出了很大的成就。

5. 对于汉语史研究而言，材料和理论都很重要，但硕博士研究生在有限的学习期限内对熟悉材料和掌握理论常常觉得顾此失彼，您对此有何建议？

对于汉语史研究而言，我一贯旗帜鲜明地认为，材料比理论更重要。除了吕叔湘先生那个著名的“钱和钱串子”的比喻外，我认为还有这样两个原因：首先，汉语史研究不同于现代汉语，无法通过闭门造车（内省）来找材料，只能从对历史材料的研读和爬梳中，发现有趣的语言现象，发现有价值的问题；否则读再多的理论也只是空对空，不能触及汉语史的真问题，只能在前人研究过的老问题中转圈子、炒冷饭。其次，材料功底的积累是一个漫长乃至终生的过程，因为作为汉语史研究对象的历史材料实在是太多、太复杂了，要想熟悉材料、准确解读材料，需要长时间浸淫，决非一朝一夕之功可成；而理论相对而言没这么复杂，就当前而言，无非两种路子，要么功能，要么形式——对于受过基本训练的语言学者而言，找两部高质量的教科书，花上几个月时间精读研习，对某个理论流派的基本思想和研究范式即可初步了解掌握。因此我认为读研期间，更多的精力还是应该放在扎扎实实读材料上，如果反其道而行，多半不会有好效果。我见过有的年轻学者对理论情有独钟，读的理论书不可谓少，自己也尝试建构宏观体系来分析汉语演变，但一谈及汉语事实就有很多漏洞，或者以偏概全，或者理解错误，或者张冠李戴等等，这样的研究很显然是不可靠的。这些年不少学者或公开或私下表达过对研究者的文献材料功底总体上一代不如一代的忧虑，这应该引起年轻学子们的足够重视和警醒。

但并不是说理论不重要，相反，我认为汉语史研究的理论意识还要大大加强。一方面有理论意识和理论指导，能使研究者的目光更敏锐，帮助我们更好地在材料中发现语言事实（参看洪波、陈祝琴、李明《〈上古汉语语法纲要〉评介》,《中国语文》2019 年第 4 期）；另一方面，如果能从丰富的汉语史事实中总结规律、提炼出有一定解释力的理论，则既可以使研究更加深入，也可以在探讨语言的共性和差异方面有所贡献。要具备这两方面的能力，当然离不开平时对语言学理论的学习和思考。

6. 对初涉汉语史学习和研究的硕博士研究生来说，您觉得哪些学术训练是必要的？在学术训练的过程中，应该具备哪些基本素质？

我很赞同汪维辉老师在一篇文章中提出的“语文学的功底，语言学的眼光”，文章标题就是这 12 个字，2015 年发表在《文献语言学》第一辑。后来好几个微信公众号转载过这篇文章，影响很大，像“学习强国”在 2020 年 2 月就转载过一次，后来一次是 5 月份“汉语堂”转载的。汪老师谈的是“研治词汇史”，但我认为适用于整个汉语史的研究。其实这与上一个问题谈到的“材料”和“理论”是一致的，应该是我们追求的目标，但真要做到这两点，又谈何容易！我在朋友圈转发这篇文章时，加上了《三国演义》里的一段话“伏龙、凤雏，两人得一，可安天下”作为按语，用玩笑的方式说明“功底”和“眼光”的难得和重要。

说到初学者应该着力养成和具备的基本素质和能力，我个人觉得有这样几点：一是语言田野调查的能力，这需要在本科硕士阶段的现代汉语、方言、音韵等课堂上好好练习，最好有调查实践；二是古书阅读能力，要知道某个领域有哪些古书、版本优劣、历代研究情况，且能够借助工具书和历代注疏准确理解古书字句；三是资料搜集能力，能够“上穷碧落下黄泉”把国内外相关资料找到，电子时代尤其要善于利用电子资源，前两年我指导的一位本科生在做“老乞大”研究时，自己到韩国网站下载资料、与日本图书馆和大英博物馆联系索取资料，给我留下很深的印象；四是外语能力，不但要能读外文文献，还要能用外语写作和进行口头交流。我谈到这几点，并不是说我自己都做到了，而是深切认识到了这些方面的重要性。

7. 在读硕博士研究生如果以学术研究为志业，必然面临发表论文的问题，在论文选题、撰写、投稿及提高命中率方面，可否介绍一下经验？

我个人很反对把发表论文乃至核心期刊论文作为硕博士生毕业的强制性要求。研究生好好读书做研究，把毕业论文做好已经很不容易了。学校强制学生发表论文，其出发点恐怕未必是为了学生培养，而是为了统计数字好看。一桩桩与论文发表有关的丑闻（论文买卖、抄袭、造假、一稿多投多发等）曝光后，上上下下其实都认识到了这么做的荒唐和危害，但是积习难改，在上方多次下达“不唯论文”令的背景下，最近又传出南方某高校对研究生论文发表的不合理规定，四众哗然。

但是作为一种学术训练，作为写毕业论文的前期准备，研究生练练笔写小论文，也是有必要的。写出来的文章质量高、有新见，当然可以拿去发表。这样的文章，第一，最好和自己的毕业论文有关；第二，最好是写小题目，读书得间，言之有物，新颖可喜。我注意到包括《中国语文》在内的语言学专业期刊，这些年还是发表了不少年轻学者包括硕博士生的这类文章；作为一些刊物的审稿人，我自己对这类文章也颇有偏爱。平时在指导研究生的时候，我再三强调，让他们时刻带着质疑的眼光来读书读文章：观点对不对？逻辑合不合理？材料可不可靠？如能发现别人文章中的问题，写出有理有据的讨论性文章来，也是很好的学术训练。这样庶几可以最大程度地将学术训练与完成规定任务结合起来，不至于浪费太多时间。

8. 请问您进入汉语史专业的初衷是什么？一路走来，您对汉语史专业的认识有没有什么变化？

回想自己走上汉语史研究的道路，大概是内因和外因共同作用的结果。内因还是自己喜欢，从小爱看隋唐演义、杨家将这类故事，小学二年级读《三国演义》，对“吾乃常山赵子龙也”这样豪迈挺拔、气干云霄的话熟稔于心。上大学后也是对古代汉语和古代文学的相关课程格外有兴趣，再加上恰好碰到一位让我特别敬佩的古代汉语老师华星白教授，他的博学渊雅深深地吸引了我。外因则有点“逼上梁山”的意思，硕士毕业以后我回到原单位军校工作，受身边同事影响，打算改行当律师，还买来了一大堆律师资格考试书。但当时的情况，年纪轻轻就想转业几乎是不可能的事。按规定硕士毕业两年后可以考博士，到底读不读博士，我犹豫了很久。后来英语系的同事、师兄于海江教授（我读硕士时，他也在复旦跟陆谷孙先生读博士）跟我说的“艺不压身”几个字打动了我，他说“反正也走不了，先去学习没坏处”。所以认真说来，我是直到 1999 年考上博士，才坚定了专业信念，从此“一入侯门深似海”。现在回头看，我反而很庆幸母校“逼我”走了这条路，因为以我的性格，如果去闯荡江湖，未必就会一帆风顺、功德圆满。

对汉语史专业的认识，现在最大的感受是，我们可能根本就不应该划出“汉语史”这个专业来。你研究的侧重点可以是在“汉语史”上，但不能因此而认为自己同现代汉语、方言、民族语言、外语、理论语言学不是一个专业，从而对它们不闻不问，老死不相往来——这一点现在应该基本可以达成共识吧！认识到了不代表真能做得到，囿于现在的学科设置和培养体系（语言学独立为一级学科都迟迟不能实现，遑论其他），想要再出现像王力先生、吕叔湘先生这样古今兼通的大家，恐怕还有很长的路要走。

9. 回顾求学和科研道路，您是不是也走过一些弯路？有无经验教训？是否可以结合具体经历分享一下？

教训其实挺多的，我主要说以下三点：

一是如上面所说，“坚定专业信念”的时间太晚。就我个人而言，如果从上大学算起，到考上博士，差不多有十年时间，这十年实在是没有抓紧。即便是读硕士期间，因为并没有立定做语言学研究的志向，很多精力也没有放在专业学习和训练上。我了解到也碰到过一些从中学起就有明确的专业志向的学者，到了大学他们能够自觉地、系统地、有计划地进行专业学习，能够较早地进入专业领域。这同现在倡导的通识教育并不矛盾，在“博雅”的基础上尽早确定“专攻”的术业，能为自己赢得更多的时间。

二是没有趁年轻多学几门外语。学语言跟学其他知识不一样，一定要趁早，越早效果越好。西方语言学家，很少不是熟练掌握多种语言的，而我们过去的条件和认识都有限，的确是造成这种不足的客观原因。我上大学是在外国语学院，当时学校有近二十个外语语种，按说我们应该有很好的条件学外语；但事实恰恰相反，我们因为是中文专业，不仅没比别的学校有更好的学外语条件，反而连必修的英语，学校也只是应付，安排刚留校做行政的英语系毕业生而不是专业的英语老师来给我们上英语课。后来读研究生的时候，我学了一年德语，如前所述，那时候并不是从专业需求的角度学的，所以只是跟着老师上上课，没下太多的功夫。再后来，在北大做博士后的时候，又学了一年的梵文，以及两个月的日语，这个时候专业目的很明确了，但年龄也大了，虽然下的功夫不小，学习效果却未必好。不过我的体验是，外语只要学了，哪怕只有一点点，就比不学好。前一段因为做"意味着"的研究，需要查日语词典，我能在厚厚的十卷本《日本国语大辞典》中查找到"いみ"一词，也要归功于当年那两个月的日语学习。何况我们做语言学研究，理应了解世界语言的多样性，对形态句法的理解，你学过一种语言跟你只是靠看别人的举例，其理解的深度是很不一样的。

三是不宜过早过多地陷入行政事务中。做行政就是为其他师生、为大家服务，国外像英美的大学每位老师都要做，大家轮流做，从这个角度说，年轻人参与一些行政工作是应该的。但国内情况有所不同，行政工作往往同一官半职相联系，让你做行政意味着对你的认可甚至是重用，因此往往会"提拔"一些学术较好、表现优秀的年轻人来做行政，一旦被"提拔"，你就不得不把很大的精力投入其中。但人的精力真的是有限的，恰恰我们这个专业需要有相对整块的时间沉静下来，行政事务会把你的时间冲挤得七零八落。年轻学者正是体力精力最好的时候，也是最容易出学术成果的时候，如果大块时间长年被行政事务占用，殊为可惜。有一位我很钦佩的学者兼领导曾对我说，如果有人觉得行政事务会影响专业研究，那他本来就不适合做行政。我相信有这样的能人，可以鱼和熊掌两不误，我也很佩服，但我自己真的做不到。我身体和精力相当好，常年每天睡觉时间不超过六小时，但还是觉得时间不够用，左支右绌，科研成果少得可怜。因此我建议年轻学者，如果真的有经世致用的才干和建立“三不朽”功业的志向，也最好在自己的学术相对成熟、年纪也相对成熟之后，再投身于行政。那个时候你有了更多的经验和更大的公信力，处理起事情来会比你作为毛头小伙子容易得多，顺利得多。

10. 您是如何平衡自己的科研和日常生活的？如何看待网络上传说的高校青年教师“007”（零点上班，零点休息，一周工作七天）的生活模式？您平常都会怎么放松身心呢？

我本人比较无趣，可以整天坐在电脑前一动不动，疫情以来三个多月足不出户，我没有感到丝毫的不适。我觉得青年教师“007”的工作状态很正常，既然选择了这一行，就应该有勇气有能力适应这种生活。当然如果青年教师的待遇能更好一些，他们的干劲会更足。我在国外访学的时候，跟同行聊天，了解到他们的年轻学者也是这样，从博士毕业获得教职之后到获得 tenure track（终身教职）之前，这六年左右的时间是非常辛苦难熬的，不少人甚至因此不能成家或因此而家庭破裂。这种辛苦之下，如果科研上取得进展、有所突破，那种成就感和乐趣，也不是外人能够领会的。

以前没有疫情的时候，隔三岔五会有三五好友、老师、同学相约小聚，三杯两盏间聊聊生活趣事，聊聊学界轶闻，聊聊学术动态，是个放松心情的好方式。另外我多年来积攒了大约有 5T 的影视戏曲，有时候找出来看上一阵，好片子也能令人同悲同喜、悠然忘俗。还有，我大部分时间在坚持跑步，疫情起来后，干脆买了个跑步机回家，每天大汗淋漓一场，涤尘荡垢，煞是痛快。

11. 您对汉语史研究有何展望和期待?

汉语史研究无益于国计民生，无补于世道人心，只是极少数人出于兴趣、出于对真知的追求，而进行的一些脑力游戏，自得其乐。因此再想回到乾嘉那个朴学竟成为“显学”的时代，是万万不能了。但总体上说，我们还是赶上了一个好的时代，国力发展，有闲钱供养这样一批“无用”的人做“无用”的事。现在“古文字”还列入了“强基计划”，这对汉语史研究是极大的利好，希望能通过这个计划招收到一批敏而好学的学生，把他们培养为既有深厚功底、又有开阔视野的高水平的汉语史研究者。

还有一个期待就是，从事汉语史研究的人其实是一个很小的圈子，无论着力点是传统语文学，还是现代语言学，都只是研究对象和方法略有差异，并无高下之分；希望汉语史学人能彼此协作，共襄盛举，在这个狭小的领地一起愉快地玩游戏，玩出自己的精彩来。

主要论著目录

（一）著作

朱冠明 2008《〈摩诃僧祇律〉情态动词研究》，中国戏剧出版社。

朱冠明 2015《先秦至中古汉语语法演变研究》，中国社会科学出版社。

（二）编著

朱冠明 龙国富主编 2019《佛教汉语研究的新进展》，中国社会科学出版社。

（三）译著

朱冠明 1999《此心狂野》（原著：Johanna Lindsey），云南人民出版社。

朱冠明 李茂增 2000《贵妇画像》（原著：Henry James），新世纪出版社 / 和平出版社。

马强 朱冠明 2002《戴维忠告》（原著：R. David Thomas），云南人民出版社。

吴福祥 朱冠明等 2021《探索语言结构：学生指南》（原著：Thomas E. Payne），商务印书馆。

（四）论文

朱冠明 刘志荣 1997《谈张爱玲小说的修改》，《修辞学习》第 1 期。

朱冠明 1999《方以智〈通雅〉中的因声求义》，《解放军外国语学院学报》第 1 期。

朱冠明 2000《汉语词汇史研究的新视界》,《山东社会科学》增刊。

朱冠明 2000《比喻词的历时更替》,《修辞学习》第 5、6 期(合刊)。

朱冠明 2001《相关义群的认知研究》,《解放军外国语学院学报》第 5 期。

朱冠明 2002《副词“其实”的形成》,《语言研究》第 1 期。

朱冠明 2002《中古译经中的“持”字处置式》,《汉语史学报》第 2 辑,上海教育出版社。

朱冠明 2003《方以智〈通雅〉謰语考》,《辞书研究》第 4 期。

朱冠明 2003《汉语单音情态动词语义发展的机制》,《解放军外国语学院学报》第 6 期。

朱冠明 2003《再谈助动词“可以”的形成和发展》,《汉语史研究集刊》第 6 辑,巴蜀书社。

朱冠明 2004《中古译经处置式补例》,《中国语文》第 4 期。

朱冠明 2005《口语中一个新的程度副词“巨”》,《语文建设通讯》第 1 期。

朱冠明 2005《情态与汉语情态动词》,《山东外语教学》第 2 期。

朱冠明 2005《梵汉本〈法华经〉语词札记》,《古汉语研究》第 2 期;又转载于人大复印资料《语言文字学》2005 年第 12 期。

朱冠明 2005《湖北公安方言的几个语法现象》,《方言》第 3 期。

朱冠明 2005《情态动词“必须”的形成和发展》,《语言科学》第 3 期。

朱庆之 朱冠明 2006《佛典与汉语语法研究》,《汉语史研究集刊》第 9 辑,巴蜀书社。

朱冠明 2006《情态动词“该”的来源——附论“可能”》,《汉语史学报》第6辑，上海教育出版社。

朱冠明 2006《略谈〈摩诃僧祇律〉的语料价值》,《正观杂志》(台湾)第38期。

朱冠明 2007《从中古佛典看“自己”的形成》,《中国语文》第5期。

朱冠明 2007《关于“VP不”式疑问句中“不”的虚化》,《汉语学报》第4期；又转载于人大复印资料《语言文字学》2008年第2期。

朱冠明 2008《移植：佛经翻译影响汉语词汇的一种方式》,《语言学论丛》第37辑，商务印书馆；又收入遇笑容、曹广顺、祖生利主编《汉语史中的语言接触问题研究》，语文出版社，2010年。

朱冠明 2008《梵汉本〈阿弥陀经〉语法札记》,《历史语言学研究》第1辑，商务印书馆。

朱冠明 2008《从〈摩诃僧祇律〉看中古汉语情态动词的连用》,《语言论集》第5辑，中国社会科学出版社。

朱冠明 2009《佛典词语考释六则》,《语言论集》第6辑，中国社会科学出版社。

朱冠明 2011《学科的分化、整合与研究方法的创新：中国语言学部分》，纪宝成、刘大椿主编《中国人民大学中国人文社会科学发展研究报告 2010—2011》，中国人民大学出版社。

朱冠明 2011《中古佛典与汉语受事主语句的发展——兼谈佛经翻译影响汉语语法的模式》,《中国语文》第2期。

王丽玲 朱冠明 2012《“坏”义词的语义演变》,《汉语史学报》第12辑，上海教育出版社。

朱冠明 2013《汉语语法史研究中的几个例句辨析》,《中国语文》第6期；又转载于《中国社会科学文摘》2014年第2期。

朱冠明 2013《语言学的发展与文献建设》，陈雨露、刘大椿主编《中国人民大学中国人文社会科学发展研究报告 2012—

2013》，中国人民大学出版社。

朱冠明 2013《“为N所V”被动式再分析》，《古汉语研究》第2期。

朱冠明 2013《汉译佛典语法研究述要》，蒋绍愚、胡敕瑞主编《汉译佛典语法研究论集》，商务印书馆。

朱冠明 陈中源 2014《义净译经中的“他”和“将”》，雷汉卿、杨永龙、胡绍文主编《语林传薪——胡奇光教授八十华诞庆寿论文集》，四川教育出版社；又转载于人大复印资料《语言文字学》2015年第2期。

朱冠明 2014《“老子”源流考》，《汉语史研究集刊》第18辑，巴蜀书社。

朱冠明 2015《中古译经中的“未曾有”及其流传》，《古汉语研究》第2期；又收于朱庆之、汪维辉、董志翘、何毓玲编《汉语历史语言学的传承与发展——张永言先生从教六十五周年纪念文集》，复旦大学出版社，2016年。

朱冠明 2015《关于汉译佛经中“文殊师利”的译名》，《民族语文》第2期。

朱冠明 2015《“之”的衰落及其对句法的影响》，《语言科学》第3期。

朱冠明 2015《佛经翻译中的词义移植补例》，《语言研究》第4期。

朱冠明 2016《情态动词“可以”的话语功能》，《互动语言学与汉语研究》第1辑，世界图书出版公司。

于方圆 朱冠明 2018《近五年汉译佛典语法研究》，《汉语史研究集刊》第25辑，四川大学出版社。

朱冠明 2019《再谈近指代词“這”的来源》，《中国语文》第6期。

朱冠明 2019《评人文版〈水浒传〉的注释》，《历史语言学研究》第13辑，商务印书馆。

朱冠明 2019《李贺〈秦宫〉诗“生色”考》，《语言学论丛》第59辑，商务印书馆。

朱冠明 2020《“意味着”和“是时候VP了”的来源——兼谈百年来汉语与外语接触方式的变化》,《世界汉语教学》第4期。

朱冠明 2021《时间名词“现在”的来源及中国化》,《汉语学报》第1期。

朱冠明 2021《佛教汉语研究概况》,《文献语言学》第12辑，中华书局。

ZHU, Guanming 2019 On the origin of the Chinese reflexive ziji from the perspective of the Medieval Chinese Buddhist scriptures, In Guangshun Cao & Hsiao-Yung Yu ed. *Language Contact and Change in Chinese*, Walter de Gruyter GmbH & The Commercial Press.

编后记

为了给在读博硕士研究生和年轻学者提供学习、研究汉语史的经验，2020 年 5 月初，我向浙江大学汉语史研究中心主任汪维辉教授倡议开展“汉语史研究系列访谈”活动，得到汪老师的首肯和支持。后来又就具体问题征求了方一新等几位老师的意见，均得到热情鼓励。

经过设计问题、酝酿人选、联系沟通等一系列准备工作，按照收到来稿的先后次序，6 月 20 日在浙江大学汉语史研究中心的微信公众号“浙大汉语史研究中心”上推出首篇访谈，之后每周推送一篇，至 9 月 26 日结束。

本次系列访谈共邀请了十五位从事汉语史研究的青年学者。这十五位青年学者出生于 1970—1980 年前后，在年龄上与在读博硕士生和年轻学者比较切近，研究领域兼及汉语语法史、语音史、词汇史和汉字史，在相关领域内均做出了比较优异的成绩。他们结合自身成长、学习和研究经历，在访谈中讲述从事汉语史研究的甘苦得失，娓娓道来，尤能动人情思。

系列访谈推出以后，反响热烈，在微信朋友圈持续“刷屏”，阅读量和转发数均甚为可观。不少年轻学子均表示从中有所启悟，获益良多。总的说来，本次系列访谈在各位老师的大力支持下取得了圆满成功，初衷已经实现。

美中不足的是，由于浙江大学汉语史研究中心的微信公众号并无专人打理，平时由我和两位研究生负责维护和更新，而大家都有着极为繁重的本职工作和科研任务，因此系列访谈也只能“适可而止”，以致无法邀请更多的优秀青年学者贡献他们的宝贵经验，这是非常遗憾而又无可奈何的。

本书是在上述系列访谈的基础上进一步增益修订而成的，值此出版之际，要向下列人员表示衷心感谢：

感谢十五位青年学者对此次访谈的大力支持，花费大量时间精力详尽地回答问题，为在读学生提供宝贵经验。

感谢中西书局张荣总编辑概允出版，感谢汪惠民主任精心编校。

感谢在推送及编校过程中不厌其烦、尽心尽责的吴晶同学，感谢参与设计问题的戴佳文、王金英、王文香等同学。

此刻天光澄湛，新绿郁勃，心中充满温情与敬意，谨述本书缘起如上。

真大成

2021 年 5 月 14 日

于浙江大学汉语史研究中心